职业院校汽车类专业人才培养改革创新示范教材

U1045670

发动机结构与检修

主　编　周树森

電子工業出版社
Publishing House of Electronics Industry
北京 • BEIJING

内 容 简 介

本书从汽车发动机基本结构到主要零部件修理技术，再到典型故障维修处理手段和方法进行阐述，既有汽车发动机整机及主要机构和系统结构的载体，更紧扣汽车发动机典型故障维修处理措施，使读者在认识汽车发动机结构知识的基础上，还能掌握汽车发动机典型故障的排除方法。

本书可作为职业院校汽车运用与维修专业教材，亦可作为汽车维修方面的培训教材，也可供汽车维修从业人员参考。

图书在版编目（CIP）数据

发动机结构与检修/周树森主编. —北京：电子工业出版社，2017.11
ISBN 978-7-121-32341-6

Ⅰ. ①发…　Ⅱ. ①周…　Ⅲ. ①汽车－发动机－构造－职业教育－教材②汽车－发动机－车辆修理－职业教育－教材　Ⅳ. ①U472.43

中国版本图书馆CIP数据核字（2017）第182925号

策划编辑：白　楠
责任编辑：裴　杰
印　　刷：三河市华成印务有限公司
装　　订：三河市华成印务有限公司
出版发行：电子工业出版社
　　　　　北京市海淀区万寿路173信箱　邮编 100036
开　　本：787×1 092　1/16　印张：12.75　字数：326.4千字
版　　次：2017年11月第1版
印　　次：2017年11月第1次印刷
定　　价：31.50元

凡所购买电子工业出版社图书有缺损问题，请向购买书店调换。若书店售缺，请与本社发行部联系，联系及邮购电话：（010）88254888，88258888。

质量投诉请发邮件至 zlts@phei.com.cn，盗版侵权举报请发邮件至 dbqq@phei.com.cn。

本书咨询联系方式：（010）88254592，bain@phei.com.cn。

FOREWORD 前言

随着我国科学技术和汽车工业的发展，汽车技术日新月异，特别是大量新技术的应用促使汽车的结构和性能发生了根本性的变化，新的结构原理和电子控制装置不断出现。它们在大幅度提高汽车综合性能的同时，也使得汽车的故障诊断与维修问题日益突出。为提高职业院校汽车类专业学生及本行业技术人员的维修及故障诊断水平，提高汽车维修行业的整体工作效率，特编写本书。

为了适应新形势的发展需要，为汽车服务企业培养可用之才，本书力求贴近企业实际作业情况，融合作者多年教学与实践经验，力图体现学习与工作的完美结合。本着突出实践技能、理论知识够用的原则，在内容的编排上突出重点、新颖实用，力求构建具有职业教育特色的精品教材。

“发动机结构与检修”是一门理论性与实践性都很强的专业综合课程。本书以目前市场常见轿车为研究对象，面向职业院校汽车各专业，系统介绍了汽车发动机的结构与汽车发动机的检修。通过本课程的学习，使学生具备从事发动机结构与检修的技能，同时培养学生具有一定的分析问题和解决问题的能力。

此外，本书在内容阐述上，力求简明扼要、层次清楚、图文并茂；在内容安排上，深入浅出、循序渐进；在内容设计上，强调典型性、实用性和可操作性。

由于编者水平有限，书中难免存在不妥与疏漏之处，恳请读者批评指正。

编　者

CONTENTS 目录

情境一 发动机概论

任务一 发动机的分类与总体构造

一、发动机的分类

发动机的种类繁多，根据特点不同有不同分类。

1．按照工作冲程分类

按发动机工作冲程的不同，汽车发动机可分为四冲程发动机和二冲程发动机，如图 1-1 和图 1-2 所示。

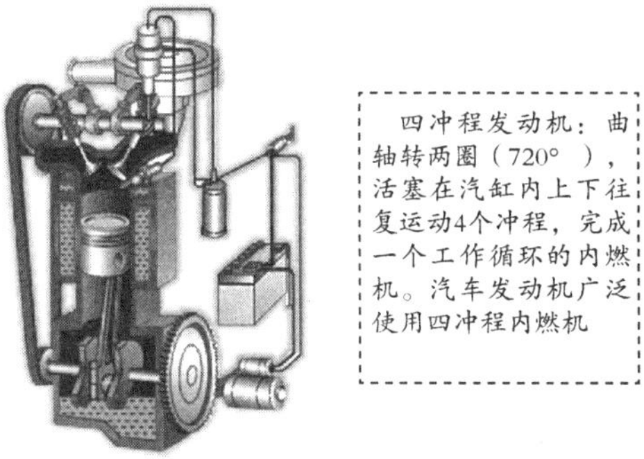

图 1-1　四冲程发动机

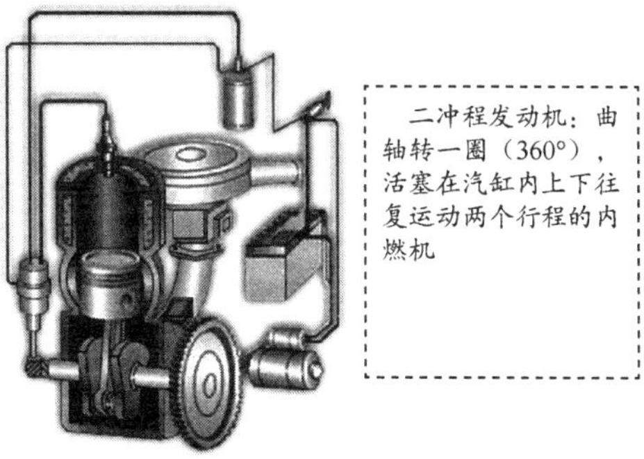

图 1-2　二冲程发动机

2．按照冷却方式分类

按发动机冷却方式的不同，汽车发动机可分为水冷式发动机和风冷式发动机，如图 1-3 和图 1-4 所示。

水冷发动机：是利用在汽缸体和汽缸盖冷却水套中循环的冷却液作为冷却介质进行冷却的。水冷式发动机应用广泛

图 1-3　水冷式发动机

风冷发动机：是利用流动于汽缸体与汽缸盖外表面散热片之间的空气作为冷却介质进行冷却的

图 1-4　风冷式发动机

3．按照汽缸布置方式分类

按发动机汽缸布置方式的不同，汽车发动机可分为直列、斜置、对置、V 形等发动机，如图 1-5 所示。

特点：具有两个或两个以上直立汽缸，并呈一列布置

（a）**直列**

特点：汽缸中心线与水平面呈一定角度（不是直角）

（b）**斜置**

特点：两个或两列汽缸分别排列在同一曲轴的两边，呈180°夹角

（c）**对置**

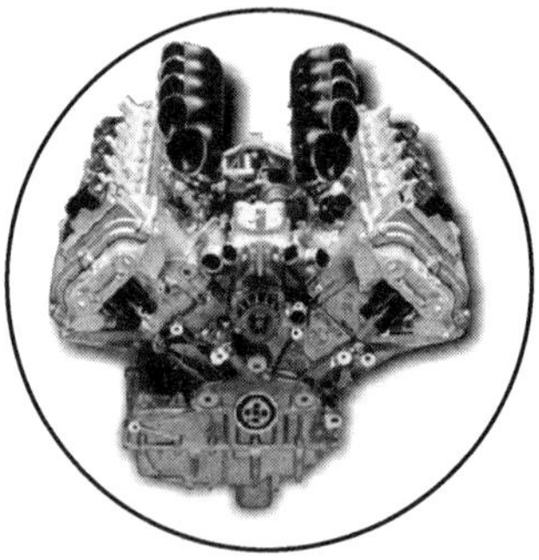

特点：两个或两列汽其中心线夹角呈V形，并共用一根曲轴输出功率

（d）**V形**

图 1-5　不同汽缸布置的发动机

4．按照汽缸数目分类

按发动机汽缸数目的不同，汽车发动机可分为单缸、双缸及多缸发动机。仅有一个汽缸的发动机称为单缸发动机；有两个汽缸的发动机称为双缸发动机；有两个以上汽缸的发动机称为多缸发动机，如三缸、四缸、五缸、六缸、八缸、十二缸等都是多缸发动机，如图 1-6

所示。其中四缸、六缸、八缸发动机应用最广泛。

（a）直列三缸　（b）直列四缸　（c）直列五缸

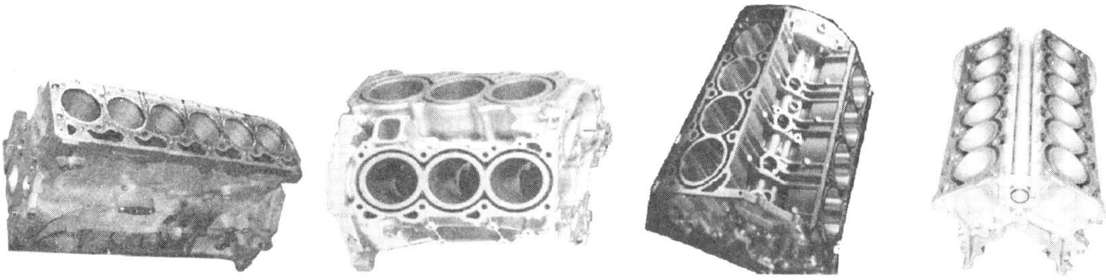

（d）直列六缸　（e）V形六缸　（f）V形八缸　（g）V形十二缸

图 1-6　不同汽缸数目的发动机

5. 按照活塞运动方式分类

按发动机活塞运动方式的不同，汽车发动机可分为往复活塞式与转子活塞式两种，如图 1-7 所示。

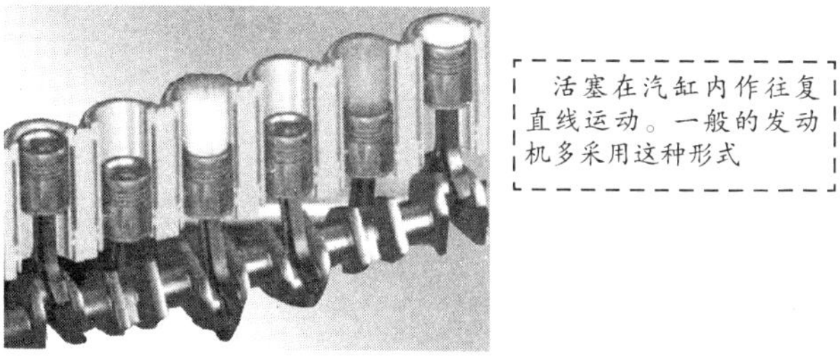

（a）往复活塞式

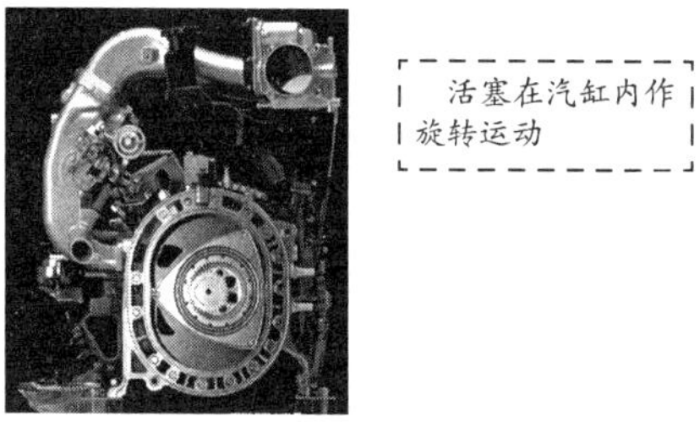

（b）转子活塞式

图 1-7　不同工作方式的活塞发动机

6. 按照进气状态分类

按发动机进气状态的不同，汽车发动机可分为自然吸气（非增压）式发动机和强制进气（增压）式发动机两种，如图 1-8 所示。

7. 按照使用燃料种类分类

按发动机使用燃料的不同，汽车发动机可以分为汽油发动机、柴油发动机、气体燃料发动机（CNG 发动机、LPG 发动机），如图 1-9 所示。

自然吸气式发动机进入汽缸前的空气或可燃混合气未经压缩的内燃机。汽油机常采用自然吸气式发动机

（a）**自然吸式发动机**

增压式发动机：进入汽缸前的空气或可燃混合气先经过压气机压缩，借以增大充量密度的内燃机。柴油机为了提高功率有采用增压式发动机

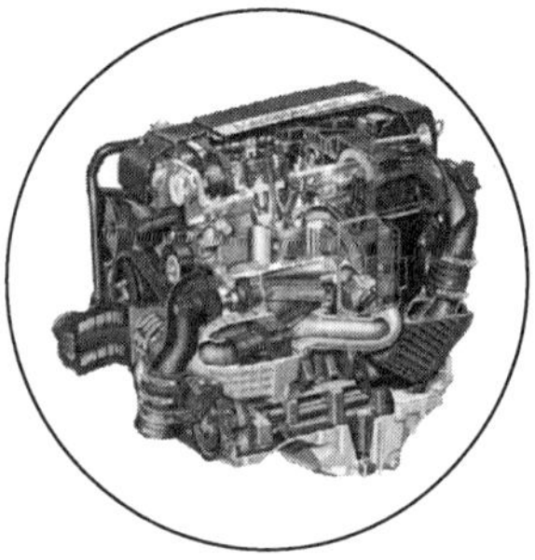

（b）**增压式发动机**

图 1-8　自然吸气（非增压）式发动机与强制进气（增压）式发动机

汽油发动机：使用汽油为燃料的内燃机。其优点是转速高，质量小，噪声小，启动容易，制造成本低

（a）**汽油发动机**

柴油发动机：使用柴油为燃料的内燃机。其优点是压缩比大，热效率高，经济性能和排放性能都比汽油发动机好

（b）**柴油发动机**

气体燃料发动机：气体燃料发动机：使用天然气（CNG）燃料、液化石油气（LPG）燃料或其他气体燃料的内燃机

（c）**气体燃料发动机**

图 1-9　各种燃料的发动机

二、发动机总体构造

发动机的结构形式多种多样，其构造也千差万别，但由于基本原理相同，因此其基本结构也大体相同。就往复活塞式发动机而言，通常由两大机构和五大系统组成。两大机构为曲柄连杆机构和配气机构；五大系统为供给系统、润滑系统、冷却系统、点火系统和启动系统，如表 1-1 和表 1-2 所示。

表 1-1 发动机的两大机构

名 称	功 用	主要部件
曲柄连杆机构	将燃料燃烧产生的热能，经机构由活塞的直线运动转变为曲轴旋转运动而对外输出动力。其中机体组还是发动机的骨架，它是其他各个机构、各个系统的安装基础	汽缸体、汽缸盖、汽缸盖罩、汽缸垫、活塞、连杆、曲轴、飞轮等
配气机构	按照发动机各缸工作顺序和工作循环的要求，定时地将各缸进排气门打开或关闭，以便发动机进行换气	进气门、排气门、凸轮轴、挺柱、推杆、摇臂机构等

表 1-2 发动机的五大系统

名 称	功 用	主要部件
供给系统	汽油机供给系统的作用是向汽缸提供一定浓度的适量混合气	电喷汽油机：汽油箱、电动汽油泵、滤清器、压力调节器、喷油器等 化油器式汽油机：油箱、汽油泵、滤清器、化油器等
	柴油机供给系统的作用是向汽缸内定时地喷射雾化良好的柴油	油箱、输油泵、喷油泵、调速器、滤清器、喷油器等
润滑系统	润滑摩擦件，减小摩擦力和机件的磨损，并冷却摩擦零件和清洗摩擦表面	机油泵、泵滤器、限压阀、油道、机油粗滤器、机油散热器等
冷却系统	冷却受热件，保持发动机正常的工作温度	冷却水泵、风扇、节温器、散热器、冷却水道等
点火系统	按一定时刻向汽缸内提供电火花以点燃缸内可燃混合气	蓄电池、点火开关、点火线圈、火花塞等
启动系统	使静止的发动机启动并转入自行运转状态	蓄电池、启动机、启动继电器等

任务二 发动机工作原理与性能参数

一、发动机的基本原理

1. 四冲程汽油机的工作原理

四冲程汽油机的活塞每运动 4 个冲程，完成一个工作循环：进气、压缩、做功、排气。在此循环中，发动机的曲轴旋转两周，进、排气门各开闭一次，如图 1-10 所示。

总结：

四冲程汽油机经过进气、压缩、做功和排气 4 个冲程，完成一个工作循环。一个接一个的工作循环维持了发动机的连续运转。

2. 二冲程汽油机的工作原理

二冲程汽油机的工作循环是在两个活塞行程即曲轴旋转一周的时间内完成的。在四冲程汽油机中，常把排气过程和进气过程合称为换气过程，而在二冲程汽油机中的换气过程是指废气从汽缸内被新气扫除并取代的过程。这两种汽油机工作循环的不同之处主要在于换气过程，如图 1-11 所示。

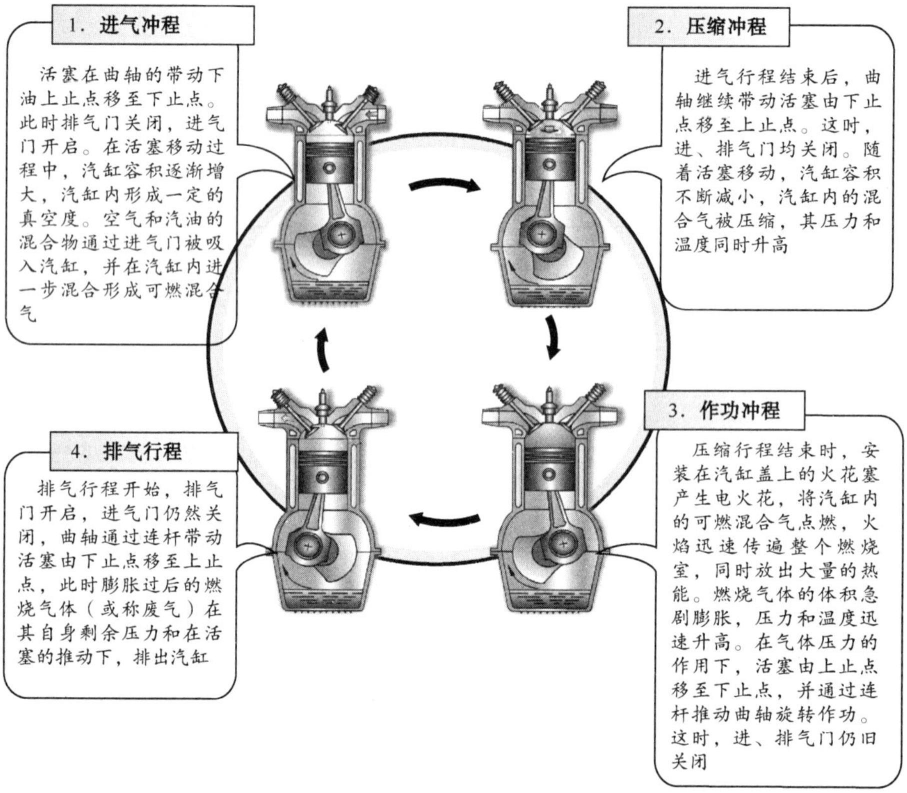

图 1-10　四冲程汽油机的工作原理

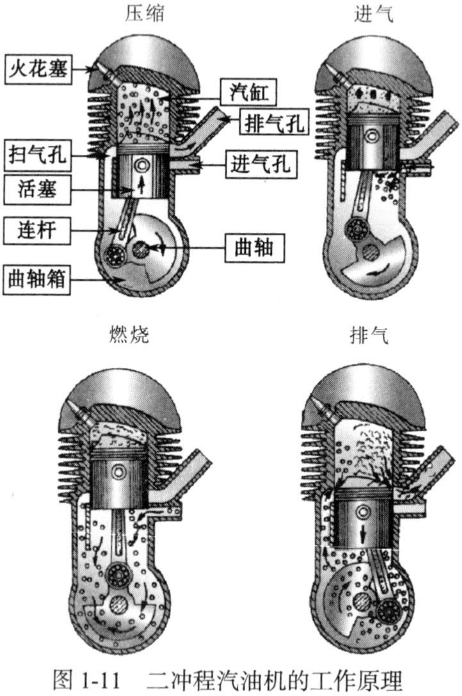

图 1-11　二冲程汽油机的工作原理

（1）第一冲程

活塞在曲轴带动下由下止点移至上止点。

当活塞上行至关闭扫气孔和排气孔时，已进入汽缸的新鲜混合气被压缩，活塞继续上移至上止点时，压缩结束；与此同时，在活塞上行时，其下方曲轴箱内形成一定真空度，当活塞裙部将进气孔开启时，新鲜的混合气被吸入曲轴箱，开始进气。

（2）第二冲程

活塞在曲轴带动下由上止点移至下止点。

在压缩过程结束时，火花塞产生电火花，将汽缸内的压缩混合气点燃，燃烧气体膨胀做功。此时进气孔仍然开启，混合气继续进气到曲轴箱，直至活塞裙部将进气孔关闭为止。随着活塞向下止点运动，曲轴箱内的混合气被预压缩。当活塞下行至排气孔开启时，膨胀后的燃烧气体已成废气，经排气孔排出。至此做功过程结束，开始先期排气。随后活塞又将扫气孔开启，经过预压缩的可燃混合气从曲轴箱经扫气孔进入汽缸，扫除其中的废气，开始扫气过程。这一过程将持续到下一个活塞行程中扫气孔被关闭时为止。

3. 四冲程柴油机的工作原理

四冲程的柴油机和汽油机一样，每个工作循环也包括进气、压缩、做功和排气 4 个冲程，但由于柴油和汽油的使用性能不同，使柴油机在混合气形成方法及点火方式上都与汽油机不同，主要区别如图 1-12 所示。

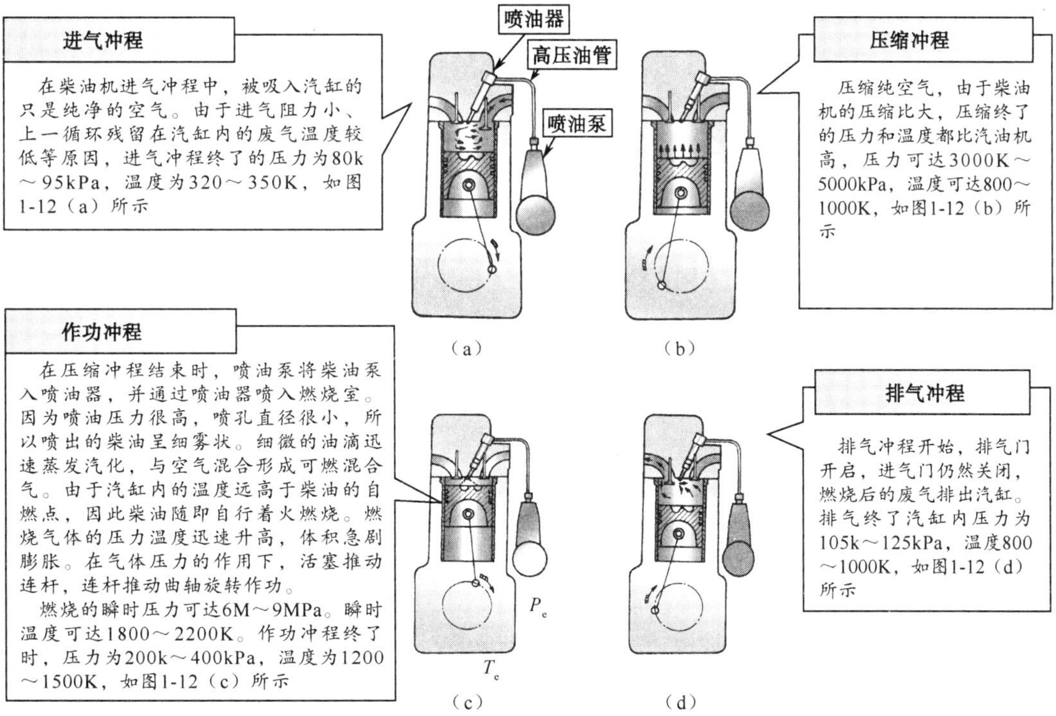

图 1-12 四冲程柴油机的工作原理

4．二冲程柴油机的工作原理

二冲程柴油机工作循环与汽油机的主要不同在于进入汽缸的是纯空气。带有换气泵的二冲程柴油机的工作原理示意图如图 1-13 所示。

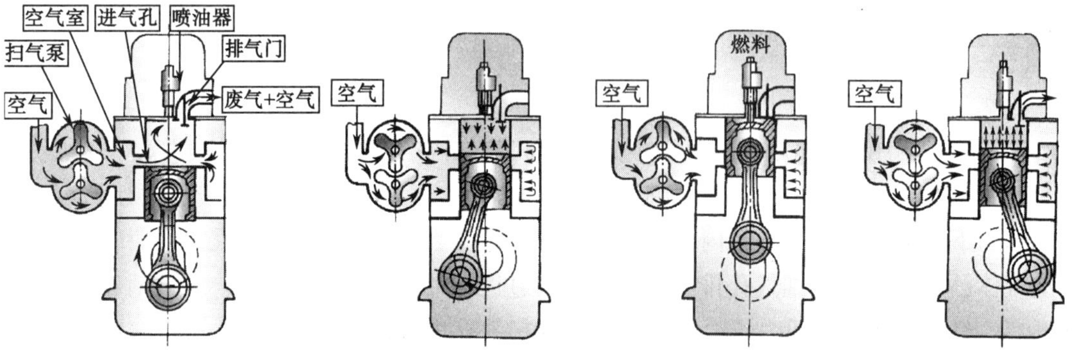

图 1-13　二冲程柴油机的工作原理示意图

（1）第一行程

活塞由下止点运动到上止点。行程开始时，进气孔和排气门均已开启，利用从扫气泵流出的空气使汽缸换气。当活塞继续向上运动到进气孔关闭时，排气门也关闭，汽缸内的空气被压缩，当活塞接近上止点时，喷油器向汽缸内喷入雾状柴油，并自行着火燃烧。

（2）第二行程

活塞由上止点运动到下止点。活塞到达上止点后，着火燃烧的高温高压气体推动活塞下行做功，当活塞下行到约 2/3 行程时，排气门开启，排出废气，活塞继续下行，进气孔开启，进行换气，换气过程一直延续到活塞上移将进气孔关闭为止，如图 1-13 所示。

5．汽油机和柴油机的比较

以四冲程汽油机和柴油机为例来说明发动机工作原理的异同。

（1）相同点

① 每个工作循环都包含进气、压缩、做功和排气 4 个活塞行程，每个行程各占 180° 曲轴转角，即曲轴每旋转两周完成一个工作循环。

② 4 个活塞行程中，只有一个做功行程有效，其余 3 个是辅助行程。

（2）不同点

① 汽油机的混合气是在汽缸外部的进气道形成的，而柴油机的混合气是在汽缸内部形成的。汽油机在进气行程时，吸入汽缸内的是混合气；柴油机在进气行程时，吸入汽缸内的是纯空气。

② 汽油机在压缩终了时，靠火花塞打出电火花点燃混合气，而柴油机靠高温使柴油自燃。

二、发动机性能参数

1. 发动机性能指标

发动机的性能指标是用来衡量发动机性能好坏的标准。发动机的主要性能指标有动力性能指标、经济性能指标和排放性能指标。

（1）动力性能指标

动力性能指标是指曲轴对外做功能力的指标，包括有效转矩、有效功率和曲轴转速。

① 有效转矩是指发动机通过曲轴或飞轮对外输出的转矩，通常用 T_e 表示，单位为 N·m。有效转矩是作用在活塞顶部的气体压力通过连杆传给曲轴产生的转矩，并克服了摩擦、驱动附件等损失之后从曲轴对外输出的净转矩。

② 有效功率是指发动机通过曲轴或飞轮对外输出的功率，通常用 P_e 表示，单位为 kW。有效功率同样是曲轴对外输出的净功率，它等于有效转矩和曲轴转速的乘积。发动机的有效功率可以在专用的试验台上用测功器测定，测出有效转矩 T_e 和曲轴转速，然后用公式 $P_e = T_e \times n/9550$ 计算出有效功率。

③ 曲轴转速是指发动机曲轴每分钟的转数，单位为 r/min。发动机产品铭牌上标明的功率及相应转速称为额定功率和额定转速。按照发动机可靠性试验方法的规定，汽车发动机应能在额定工况下连续运行 300 ~ 1000h。

（2）经济性能指标

通常用燃油消耗率来评价内燃机的经济性能。燃油消耗率是指单位有效功率的燃油消耗量，也就是发动机每发出 1kW 有效功率在 1h 内所消耗的燃油质量（以 g 为单位），燃油消耗率通常用 g_e 表示，其单位为 g/kW·h，计算公式为 $g_e = G_r/P_e \times 10^3$（其中 G_r 为每小时的燃油消耗量，单位为 kg/h；P_e 为有效功率，单位为 kW）。很明显，有效燃油消耗率越小，表示发动机曲轴输出净功率所消耗的燃油越少，其经济性越好。通常发动机铭牌上给出的有效燃油消耗率 g_e 是最小值。

（3）排放性能指标

排放性能指标包括排放烟度、有害气体（CO、HC、NOX）。

2. 发动机特性

发动机的主要性能指标是指有效转矩 T_e、有效功率 P_e。有效耗油率 g_e 随其运转工况（负荷、转速）变化而变化的关系称为发动机特性。其性能指标随发动机曲轴转速变化的关系称为发动机速度特性，而性能指标随负荷变化的关系称为发动机负荷特性。用曲线来表示这些关系，称为发动机的特性曲线。发动机特性是对发动机性能进行全面评价和鉴定的依据。在发动机特性中，其速度特性最为常用，下面仅介绍发动机的速度特性。

发动机速度特性是指发动机的性能指标 T_e、P_e、g_e 随发动机转速 n 变化的规律，用曲线来表示，称为速度特性曲线，如图 1-14 所示。速度特性可以在发动机试验台上测得。当节气门开度保持不变时，同时用测功器对发动机曲轴施加一定数值的阻力矩。当发动机运转稳定时，即阻力矩和发动机发出的有效转矩相等时，可用转速表测出此时的稳定转速，同时在测功器上测出该转速下的有效转矩 T_e，计算出有效功率 P_e，另外，可测出消耗一定量燃油所经历的时间，换算为每小时耗油量 G_r，然后计算出有效燃油消耗率 g_e。改变测功器的阻力矩数值，重复上述过程，又可以得出一组 n、T_e、P_e、g_e，这样重复若干次，可以得到一系列的 n、T_e、P_e、g_e。然后根据这些数据，以转速 n 为横坐标，以性能指标 T_e、P_e、g_e 为纵坐标画出 3 条曲线，即为相对应于该节气门开度的速度特性曲线。节气门全开时的速度特性称为发动机外特性；节气门未全开时的任意位置所得到的速度特性都称为部分特性。发动机的外特性代表了发动机所具有的最高动力性能。

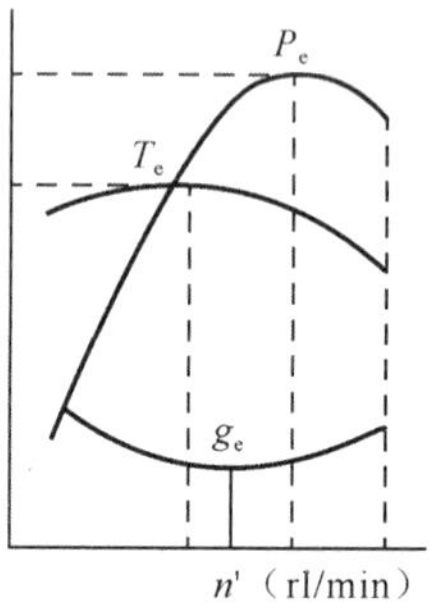

图 1-14　发动机速度特性曲线

情境二 曲轴连杆机构结构与检修

任务一 机体组结构与检修

一、机体组的组成

发动机机体组是发动机的骨架，是曲柄连杆机构、配气机构和发动机各系统主要零部件的装配基体。它主要由汽缸体、汽缸盖、汽缸盖罩、汽缸垫及油底壳等组成，如图 2-1 所示。

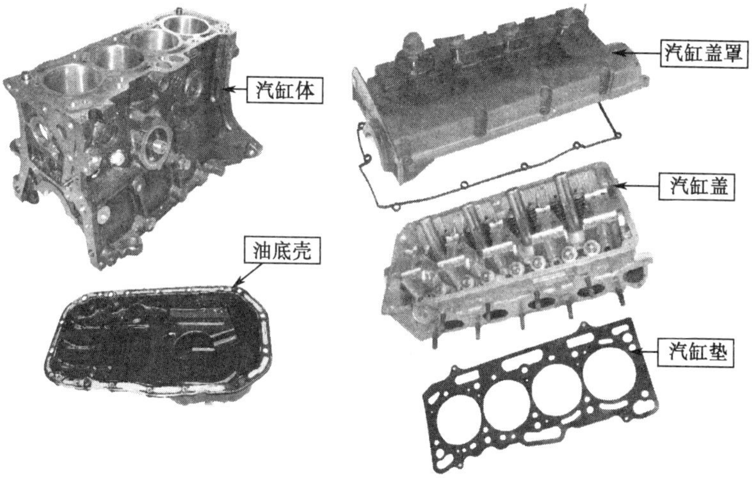

图 2-1　机体组的组成

1．汽缸体

（1）汽缸体的结构

汽缸体由灰铸铁或铝合金铸成。其上部有汽缸，下部是供安装曲轴用的曲轴箱，在汽缸体内部铸有冷却水套（水冷式）和润滑油道等，如图 2-2 所示。

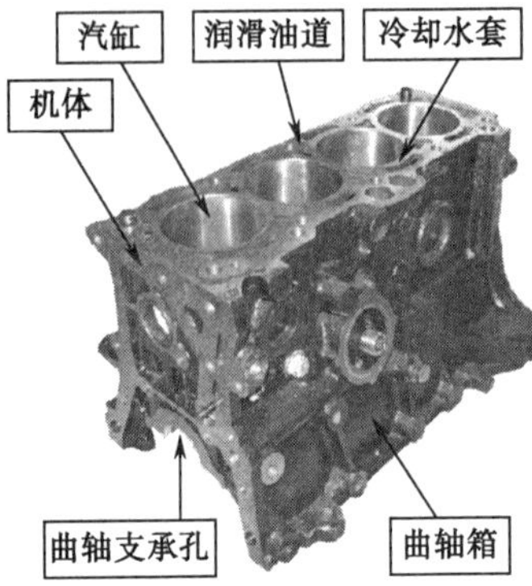

图 2-2　汽缸体

（2）不同类型的汽缸体

汽缸体按曲轴箱的类型来分，可分为一般式、龙门式和隧道式缸体，如图 2-3 所示。

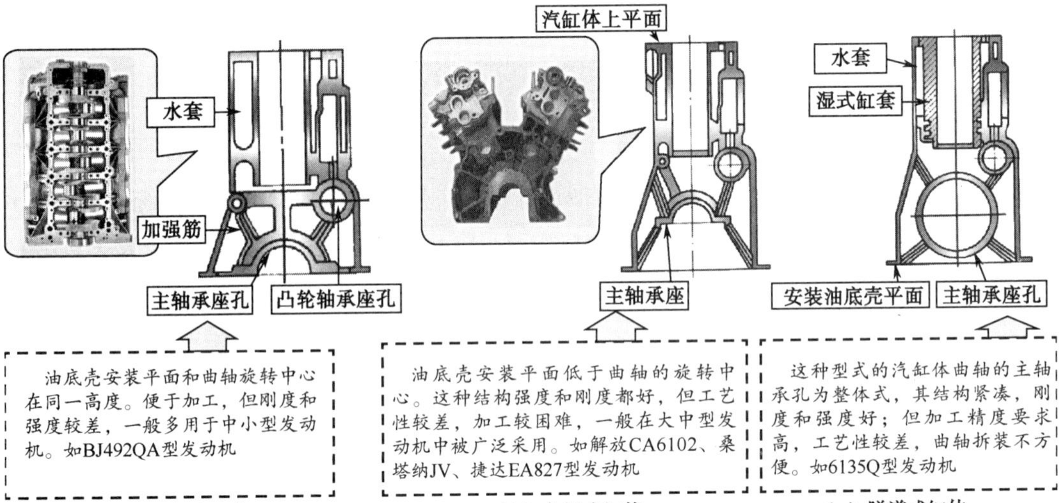

（a）一般式缸体　（b）龙门式缸体　（c）隧道式缸体

图 2-3　不同类型的汽缸体

按冷却方式来分，可分为水冷式和风冷式两种，如图 2-4 所示。汽车发动机上采用较多的是水冷式发动机。

按汽缸排列形式来分，可分为直列式（单列式）、对置式、V 形等，如图 2-5 所示。

按汽缸结构来分，可分为整体式、湿汽缸套式、干汽缸套式等三类，如图 2-6 所示。

2. 汽缸盖

（1）汽缸盖的作用

汽缸盖的主要作用是封闭汽缸上部，并与活塞顶部和汽缸壁一起构成燃烧室。

（2）汽缸盖的组成

汽缸盖安装在汽缸体的上面，其上装有进、排气门座，气门导管孔，用于安装进、排气门，还有进气通道和排气通道等。汽油机的汽缸盖上加工有安装火花塞的孔，而柴油机的汽缸盖上加工有安装喷油器的孔。顶置凸轮轴式发动机的汽缸盖上还加工有凸轮轴轴承孔，用于安装凸轮轴。汽缸盖实物如图 2-7 所示。

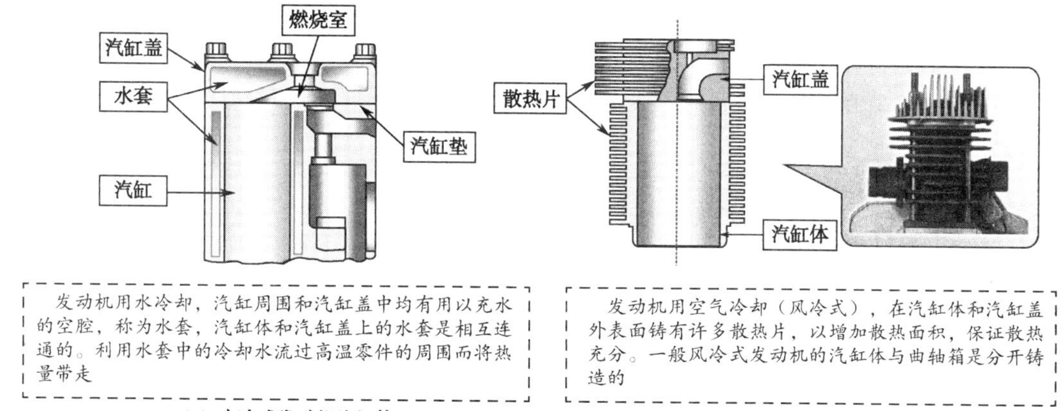

（a）**水冷式发动机汽缸体**　　（b）**风冷式发动机汽缸体**

图 2-4　不同冷却方式的发动机汽缸体

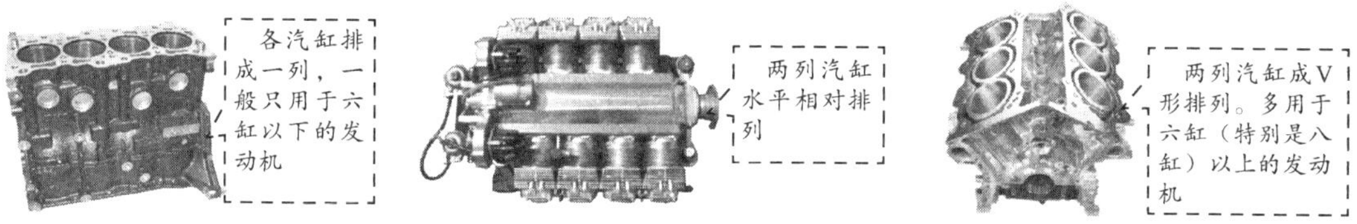

（a）**直列式**　　（b）**对置式**　　（c）**V形**

图 2-5　不同排列形式的汽缸

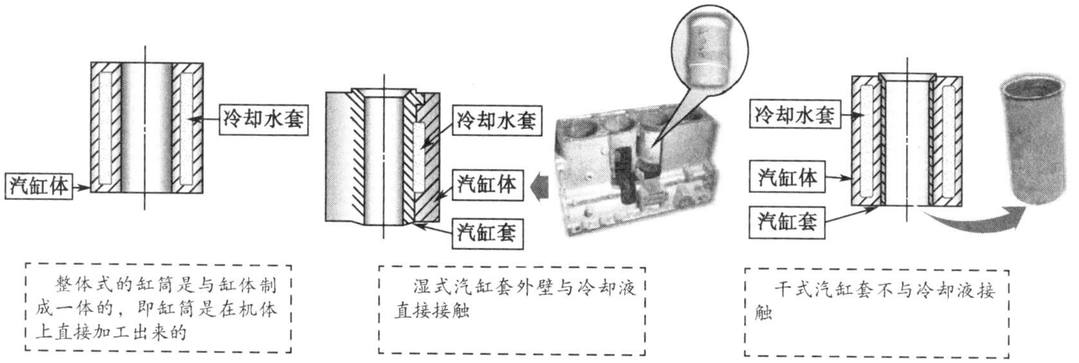

（a）**整体式**　　（b）**湿汽缸套式**　　（c）**干汽缸套式**

图 2-6　不同汽缸结构形式的缸体

图 2-7　汽缸盖

（3）汽缸盖的分类

汽缸盖分为单体式、块状式和整体式三种。单体式汽缸盖只覆盖一个汽缸，块状汽缸盖能覆盖部分（两个以上）汽缸，整体汽缸盖能覆盖全部汽缸。

（4）汽油机燃烧室

汽油机燃烧室主要在汽缸盖上，它是由活塞顶部和汽缸盖上相应凹坑所组成的。燃烧室的形状对发动机的工作影响很大，汽油机常见的燃烧室形状有半球形、楔形及盆形，如图 2-8 所示。

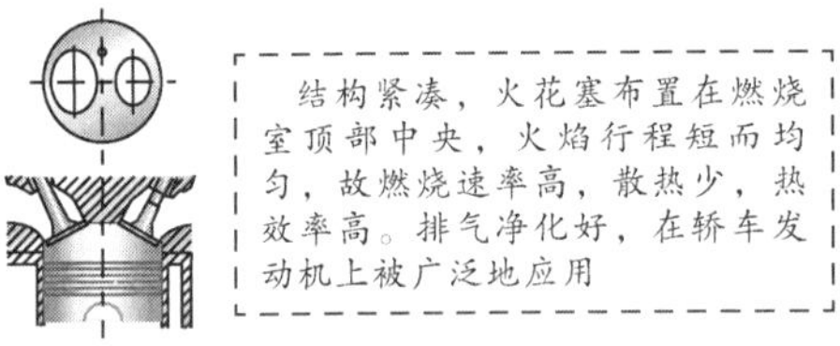

（a）半球形燃烧室

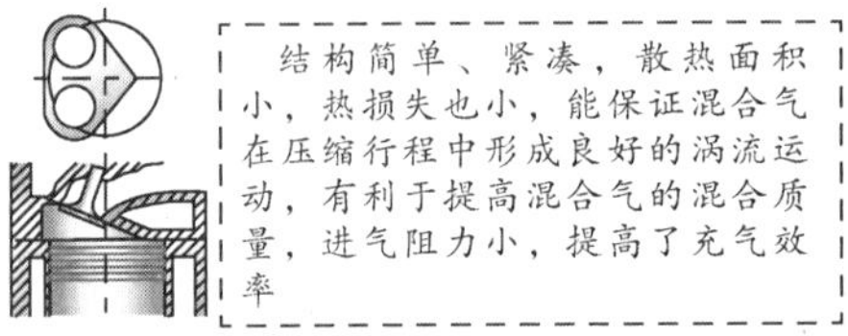

（b）楔形燃烧室

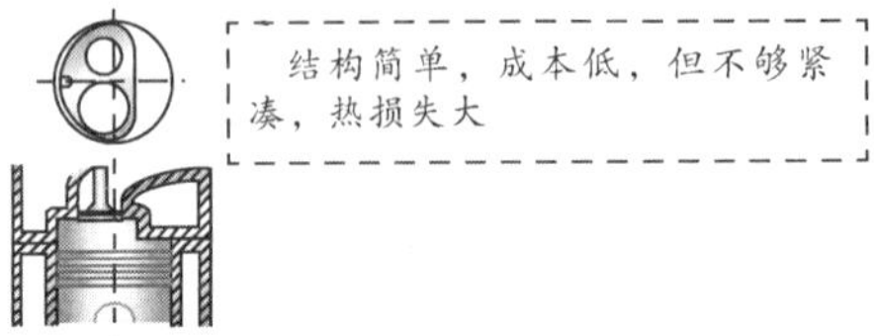

（c）盆形燃烧室

图 2-8　汽油机的燃烧室形状

3．汽缸垫

汽缸垫安装在汽缸盖与汽缸体之间，其作用是保证汽缸盖与汽缸体结合面之间的密封，防止漏气、漏水和漏油。其实物如图 2-9 所示。

目前汽缸垫有金属—石棉衬垫、金属—复合材料衬垫和纯金属垫等多种。

发动机大修时需更换汽缸垫。在安装汽缸垫时，应将卷边背向需要保护的零件，并且所有汽缸垫上的孔要和汽缸体上的孔对齐。

4．油底壳

油底壳的主要功用是储存机油并密封曲轴箱。为防止汽车行驶时油面波动过大，油底壳内设有稳油挡板。为保证发动机在纵向倾斜时机油泵能吸到机油，油底壳后部一般做得较深。油底壳底部装有放油塞，有的放油塞是磁性的，能吸附机油中的金属屑，起到清洁机油的作用，如图 2-10 所示。

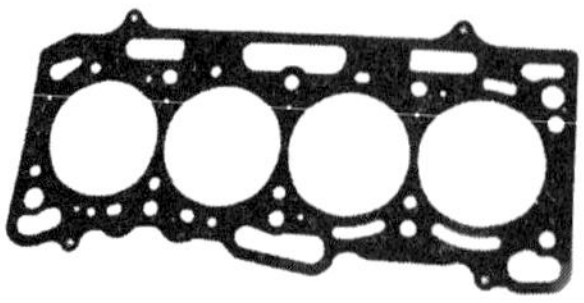
图 2-9　汽缸垫

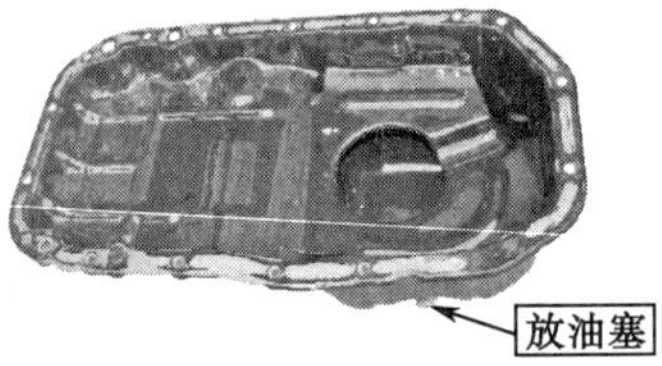

图 2-10　油底壳

二、机体的检测与维修

汽缸体与汽缸盖的主要损伤形式有裂纹、磨损和变形等。

1. 汽缸体与汽缸盖裂纹的检修

产生裂纹的部位常发生在主轴承隔墙、汽缸套承孔、缸盖螺栓孔、火花塞孔等处，如图 2-11 所示。

检测汽缸体和汽缸盖裂纹的方法常用水压法，如图 2-12 所示。对于新镶汽缸套的汽缸体或修补过的汽缸体，均应对其进行水压试验。试验时，应用专用的盖板封住汽缸体水道口，用水压机将水压入缸体水道中，要求在（300 ~ 400）kPa 的压力下，保持约 5min。如出现由内向外有水珠渗出，即表明该处有裂纹。

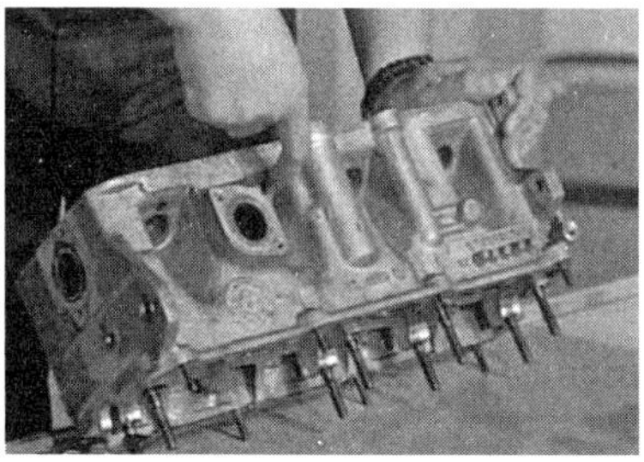

图 2-11　检查火花塞孔周围的裂纹

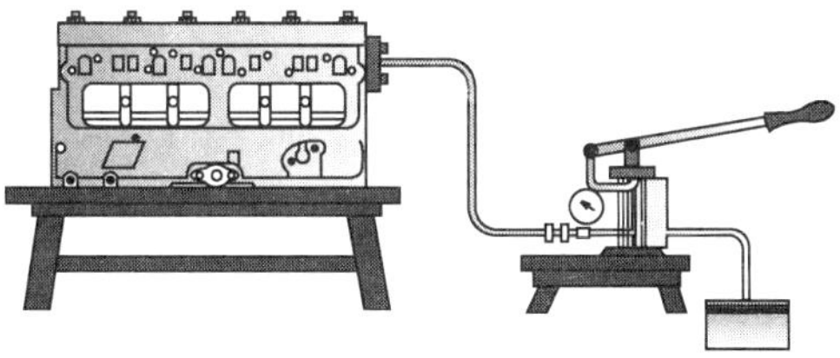

图 2-12　用水压法检测汽缸体

汽缸裂纹的维修方法有黏结法和焊接法。汽缸盖出现裂纹一般应予以更换。

2. 汽缸体与汽缸盖变形的检修

汽缸体与汽缸盖变形是指汽缸盖与汽缸体的结合平面翘曲变形，造成汽缸密封不严、漏水、漏气等。

汽缸体与汽缸盖变形的检测方法：用平尺放在平面上，然后用塞尺测量平尺与平面间的间隙，如图 2-13 所示，塞入塞尺片的最大厚度值就是变形量，一般汽缸体上平面的平面度误差，每 50mm × 50mm 范围内均应不大于 0.05mm，与其配合的整个汽缸体上平面应不大于 0.20mm。

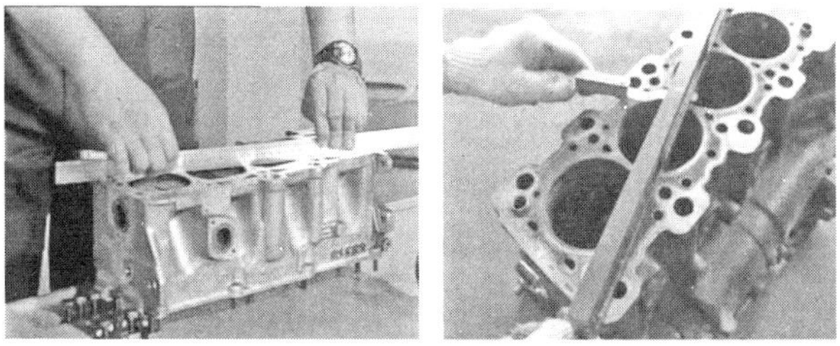

（a）检测汽缸盖有无变形　（b）检测汽缸体有无变形

图 2-13　检测汽缸体与汽缸盖有无变形

维修方法：在汽缸盖和汽缸体变形较小时，可以在平面上涂些研磨膏，把汽缸盖放在汽缸体上扣合研磨修复。当变形量较大时，可采用铣、磨加工方法予以修整。在无铣、磨设备或平面度公差不大时，可用旧砂轮在其平面上进行手工推磨，直至平面度达到技术要求为止。

3. 汽缸磨损的检修

（1）汽缸磨损度的测量

汽缸磨损的测量主要是确定汽缸磨损后的圆度和圆柱度。

汽缸的圆度误差：在同一断面上测量到最大与最小直径差值的一半。

汽缸的圆柱度误差：在三个断面内所测得的所有读数中最大与最小直径差值的一半。

测量方法：将量缸表测杆伸入汽缸内，测量第一道活塞环在上止点位置时对应的汽缸壁。通常分别测量平行和垂直于曲轴轴线方向的汽缸盖磨损。用同样的方法测量汽缸中部和下部的磨损。量缸表测杆与汽缸轴线要保持垂直。寻找垂直位置的方法是：将测杆放入汽缸后，一手握住表杆沿测杆长度方向，稍稍摆动表杆，当表针指示到顺方向最大值时，即表示测杆与汽缸轴线相垂直。当汽缸的圆度和圆柱度误差达到大修极限值时，如汽油机的圆度误差超过 0.05mm，圆柱度误差超过 0.175mm；柴油机的圆度误差超过 0.063mm，圆柱度误差超过 0.25mm，则应进行镗缸修理。测量捷达轿车汽缸的磨损程度如图 2-14 所示。

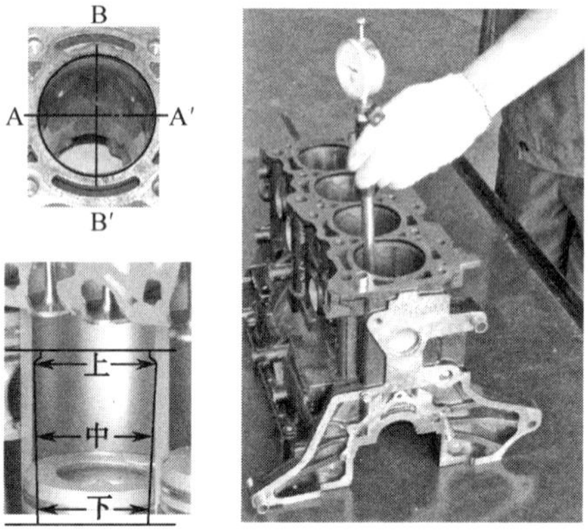

（a）　　（b）

图 2-14　测量捷达轿车汽缸的磨损程度

（2）汽缸的修理

汽缸的修理通常是通过镗削或磨削加工，使汽缸达到原来的技术要求。下面介绍汽缸的镗削。

汽缸镗削的目的是恢复汽缸原有的圆度、圆柱度和表面粗糙度要求，保证各缸中心线与曲轴主轴承孔中心线在一个平面内，并相互垂直。

汽缸修理尺寸一般分为 4 ~ 6 级，每加大 0.25mm 为一级，最大不超过 1.00mm 或 1.50mm。其计算方式为：汽缸修理尺寸 = 汽缸最大缸径 + 镗磨余量。

镗磨余量一般选 0.10 ~ 0.20mm，计算出修理尺寸后，以此选择相应的活塞。使活塞尺寸略大于修理尺寸。同一台发动机上各活塞尺寸应相同，即同一级加大活塞。

然后根据活塞直径与汽缸实际尺寸确定每缸的镗磨加工量。一般磨缸加工量取 0.02～0.06mm。

4．汽缸压缩力的检测

检测汽缸的压缩压力，可判定汽缸密封性。

测量时，应使发动机运转至正常温度（水温 80～90℃）后熄火进行。汽油机需要拆除全部火花塞，将节气门和阻风门全开，然后把汽缸压力表的锥形橡胶头在火花塞孔上压紧。用启动机转动曲轴 3～5s，曲轴转速应保持为 150～180r/min，记录压力表指示值。柴油机可将压力表接在喷油器安装孔上，以 500r/min 的转速测定汽缸压缩压力值。

各汽缸测量次数不少于两次，取平均值。对汽油机要求汽缸压缩压力值不低于原厂规定标准值的 10%；对柴油机要求汽缸压缩压力不低于原厂规定标准值的 20%。各汽缸压缩压力值差：汽油机要求应不超过其平均值的 8%；柴油机要求应不超过其平均值的 10%，如图 2-15 所示。

图 2-15　汽缸压力的检测

三、机体组常见故障检测分析

机体组零件损坏会导致发动机曲轴箱回气管有大量气体排出，此时用纸盒承接会有细小油粒呈现，拆检故障症状及故障分析如下。

（1）如果拆检中发现每缸活塞顶部一圈均有机油（靠汽缸壁），说明该汽缸套、活塞与环有问题，一般汽缸上止口有较深的台阶，汽缸壁无拉痕。导致上述问题的可能原因有汽缸长期使用造成的磨损，或活塞环与汽缸套材质硬度不匹配，进气中尘埃、机油中杂质形成磨料附着于汽缸表面造成早期磨损。出现上述情况应测量汽缸的圆度和圆柱度，根据测量结果考虑是否镗缸换套修复。

（2）汽缸的上止口磨损与该发动机其他缸一样，汽缸壁无拉痕，如果拆检中发现单缸或多缸活塞顶部一圈有机油痕，说明导致上述问题的可能原因是发动机装配时活塞环对口。

（3）如果拆检中发现每个缸均有不同程度拉缸，则说明发动机缺机油或缺水（缺机油时，轴瓦拉损；缺水时，轴瓦不拉）。

任务二 活塞连杆组结构与检修

一、活塞连杆组的结构

活塞连杆组由活塞、活塞环、活塞销和连杆等组成，如图 2-16 所示。

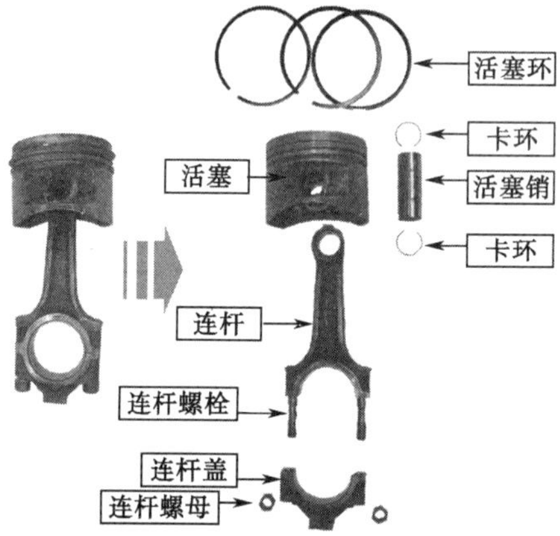

图 2-16 活塞连杆组件

1. 活塞

活塞是用铝合金材料制成的，它与汽缸盖、汽缸壁等共同组成燃烧室。活塞的主要功用是承受燃烧气体压力，并将此压力通过活塞销传给连杆以推动曲轴旋转。

活塞的基本结构可分为顶部、头部和裙部三部分，如图 2-17 所示。

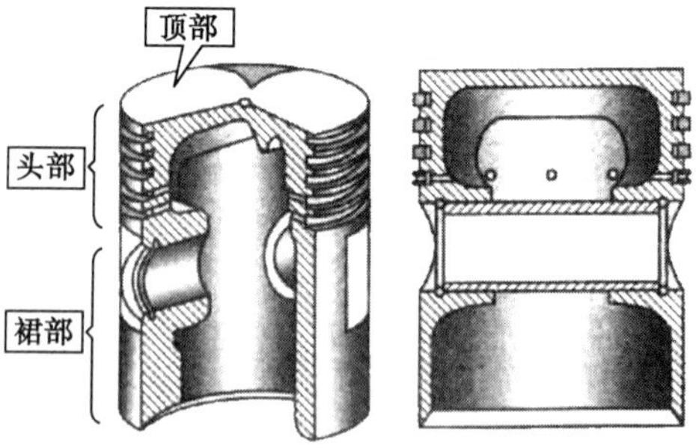

图 2-17 活塞的基本结构

（1）活塞顶部

活塞顶部是燃烧室的组成部分，其形状与选用的燃烧室形式有关。汽油机活塞顶部形状如图 2-18 所示。

有的活塞顶部打有各种记号，用以显示活塞及活塞销的安装及选配要求。图 2-19 所示的

“→”，是装配方向记号，装配时箭头应指向发动机前方。

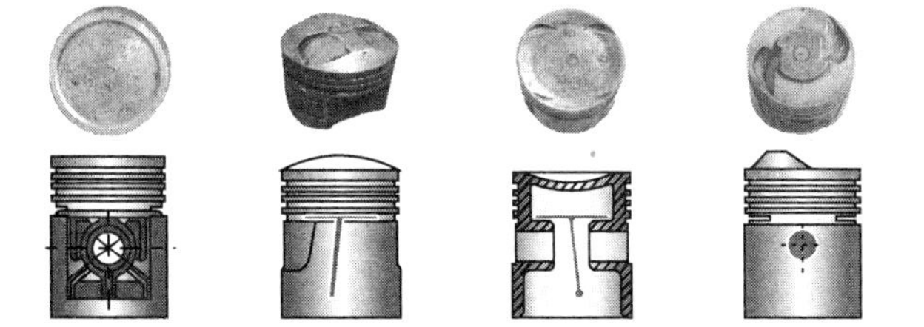

图 2-18 活塞顶部形状

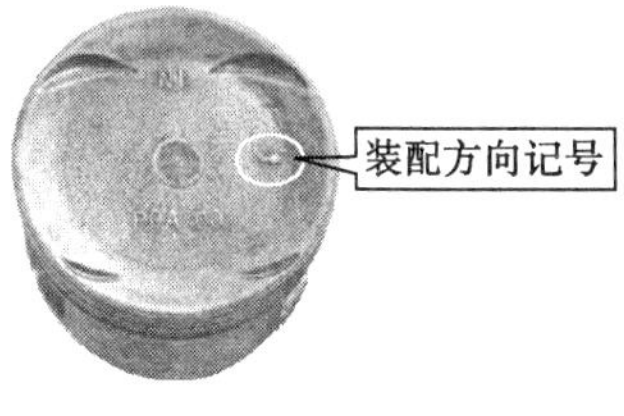

图 2-19 活塞安装方向

（2）活塞头部

活塞头部是指活塞销孔以上的部分。

活塞头部有若干道用以安装活塞环的环槽。汽油机一般有三道环槽，上面第一、二道安装气环，下面一道安装油环。在油环槽侧面钻有许多径向小孔，被油环从汽缸壁上刮下来的多余的机油可以经过这些油孔流回油底壳。

（3）活塞裙部

活塞裙部是指从油环槽下端面起至活塞底部的部分，其作用是对活塞在汽缸内的往复运动起导向作用，并承受侧压力。

2. 活塞环

活塞环一般是由合金铸铁材料制造的，分为气环和油环，安装位置如图 2-20 所示。

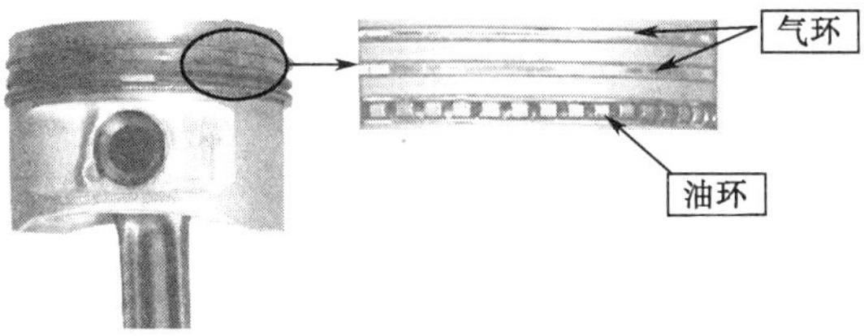

图 2-20 活塞环

（1）气环

气环实物如图 2-21 所示。气环的作用是密封和散热，即保证活塞与汽缸壁之间的密封，防止漏气，同时还将活塞顶部的热量传导至汽缸壁。

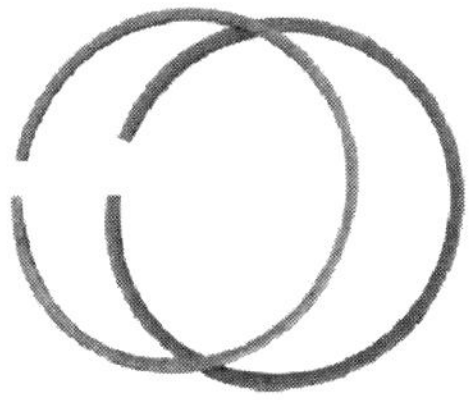
图 2-21 气环

气环的断面形状有多种，如图 2-22 所示。

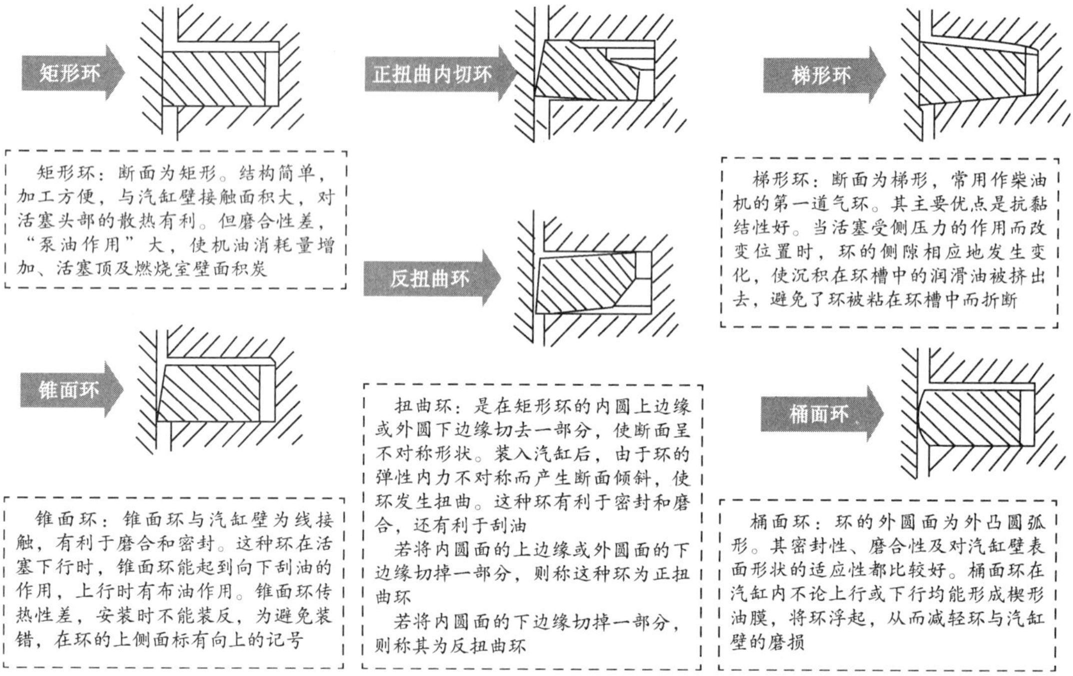

图 2-22　气环断面形状

（2）油环

油环有整体式油环（又称普通油环）和组合油环两种，如图 2-23 所示。油环的作用是刮油和布油，即下行时将汽缸壁上多余的机油刮回油底壳，防止窜入汽缸燃烧；上行时在汽缸壁内布上一层均匀的油膜，减少活塞、活塞环与汽缸壁的摩擦阻力。

3. 活塞销

活塞销一般用低碳钢或低碳合金钢制造，为空心圆柱体，如图 2-24 所示。其功用是连接活塞与连杆小头，将活塞承受的气体作用力传给连杆。

活塞销与活塞销座孔及连杆小头的连接方式一般有全浮式和半浮式两种，如图 2-25 所示。

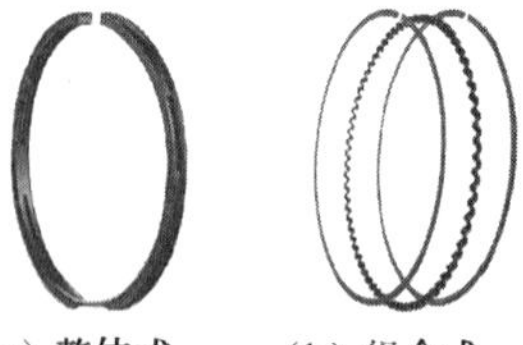

（a）整体式　（b）组合式

图 2-23　油环

图 2-24　活塞销

全浮式：在发动机正常工作温度时，活塞销能在连杆衬套和活塞销座孔中自由转动，减小了磨损且使磨损均匀。此种活塞销应用广泛

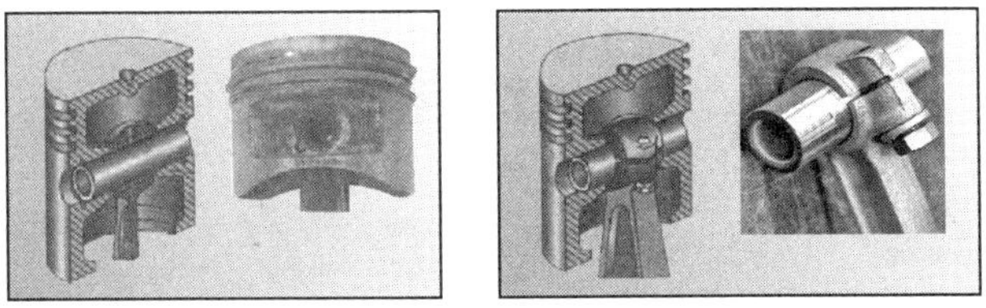

半浮式：活塞销中部与连杆小头采用紧固螺栓联接，活塞只能在两端销座内作自由摆动。这种连接方式省去了连杆小头衬套

（a）**全浮式**　　（b）**半浮式**

图 2-25　活塞销的连接方式

4. 连杆

连杆的作用是将活塞承受的力传给曲轴，并将活塞的往复运动转变为曲轴的旋转运动。连杆组件主要由连杆小头、连杆杆身和连杆大头（包括连杆盖、连杆轴瓦和连杆螺栓）等部分组成，如图 2-26 所示。

① 连杆小头是指用来安装活塞销（半浮式）或连杆套（全浮式）的圆形座孔。

② 连杆杆身通常做成“工”字形断面，抗弯强度好，质量小。有的连杆在杆身内加工有油道，用来润滑小头衬套和冷却活塞。

③ 连杆大头与曲轴的连杆轴颈相连，大头有整体式和分开式两种。一般多采用分开式，分开式又分为平分和斜分两种，即连杆大头的切口形式有平切口和斜切口两种，如图 2-27 所示。

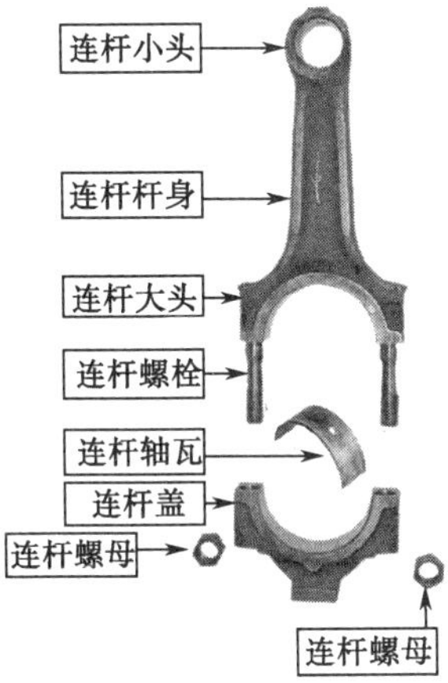

图 2-26　连杆组件

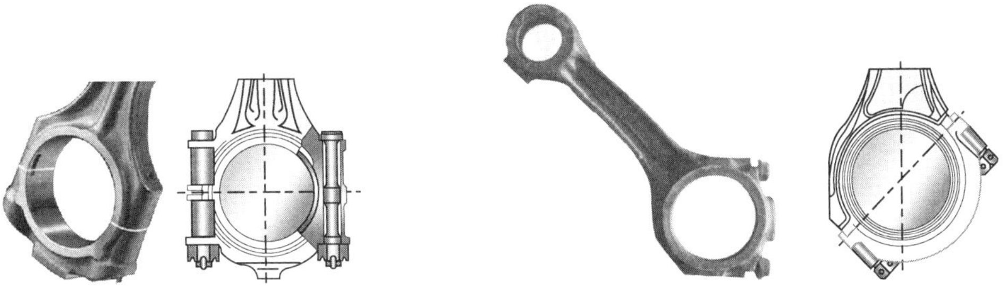

平切口连杆的剖分面垂直于连杆轴线。一般汽油机连杆大头尺寸都小于汽缸直径，可以采用平切口

（a）**平切口**

斜切口连杆的大头部分面与连杆轴线呈30°～60°的夹角

（b）**斜切口**

图 2-27　连杆大头

斜切口连杆：为了保证连杆轴承及连杆端盖的位置稳定，此外考虑连杆螺栓由于承受较大的剪切力而容易发生疲劳破坏。为此，应该采用能够承受横向力的定位方法。定位方法主要有止口定位、套筒定位和锯齿形定位，如图 2-28 所示。锯齿形定位在斜切口连杆上应用最广泛。

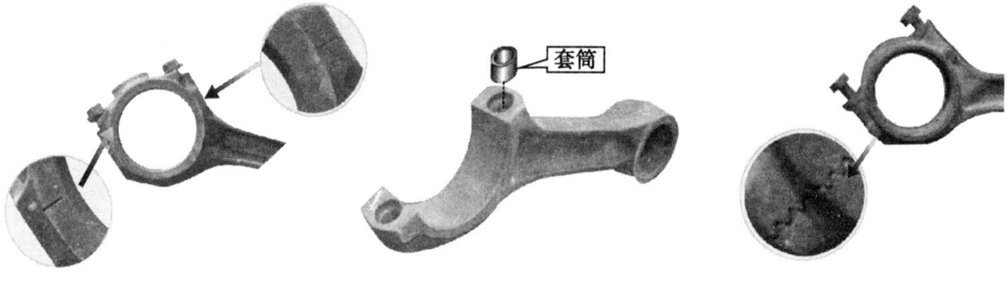

（a）止口定位　（b）套筒定位　（c）锯齿形定位

图 2-28　斜切口连杆大头定位方法

二、活塞连杆组的检修

活塞连杆组的检修主要包括活塞、活塞销的选配，连杆的检验与校正，以及活塞连杆组在组装时的检验校正。

1. 活塞的选配

（1）活塞的损伤形式

活塞的损伤包括正常磨损和异常损坏。

正常磨损：主要包括活塞环槽的磨损、活塞裙部的磨损和活塞销座孔的磨损。

异常损坏：主要包括活塞刮伤、顶部烧蚀和脱顶等属于非正常的损伤形式。

（2）活塞选配的注意事项

① 选择与汽缸同一修理尺寸的活塞。同一台发动机应选用同一厂牌的同一组活塞，以使活塞的材料、性能、质量、尺寸保持一致。

同组活塞裙部最大直径差值：CA141 不大于 0.02mm；EQ140 不大于 0.01mm；BJ492 不大于 0.02mm。

质量差：CA141 不大于 8g；EQ140 不大于 8g；BJ492 不大于 4g。

质量超过规定的，可在裙部内壁下部向上 20mm 处车削，予以调整。

② 活塞裙部的锥形及椭圆形应符合技术标准的规定。

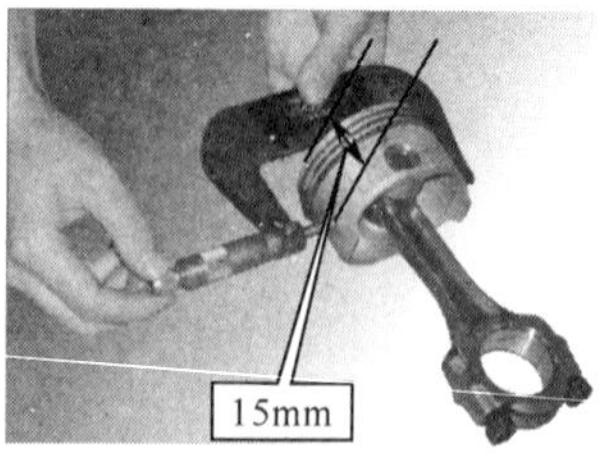

图 2-29　活塞裙部尺寸的测量方法

③ 膨胀槽应开到底，而未开通的活塞，装配前应将膨胀槽开通。

（3）活塞裙部尺寸的检测

镗缸时要根据选配活塞的裙部直径确定镗削量，活塞裙部直径的测量方法如图 2-29 所示。在活塞下部离裙部底边约 15mm 且与活塞销座轴线垂直方向处，用千分尺测量活塞裙部直径。

2. 活塞环的选配

活塞环的损伤主要包括活塞环的磨损、弹性减弱和折断等。

活塞环选配要求：活塞环与汽缸、活塞的修理尺寸要一致；要具有规定的弹力，以保证汽缸的密封性；环的漏光度，以及端隙、侧隙和背隙应符合原厂的规定。

（1）活塞环的弹力检验

检验方法：将活塞环置于弹力检验仪上，如图 2-30 所示，使环的开口处于水平位置，移动活动量块，使环的端隙达到标准值。此时可由量块在秤杆上的位置读出作用于活塞环上的力，即为活塞环的弹力。几款国产车的发动机活塞环弹力与端隙要求，如表 2-1 所示。

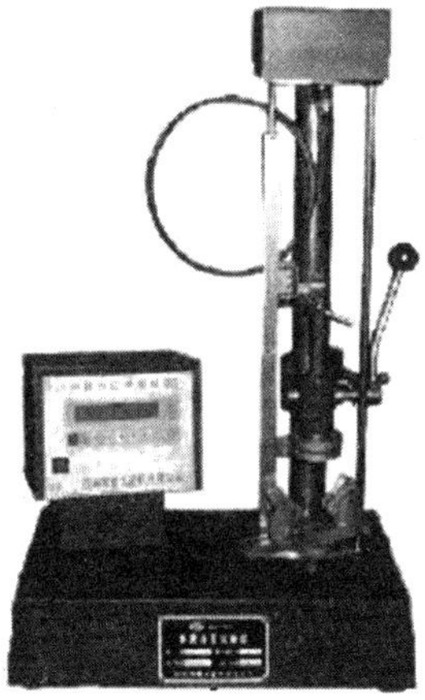

图 2-30　活塞环弹力检验仪

表 2-1　几款国产车的发动机活塞环弹力与端隙要求

车型	气环		油环	
	施加的力（N）	端隙（mm）	施加的力（N）	端隙（mm）
CA6102	49 ~ 78	0.5 ~ 0.7	11.8 ~ 31.4	0.3 ~ 0.5
EQ6100-1	41.1 ~ 56.8	0.35 ~ 0.55	34.3 ~ 49.0	0.5 ~ 1.0
492Q	17.2 ~ 24.5	0.2 ~ 0.4	15.7 ~ 21.6	0.2 ~ 0.4

（2）活塞环的漏光度检测

① 活塞环的漏光度检测目的：检测环的外圆表面与缸壁的接触和密封程度，漏光度（缝隙）过大，会造成漏气和窜机油的隐患。

② 活塞环的漏光度检查方法：把活塞环平装进汽缸上部，然后用活塞头部将其推至汽缸内该环相应的上止点位置，用一比缸径略小的遮光板盖在活塞环的上侧，在汽缸下部放置灯泡，从上面看活塞环与缸壁间隙是否漏光，如图 2-31 所示。用塞尺和量角器测量其漏光度。

③ 活塞环漏光度的技术要求：活塞环开口处左右 30° 范围内，不允许漏光。每处漏

光弧长所对应的圆心角不超过 25°，同一活塞环上漏光弧长所对应的圆心角总和不超过 45°。漏光处的间隙不大于 0.03mm。

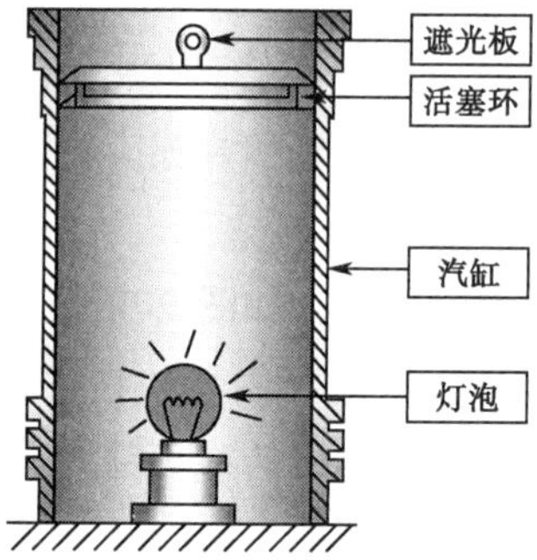

图 2-31　活塞环漏光度的检查

（3）活塞环“三隙”的检测

活塞环的三隙是指端隙、侧隙、背隙。三隙大小的一般规律为上环大于下环，柴油机环大于汽油机环、汽缸直径大的环大于直径小的环、发动机压缩比大的环大于压缩比小的环。

几种常用汽车发动机活塞环部各间隙如表 2-2 所示。

表 2-2　汽车发动机活塞环部各间隙

发动机型号	活塞环开口端隙（mm）			活塞环开口侧隙（mm）		
	第一道气环	第二道气环	油环	第一道气环	第二道气环	油环
捷达 ATK	0.15 ~ 0.35	0.25 ~ 0.40	0.25 ~ 0.45	0.05 ~ 0.09	0.03 ~ 0.06	0.03 ~ 0.06
桑塔纳 AYJ	0.20 ~ 0.40	0.20 ~ 0.40	0.25 ~ 0.50	0.06 ~ 0.09	0.06 ~ 0.09	0.03 ~ 0.06
奥迪 ATX	0.35 ~ 0.50	0.50 ~ 0.70	0.25 ~ 0.50	0.02 ~ 0.08	0.02 ~ 0.08	0.02 ~ 0.08
丰田 5R 型	0.20 ~ 0.40	0.15 ~ 0.35	0.15 ~ 0.35	0.03 ~ 0.07	0.03 ~ 0.07	0.025 ~ 0.070
富康 Tu5	0.30 ~ 0.50	0.40 ~ 0.70	0.30 ~ 0.50	0.04 ~ 0.07	0.03 ~ 0.063	0.035 ~ 0.07
夏利 TJ376Q	0.20 ~ 0.70	0.20 ~ 0.70	0.20 ~ 1.10	0.03 ~ 0.12	0.03 ~ 0.12	0.03 ~ 0.12
五十铃 4JB1	0.20 ~ 0.40	0.20 ~ 0.40	0.10 ~ 0.30	0.09 ~ 0.125	0.05 ~ 0.085	0.03 ~ 0.07
三菱 10DC60A	0.4 ~ 0.6	0.4 ~ 0.6	0.4 ~ 0.6	0.10 ~ 0.13	0.05 ~ 0.08	0.025 ~ 0.070
解放 CA6102	0.50 ~ 0.7	0.4 ~ 0.6	0.3 ~ 0.5	0.055 ~ 0.087	0.055 ~ 0.087	0.04 ~ 0.08
东风 EQ6100	0.35 ~ 0.55	0.35 ~ 0.55	0.50 ~ 1.0	0.055 ~ 0.087	0.04 ~ 0.072	0.090 ~ 0.24

① 端隙的检验方法：将活塞环置入汽缸套内，并用倒置活塞的顶部将环推入汽缸内相应上止点位置，然后用塞尺测量。活塞环端隙的检验如图 2-32 所示。若端隙大于规定值则应重新选配活塞环；若端隙小于规定值，应利用细平锉刀对环口的一端进行锉修。锉修时只能锉修一端且环口应平整，锉修后应将毛刺去掉，以免在工作时刮伤汽缸壁。

② 侧隙的检验方法：将活塞环放入相应的环槽内，围绕环槽转动一圈，环在槽内应转动自如；然后用塞尺进行测量。活塞环侧隙的检验如图 2-33 所示。

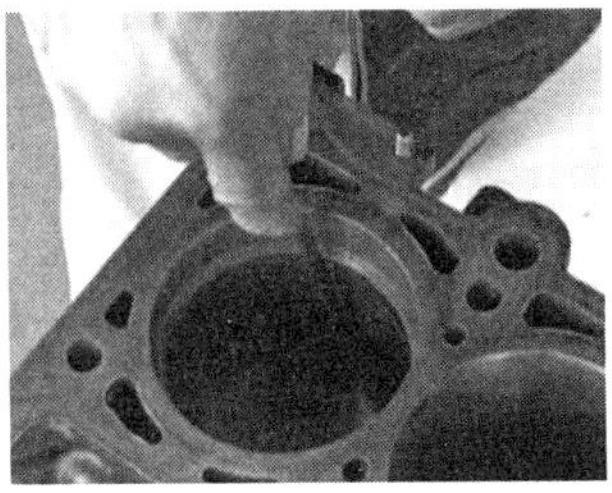

图 2-32 活塞环端隙的检验

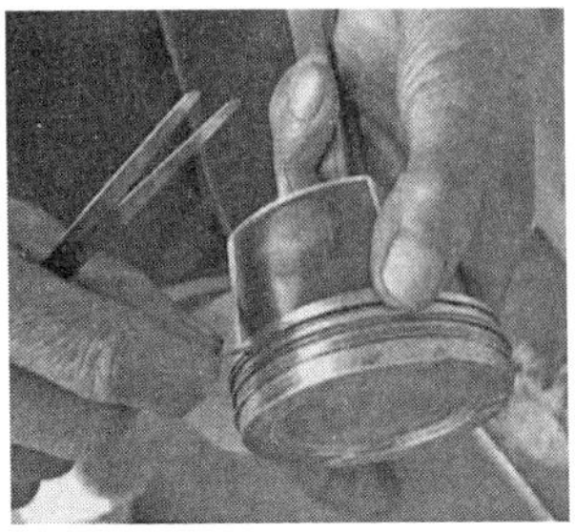

图 2-33 活塞环侧隙的检验

③ 背隙的检验方法：将活塞环放入活塞内，以环槽深度与活塞环径向厚度的差值来衡量。测量时，先用深度游标卡尺测出活塞环槽的深度，再用游标卡尺测出活塞环的宽度，两者相减，即为活塞环的背隙，该数值一般为 0～0.35mm（注：根据车型不同，修理时应查阅相关车型的维修手册）。如背隙过小时，应更换活塞环或车深活塞环槽的深度。

3. 活塞销的选配

发动机大修时，选择标准尺寸的活塞销，以便给小修留有修理余地。活塞销除标准尺寸以外，还有四级修理尺寸，每级直径加大 0.04mm。

选配活塞销的原则是：同一台发动机应选用同一厂牌、同一修理尺寸的成组活塞销，活塞销表面应无任何锈蚀和斑点，表面粗糙度≤0.20μm，圆柱度误差≤0.0025mm，质量误差为 0～10g 范围内，活塞销的圆柱度误差的测量如图 2-34 所示。

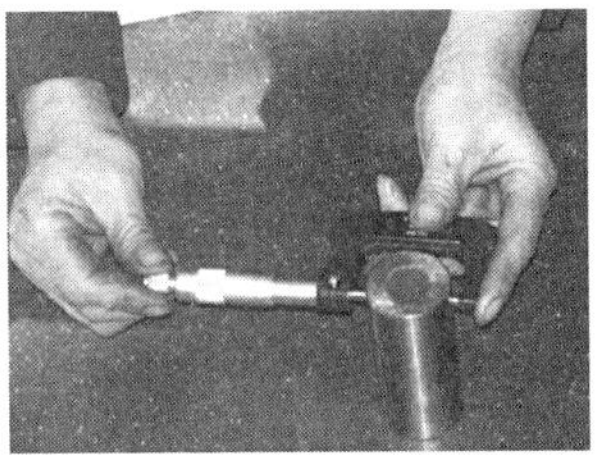

图 2-34 活塞销圆柱度误差的测量

活塞销与销座孔的配合要求很高，对全浮式活塞销与销座孔的配合，汽油机在常温时应有微量过盈（一般为 0.0025～0.0075mm），发动机工作时又有微量间隙，使活塞销能在销座孔中转动。柴油机常温时为过渡配合，允许有微量间隙。

4. 连杆的检修

连杆的检修主要包括连杆变形的检验、校正及连杆小端衬套的铰削。连杆变形后，使活塞在汽缸中歪斜，引起活塞与汽缸、连杆轴承与连杆轴颈的偏磨、敲缸、拉缸等。

（1）连杆变形的检验

连杆变形的检验在连杆校验仪上进行，连杆校验仪能检验连杆的弯曲、扭曲、双重弯曲的程度及方位，如图 2-35 所示。

检验步骤如下。

① 将连杆大端轴承取下，将承孔清洁干净，装好轴承盖，并按规定力矩拧紧连杆螺栓。

② 把连杆大端安装在校正仪的可调横轴上，拧动调整柄使半圆键向外扩张，将连杆固定在校正仪上，使连杆大端承孔轴线与检验平板垂直。

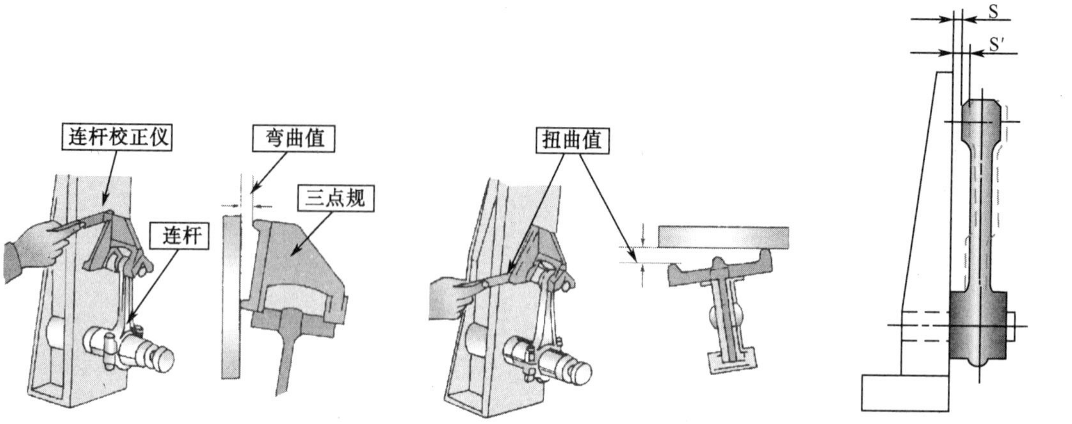

（a）连杆弯曲的检验　（b）连杆扭曲的检验　（c）连杆双重弯曲的检验

图 2-35　连杆的检验

③ 选用一个带有 V 形槽的三点规。三点规上的三个测点的端面构成的平面与 V 形槽的对称平面垂直。下面两个测点的距离为 100mm。上测点位于两个下测点连线的垂直平分线上，与两个下测点连线的距离也是 100mm。将三点规的 V 形槽放在连杆小端的心轴（不装衬套时）或活塞销上，并推向检验平板。若三个测点都与平板接触，说明连杆不变形。

④ 用塞尺量出测点与平板的间隙，便是连杆在 100mm 长度上的弯曲度。若两个下测点一个接触，另一个不与平板接触，且上测点与平板的间隙等于另一个下测点间隙的一半，则表明连杆扭曲。下测点与平板的间隙即为连杆在 100mm 长度上的扭曲度。若一个下测点与平板接触，但上测点与平板的间隙不等于另一个下测点与平板间隙的一半，则表明连杆同时存在弯曲和扭曲变形。此时下测点与平板的间隙为连杆扭曲度，上测点与平板的间隙为连杆弯曲度。

⑤ 检验时先测出连杆小端端面与平板距离 S' ，再将连杆翻转 180° ，测量出此距离 S，若两次测出的距离值不等即说明连杆有双重弯曲。两距离之差即为连杆的双重弯曲度。

技术标准规定：连杆的弯曲度应不大于 0.03mm，扭曲度应不大于 0.06mm。超过许用值时，应予校正。但连杆的双重弯曲极难校正，只能更换新连杆。

（2）连杆变形的校正

当连杆弯曲、扭曲变形并存时应先校扭后校弯。在校正连杆时，首先要记下连杆向哪边弯曲或扭曲，以及其弯曲度和扭曲度的数值。

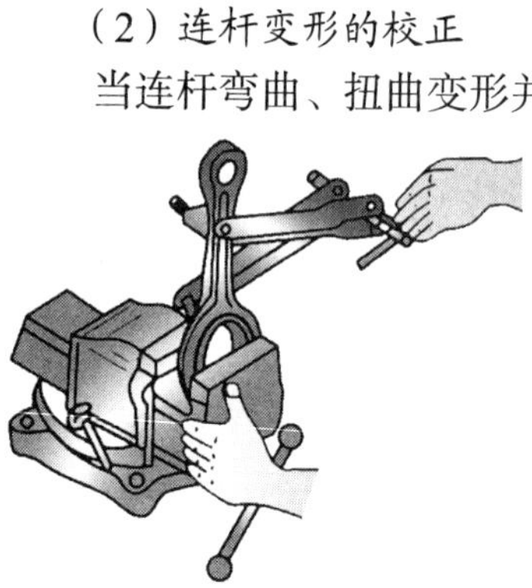

图 2-36　校扭

① 校扭。将连杆下盖按规定装配并拧紧，在台虎钳钳口垫上软金属垫片，夹紧连杆大端侧面。用连杆校正器的专用扳钳装卡在连杆杆身的上、下两个部位，按图 2-36 所示的扳钳安装方法校正连杆向逆时针方向的扭曲变形。校正顺时针方向的扭曲变形时，可将上、下扳钳交换即可。

② 校弯。将弯曲的连杆放入校正器内，使弯曲的凸面朝上，对正凸起的部位加入垫块。扳转丝杠，使连杆向上产生反方向变形，并使变形量为原弯曲部位变形量的几倍到几十倍（矫枉过正），停留一定时间，待金属组织稳定后再松开丝杠，检查是否校正合格。校弯如图 2-37 所示。

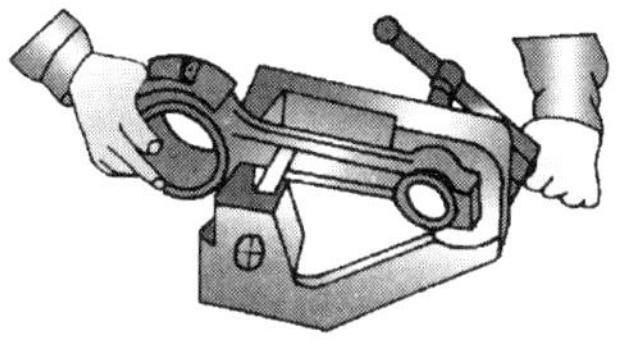

图 2-37 校弯

在校正变形量较大的连杆后，应进行时效处理：将连杆加热至 573K，保温一定时间。校正变形较小的连杆时，只需在校正载荷下保持一定时间即可。

③ 连杆衬套的铰削。在更换活塞销时必须更换连杆衬套。衬套与连杆小端孔用过盈配合连接，过盈量一般为 0.10 ~ 0.20mm。

在衬套压装前，先将其与活塞销试配，若能勉强套入活塞销即为合适。若活塞销不能装入衬套，或者装入后松旷均应重新选用衬套。衬套压入后，便可根据选配好的活塞销的实际尺寸铰削（或镗削）衬套，使其与活塞销的配合符合规定。

其步骤如下。

a. 选择铰刀：根据活塞销实际尺寸，选择相应的可调铰刀。

b. 调整铰刀：将连杆小头衬套孔套入铰刀，使连杆大端承孔轴线与铰刀轴线保持平行。以刀刃露出衬套上端面 3 ~ 5mm 为第一刀的铰削量来进行铰削。铰刀的每次调整量以调整螺母转过 60° ~ 90° 为宜，当接近配合尺寸时，铰刀每次宜调整 30° ~ 60° 。

c. 铰削：一手托住连杆大头，另一手把持住连杆小头并向下略施压力进行铰削。当衬套下端面与刀刃下端相平时，停止铰削，将连杆下压退出，以免铰偏或起棱。铰刀量不变，翻转连杆重铰一次，如图 2-38 所示。

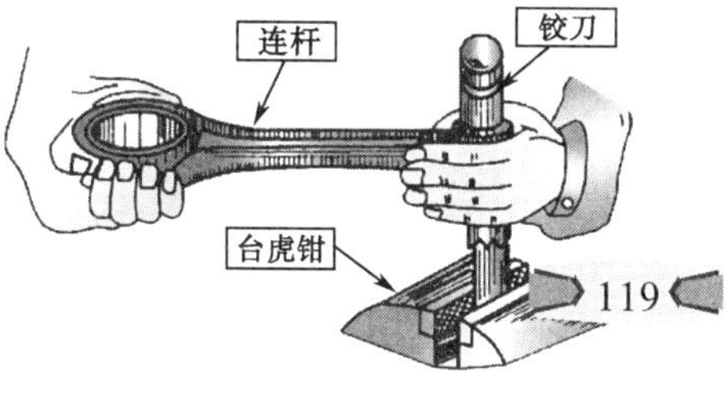

图 2-38 铰削

d. 试配：每铰削一次都要用活塞销试配，以防铰大。当用手掌力能将活塞销推入衬套 1/3 ~ 2/5 时停铰。用木锤将销打入衬套内，并把活塞销夹持在台钳上来回扳转连杆，然后压出活塞销。

e. 修刮：查看衬套的压痕，根据接触面和松紧度情况，用刮刀修刮，直至能用手掌力量把涂有机油的活塞销推入连杆衬套；或者在台钳上夹住活塞销，把连杆向上转至与水平方向约呈 75° 时停住，用手轻轻振动，连杆能靠其自身重量徐徐下落，则表明间隙合适。此外，活塞销与连杆衬套的接触面印痕呈点状分布，面积应在 75%以上。

任务三 曲轴飞轮组结构与检修

曲轴飞轮组主要由曲轴、飞轮、正时齿轮和曲轴带轮等组成，如图 2-39 所示。

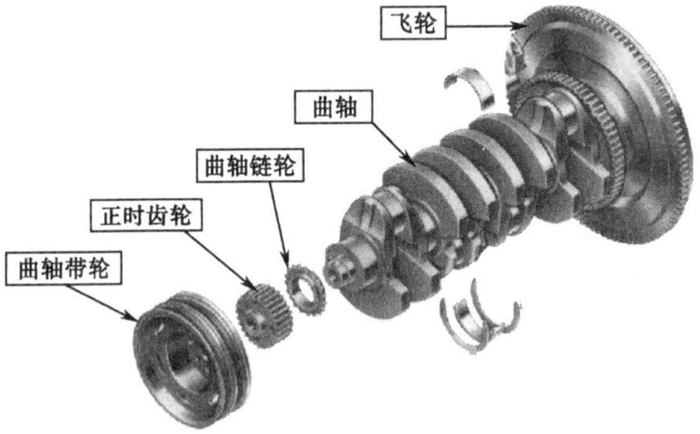

图 2-39 曲轴飞轮组结构

1．曲轴

曲轴一般用中碳钢或中合金碳钢模锻而成。其作用是把活塞连杆组传来的气体压力转变为扭矩对外输出，驱动配气机构及其他附属装置。

曲轴一般由前端轴、主轴颈、连杆轴颈（曲轴销）、曲柄（曲柄臂）、平衡重、曲轴后端等组成，如图 2-40 所示。一个连杆轴颈和它两端的曲柄及主轴颈构成一个曲拐。

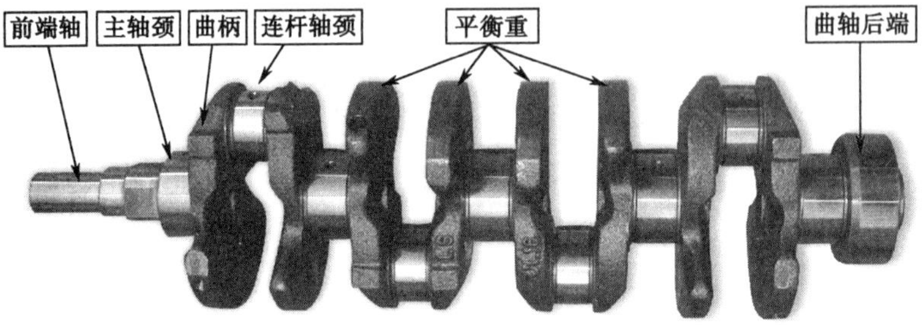

图 2-40 曲轴

（1）主轴颈

主轴颈是曲轴的支撑部分。每个连杆轴颈两边都有一个主轴颈的，称为全支撑曲轴；主轴颈数等于或少于连杆轴颈数的，称为非全支撑曲轴，如图 2-41 所示。

（a）全支撑曲轴

（b）非全支撑曲轴

图 2-41 曲轴的支撑方式

（2）连杆曲颈

连杆曲颈是曲轴与连杆的连接部分，直列发动机的连杆轴颈数目和汽缸数相等；V 形发动机的连杆轴颈数等于汽缸数的一半。

（3）曲柄和平衡重

曲柄是主轴颈和连杆轴颈的连接部分，断面为椭圆形，为了平衡惯性力，曲柄处铸有（或紧固有）平衡重。

平衡重用来平衡发动机不平衡的离心力，有时还用来平衡一部分往复惯性力，从而使曲轴旋转平稳。

（4）曲轴前端和曲轴后端

曲轴前端装有正时齿轮、驱动风扇、水泵的带轮及启动爪等。为了防止机油沿曲轴轴颈外漏，在曲轴前端装有一个甩油盘，在齿轮室盖上装有油封，防止机油外漏。

曲轴后端用来安装飞轮，在后轴颈与飞轮凸缘之间制成挡油凸缘与回油螺纹，以阻止机油向后窜漏。

2. 曲拐布置与多缸发动机的工作顺序

各曲拐的相对位置或曲拐布置取决于汽缸数、汽缸排列形式和发动机工作顺序。当汽缸数和汽缸排列形式确定之后，曲拐布置就只取决于发动机工作顺序。

（1）四缸四冲程发动机的点火顺序和曲拐布置

直列四缸四冲程发动机的点火间隔角为 720° /4=180° ，4 个曲拐在同一平面内。发动机点火顺序为 1—3—4—2 或 1—2—4—3，其工作循环如表 2-3 和表 2-4 所示。直列四缸发动机的曲拐布置如图 2-42 所示。

表 2-3 四缸发动机工作循环表（点火顺序：1—2—4—3）

曲轴转角/（° ）	第一缸	第二缸	第三缸	第四缸
0 ~ 180	做功	压缩	排气	进气
180 ~ 360	排气	做功	进气	压缩
360 ~ 540	进气	排气	压缩	做功
540 ~ 720	压缩	进气	做功	排气

表 2-4 四缸发动机工作循环表（点火顺序：1—3—4—2）

曲轴转角/（° ）	第一缸	第二缸	第三缸	第四缸
0 ~ 180	做功	排气	压缩	进气
180 ~ 360	排气	进气	做功	压缩
360 ~ 540	进气	压缩	排气	做功
540 ~ 720	压缩	做功	进气	排气

图 2-42　直列四缸发动机的曲拐布置

（2）六缸四冲程直列发动机的点火次序和曲拐布置

六缸四冲程直列发动机的点火间隔角为 720° /6=120° ，6 个曲拐互呈 120° 。发动机的点火顺序有两种，一种为 1—5—3—6—2—4，其工作循环如表 2-5 所示，这种方案应用比较普遍；另一种为 1—4—2—6—3—5。直列六缸发动机的曲拐布置如图 2-43 所示。

表 2-5　直列六缸发动机工作循环表（点火顺序：1—5—3—6—2—4）

<table>
<tr><th colspan="2">曲轴转角/（° ）</th><th>第一缸</th><th>第二缸</th><th>第三缸</th><th>第四缸</th><th>第五缸</th><th>第六缸</th></tr>
<tr><td rowspan="3">0 ~ 180</td><td>0 ~ 60</td><td rowspan="3">做功</td><td rowspan="2">排气</td><td>进气</td><td>做功</td><td rowspan="2">压缩</td><td rowspan="3">进气</td></tr>
<tr><td>60 ~ 120</td><td rowspan="3">压缩</td><td rowspan="3">排气</td></tr>
<tr><td>120 ~ 180</td><td rowspan="3">进气</td><td rowspan="3">做功</td></tr>
<tr><td rowspan="3">180 ~ 360</td><td>180 ~ 240</td><td rowspan="3">排气</td><td rowspan="3">压缩</td></tr>
<tr><td>240 ~ 300</td><td rowspan="3">做功</td><td rowspan="3">进气</td></tr>
<tr><td>300 ~ 360</td><td rowspan="3">压缩</td><td rowspan="3">排气</td></tr>
<tr><td rowspan="3">360 ~ 540</td><td>360 ~ 420</td><td rowspan="3">进气</td><td rowspan="3">做功</td></tr>
<tr><td>420 ~ 480</td><td rowspan="3">排气</td><td rowspan="3">压缩</td></tr>
<tr><td>480 ~ 540</td><td rowspan="3">做功</td><td rowspan="3">进气</td></tr>
<tr><td rowspan="3">540 ~ 720</td><td>540 ~ 600</td><td rowspan="3">压缩</td><td rowspan="3">排气</td></tr>
<tr><td>600 ~ 660</td><td rowspan="2">进气</td><td rowspan="2">做功</td></tr>
<tr><td>660 ~ 720</td><td>排气</td><td>压缩</td></tr>
</table>

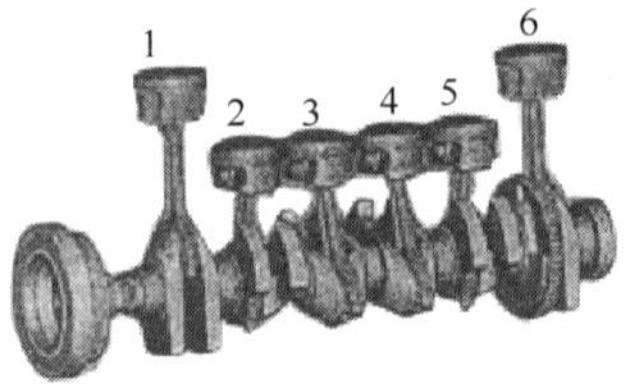

图 2-43　直列六缸发动机的曲拐布置

（3）六缸四冲程 V 形发动机点火顺序和曲拐布置

六缸四冲程 V 形发动机的发火间隔角仍为 120° 。3 个曲拐互呈 120° ，如图 2-44 所示。点火顺序为 R1—L3--R3—L2—R2—L1（1—6—5—4—3—2）。面对发动机的冷却风扇，右列汽缸用 R 表示，由前向后汽缸号分别为 R1、R2、R3；左列汽缸用 L 表示，汽缸号分别为 L1、L2 和 L3。

（4）八缸四冲程 V 形发动机点火顺序和曲拐布置

八缸四冲程 V 形发动机的点火间隔角为 720° /8=90° 。4 个曲拐互呈 90° ，如图 2-45 所示。点火顺序基本上有 R1—R2—R4—L1—L3—R3—L2—L4（1—3—7—2—6—5—4—8，美国车系）和 L1—R4—R2—L2—R3—L3—L4—R1（1—8—4—3—6—5—7—2，日本车系），以及 1—5—4—8—6—3—7—2（德国车系较常用）。

图 2-44 六缸 V 形发动机的曲拐布置

图 2-45 八缸 V 形发动机的曲拐布置

3．飞轮

飞轮是一个很重的铸铁圆盘，实物如图 2-46 所示。其主要作用是将做功冲程的能量贮存起来，以便克服进气、压缩和排气行程的阻力，使曲轴能均匀地旋转。

在飞轮轮缘上镶嵌有飞轮齿圈，如图 2-47 所示，在发动机启动时，与启动机齿轮啮合，带动曲轴旋转。飞轮上还刻有上止点记号，用来校准点火定时或喷油定时及调整气门间隔，如图 2-48 所示。

图 2-46 发动机飞轮

图 2-47 飞轮上的启动齿轮

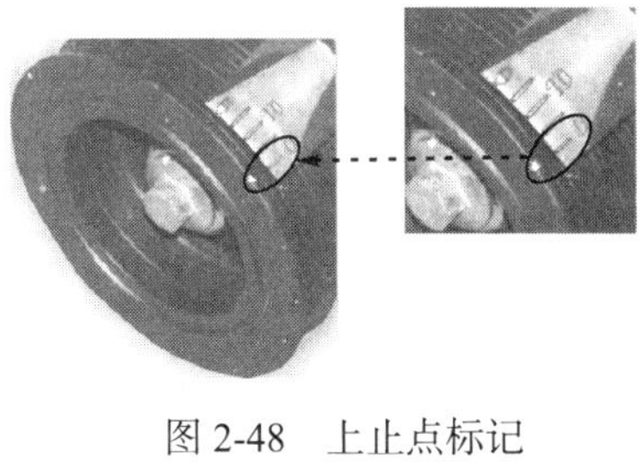

图 2-48 上止点标记

4．发动机滑动轴承

汽车发动机滑动轴承有连杆衬套、连杆轴承、主轴承和曲轴止推轴承等。

（1）连杆轴承和主轴承

钢背是轴瓦的基体，由 1～3mm 厚的低碳钢板制造，以保证有较高的机械强度。在钢背上浇铸减摩合金层，减摩合金材料主要有锡基合金、铜基合金和铝基合金。

锡基合金也称巴氏合金，应用较多的锡基合金减摩性好，常用于负荷不大的汽油机。

铜铅合金和高锡铝合金轴瓦，被广泛用于汽油机和柴油机。

在轴瓦的结合端冲压出定位唇，在轴承孔中加工有定位槽，以便装配时能正确定位。在主轴承和连杆轴承的上、下轴瓦上均加工有环形油槽和油孔，以便不间断地向连杆小头喷油孔供油。有的发动机为了润滑连杆轴承和曲柄销的需要，只在主轴承的上轴瓦加工有环形油槽。

（2）曲轴止推轴承

汽车行驶时由于踩踏离合器而对曲轴施加轴向推力，使曲轴发生轴向窜动。过大的轴向窜动将影响活塞连杆组的正常工作和破坏正确的配气定时和柴油机的喷油定时。为了保证曲轴轴向的正确定位，需装设止推轴零件，如图 2-49 所示。

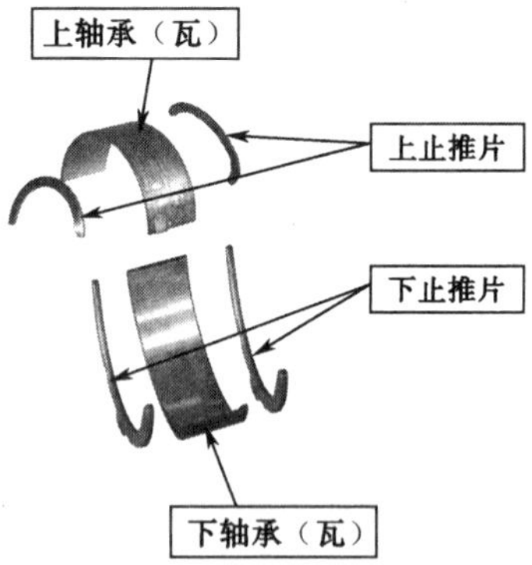

图 2-49　主轴承与止推片

曲轴止推轴承有翻边轴瓦、半圆环止推片和止推轴承环三种形式。翻边轴瓦是将轴瓦两侧翻边作为止推面，在止推面上浇铸减摩合金。轴瓦的止推面与曲轴止推面之间留有 0.06～0.25mm 的间隙，从而限制了曲轴轴向窜动量。

连杆轴承和主轴承均由上、下两片轴瓦对合而成，每一片轴瓦都是由钢背和减摩合金层或钢背、减摩合金层和软镀层构成的，前者称为二层结构轴瓦，后者称为三层结构轴瓦。

半圆环止推片一般为四片，上、下各两片，分别安装在机体和主轴承盖上的浅槽中，用定位舌或定位销定位，防止其转动。装配时，需将有减摩合金层的止推面朝向曲轴的止推面，勿装反。止推轴承环为两片止推圆环，分别安装在第一主轴承盖的两侧。

任务四　曲柄连杆机构的检修与常见故障排除

曲柄连杆机构的故障属于机械类故障，此类故障大多数是以异响出现的。异响是由于曲柄连杆机构运动机件的自然磨损和老化，使零件相互配合间隙增大损伤，在运动中由于振动和相互撞击而发生的金属碰击声。因此，曲柄连杆机构的异响，往往反映着不同性质和不同程度的故障。异响的判断工作是一项技术性较强的工作。为能准确、迅速地判断异响故障，可根据异响的产生部位、声响特征、出现时机、变化规律，以及尾气排放的烟色、烟量等情况，并借助诊断仪器，找出产生故障的原因并及时排除。否则，发动机不能正常工作，或者导致更大的损伤。

1. 曲轴主轴承响

（1）故障现象

发动机转速突然变化时，发出低沉连续的“镗镗”金属敲击声，严重时发动机机体发生振动；响声随发动机转速的提高和负荷的增大而增大，产生响声的部位在汽缸的下部。单缸“断火”时，响声无明显变化，相邻两缸“断火”时，响声会明显减弱；观察机油压力表，机油压力明显降低。

（2）故障原因

轴承与轴颈磨损而导致配合间隙过大；主轴承盖螺栓松动；主轴承与座孔配合松动；轴承润滑不良，使轴瓦合金层烧蚀脱落。

（3）故障诊断与排除

在汽缸体下部用听诊仪具听诊或在机油加油口处听查，并反复改变发动机转速。当突然加速或减速时，如果有明显的沉重响声，则是主轴承响。发动机在正常工作温度情况下，当转速由低速加速到中速，出现有节奏而沉重的响声，发动机温度越高响声越明显；单缸“断火”时，响声无变化，而相邻两缸“断火”时，响声会明显减弱，则表明是该缸主轴承响声。如果确定了主轴承有响声，则应拆卸油底壳，对有异响的轴承进行检查。若是主轴承盖螺栓松动，可按规定的拧紧力矩拧紧；若是主轴承磨损致使与轴颈的配合间隙过大或主轴承表面合金层烧蚀脱落，可更换同一修理尺寸的主轴承；当主轴颈磨损时，应修磨主轴颈并配以相应修理级别的主轴承。

2. 连杆轴承响

（1）故障现象

在突然加速时，有明显连续的“当当”敲击声。响声在怠速时较小，中速时较为明显，发动机温度升高后，响声无变化。单缸“断火”后，响声明显减弱或消失。

（2）故障原因

连杆轴承盖螺栓松动；连杆轴承与轴颈磨损过甚，致使径向间隙过大；轴承润滑不良，造成轴承合金层烧毁、脱落；连杆轴承与座孔配合松动。

（3）诊断与排除

在机油加油口处听诊，发动机由低速加速时，发出明显连续的敲击声。当发动机温度升高时，其响声增大。单缸“断火”时响声减弱或消失，复火时响声恢复，表明该连杆轴承间隙过大或轴承合金层脱落。机油压力明显降低。如果确定了有响声的连杆轴承，则应拆下油底壳进行检查。若连杆轴承盖螺栓松动，按规定的拧紧力矩拧紧；如果是连杆轴承磨损而使得与轴颈的配合间隙过大或连杆轴承表面合金层烧蚀、脱落，可更换同一修理尺寸的连杆轴承；当连杆轴颈磨损或圆度误差过大时，应修磨连杆轴颈并配以相应修理级别的连杆轴承。

3. 活塞敲缸响

（1）故障现象

发动机怠速时，在汽缸的上部发出清晰的“嗒嗒嗒”敲击声；冷车时响声明显，热车时响声减弱或消失；该缸“断火”后，响声减弱或消失。

（2）故障原因

活塞与汽缸壁的间隙过大，活塞在汽缸内摆动，导致撞击汽缸壁而发出响声；活塞销与连杆衬套装配过紧；活塞顶碰到汽缸垫；连杆变形。

（3）故障诊断与排除

用听诊器在汽缸体上部听诊，声响明显。响声在冷车时明显，热车时减弱或消失。该缸“断火”后，响声减弱或消失，表明是该缸活塞响声。为进一步证明可敲缸，向怀疑发响的汽缸内注入少量机油，使机油附着于汽缸壁和活塞之间，再启动发动机查听。若敲击声减轻或消失，但运转短时间后又出现，则判断是该缸活塞敲缸响，这是由于活塞与汽缸壁间隙过大所致。如果确诊了有响声的活塞，则应拆下活塞连杆组进行检查，如果是连杆变形或连杆衬套与活塞销装配过紧而产生的响声，应重新校正连杆或修刮连杆衬套；如果是活塞与汽缸壁的配合间隙过大而产生异响，因为活塞磨损过大的，可更换同一修理级别的新活塞，因为汽缸磨损过大的，则应镗磨汽缸并配以相应修理级别的活塞。

4. 活塞销响

（1）故障现象

怠速和中速时响声比较明显、清脆，为有节奏的“嗒、嗒”声；发动机转速变化时，响声的周期也随着变化；发动机温度升高后，响声不减弱；该缸“断火”后，响声减弱或消失；恢复该缸工作时的瞬间，会出现明显的响声或连续两个响声。

（2）故障原因

活塞销与连杆小端衬套配合松旷；活塞销与活塞销座孔配合松旷。

（3）故障诊断与排除

当发动机转速变化时，将听诊器触及汽缸体上部，可听到清脆连续的响声；该缸“断火”后，响声减弱或消失；在复火瞬间，响声会敏感地突然恢复并出现双响。表明是该缸的活塞销响。如果确诊了有响声的活塞销，则应取出该活塞连杆组进行检查。若是活塞销与连杆小端衬套配合间隙过大，应更换新的活塞销和连杆衬套后重新铰削；若活塞销与活塞销座孔配合松旷，应更换新的活塞销和活塞。

情境三 配气机构结构与检修

任务一 配气机构的组成和类型

一、配气机构的作用

配气机构的作用是根据发动机的工作循环和点火顺序，适时地开启和关闭各缸的进气门和排气门，使可燃混合气（汽油机）或纯净空气（柴油机）及时地进入汽缸，并使废气从汽缸内排出，实现换气的过程。

二、配气机构的组成

配气机构一般由气门组、气门传动组组成，如图 3-1 所示。气门组的作用是封闭进气道和排气道；气门传动组的作用是使进气门和排气门按配气相位规定的时刻开启和关闭。

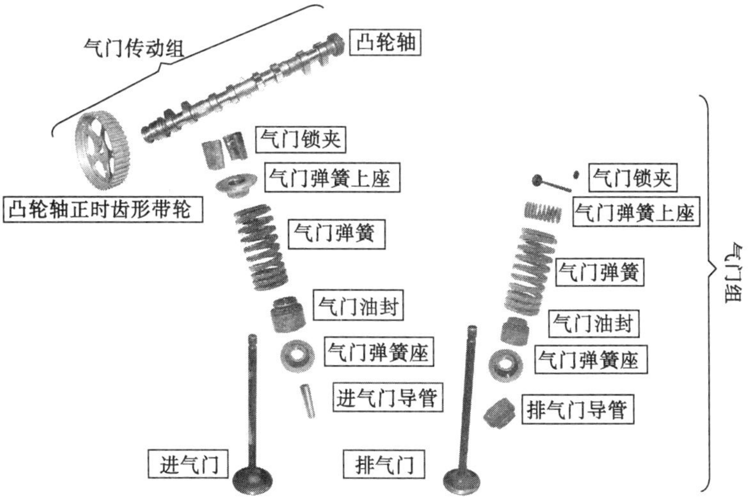

图 3-1　配气机构

三、配气机构的分类

1. 按气门布置位置的不同分类

按气门布置位置的不同，可分为气门侧置和气门顶置两种形式，如图 3-2 所示。

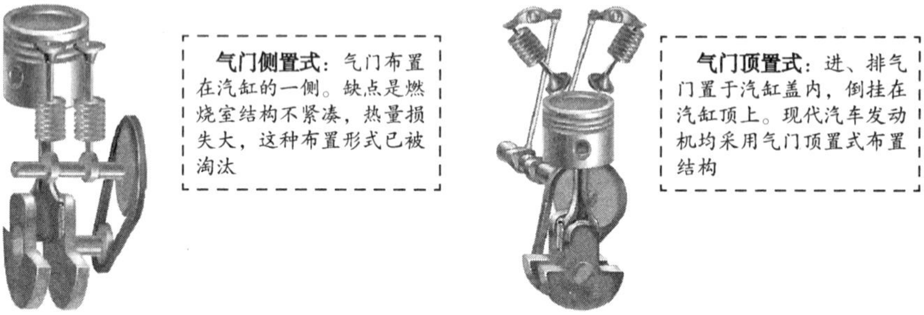

（a）　　（b）

图 3-2　气门布置

2. 按凸轮轴的布置位置分类

按凸轮轴布置位置的不同，可分为下置式、中置式和上置式 3 种，如图 3-3 所示。

（a）　　（b）　　（c）

图 3-3　凸轮轴布置

3. 按曲轴与凸轮轴的传动方式分类

按曲轴与凸轮轴的传动方式的不同，可分为齿轮传动、链条传动、齿形带传动 3 种，如图 3-4 所示。

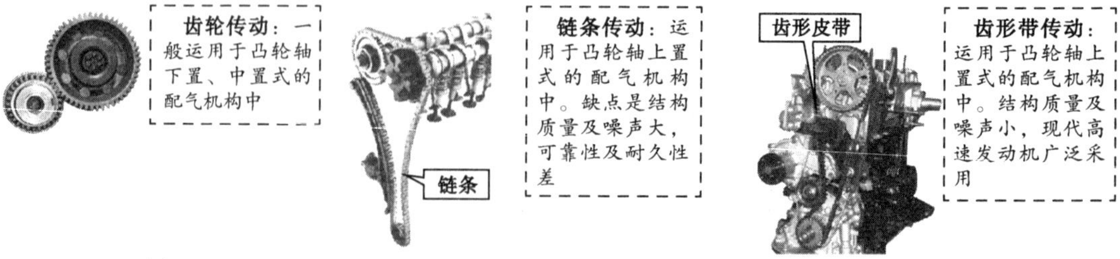

（a）　　（b）　　（c）

图 3-4　气门传动方式

4．按气门驱动形式分类

按气门驱动形式的不同，可分为摇臂驱动、摆臂驱动和直接驱动 3 种，如图 3-5 所示。

（a）

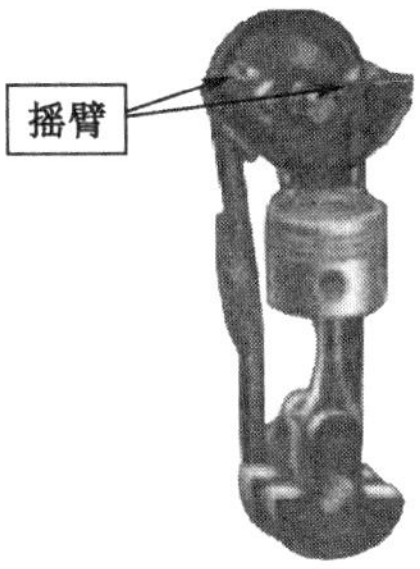

（b）

图 3-5　气门驱动形式

5．按每缸气门的数目分类

按每缸气门数目的不同，可分为二气门、三气门、四气门、五气门等，如图 3-6 所示。一般发动机都采用每缸两个气门，即一个进气门和一个排气门的结构。现代很多新型汽车发动机上多采用每缸 4 个气门结构，即两个进气门和两个排气门。

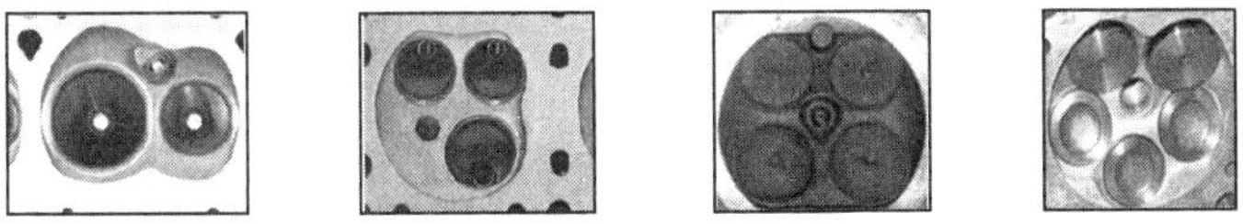

（a）二气门　（b）三气门　（c）四气门　（d）五气门

图 3-6　气门数量

提示：

（1）当每个汽缸有两个气门时，进气门头部直径比排气门大 15%～30%。

（2）凡是进气门和排气门数量相同时，进气门头部直径都比排气门大。

（3）凡是进气门数比排气门数多的发动机，排气门头部直径都比进气门大。

四、配气机构的工作原理

以凸轮轴下置式配气机构为例，简要介绍配气机构的工作原理，如图 3-7 所示。

（1）凸轮轴在曲轴的带动下旋转，当凸轮轴转到凸轮的凸起部分与挺柱接触时，挺柱被顶起，挺柱通过推杆调整螺钉使摇臂摆动，摇臂的长端向下压动气门，克服气门弹簧力使气门打开，如图 3-7（a）所示。

（2）凸轮轴继续转动，当凸轮轴转到凸轮的基圆部分与挺柱接触时，挺柱不升高，气门在弹簧张力作用下回位，回复到关闭状态，如图 3-7（b）所示。

从上述工作过程可以看出，气门的开启是通过气门传动组的作用而完成的，而气门的关闭则是由气门弹簧来完成的。气门的开闭时刻与规律完全取决于凸轮的轮廓形状。

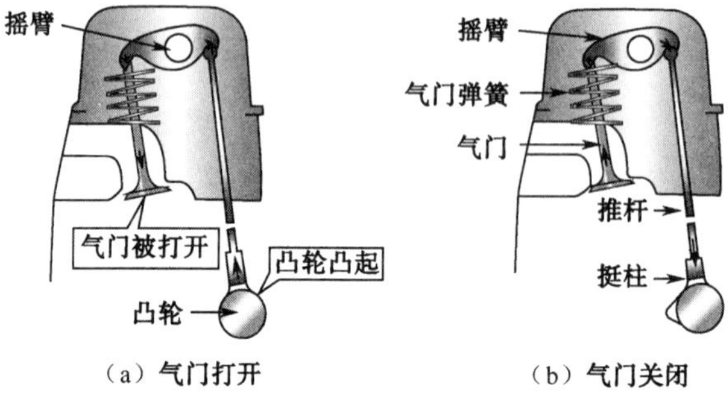

图 3-7　配气机构的工作原理图

任务二　气门组的结构与检修

一、气门组零件的结构和功用

气门组由气门、气门座、气门导管和气门弹簧等组成。

1. 气门

（1）气门的构造

气门由气门头部和气门杆两部分构成，如图 3-8 所示。气门头部用来封闭进、排气道，气门杆用来在气门开闭过程中起导向作用。气门头部由气门顶面和气门锥面组成。

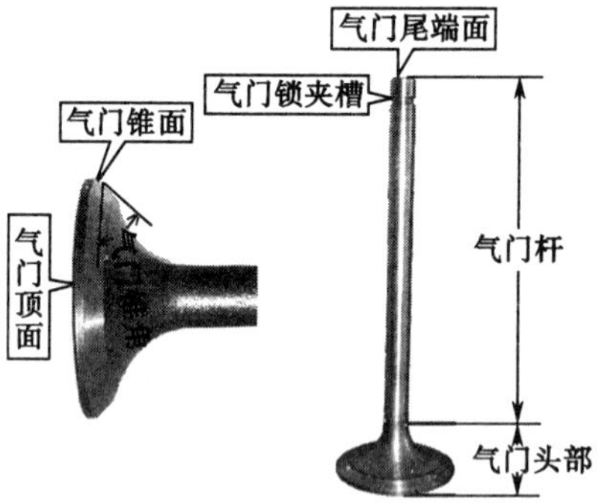

图 3-8　气门

（2）气门顶面形状

气门顶面有平顶、凹顶和凸顶等形状，如图 3-9 所示。

（3）气门锥角

气门与气门座或气门座圈之间靠锥面密封。气门锥面与气门顶面之间的夹角称为气门锥角。进气门、排气门的气门锥角一般均为 45°，只有少数发动机的进气门锥角为 30°。

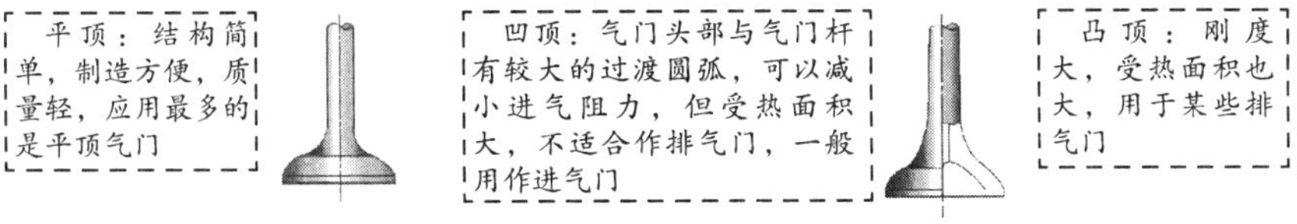

图 3-9　气门顶面形状

2．气门导管与油封

（1）气门导管

在气门做往复直线运动时进行导向，以保证气门与气门座之间的正确配合与开闭；此外还将气门杆接受的热量部分地传给汽缸盖。气门导管如图 3-10（a）所示。

有的发动机不装气门导管，直接在汽缸盖上加工出气门杆孔，作为气门的导向孔。

（2）气门油封

气门在气门导管中运动，需要润滑，但进入气门导管内的机油不能太多，否则将增加机油消耗量。为了防止过多的润滑油进入燃烧室，现代汽车发动机装有气门油封。气门油封如图 3-10（b）所示。

（a）**气门导管**　（b）**气门油封**

图 3-10　气门导管与气门油封

3．气门座

汽缸盖上与气门锥面相贴合的部位称为气门座，其位置如图 3-11 所示。

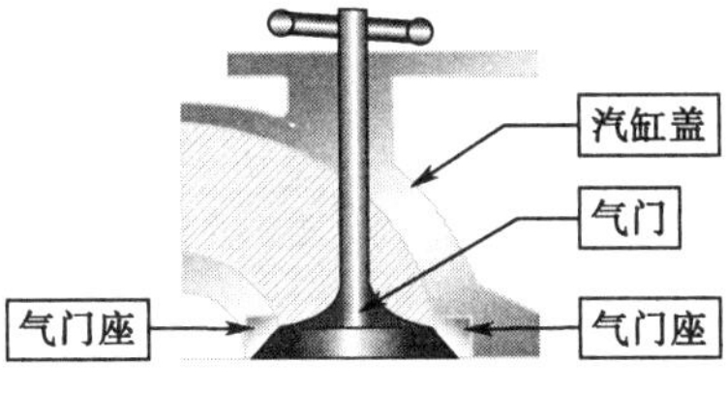

图 3-11　气门座位置图

气门座与气门头部一起对汽缸起密封作用，同时接收气门头部传来的热量，起到散热的作用。

气门座的形式有两种：一种是直接在汽缸盖上加工出气门座；另一种是单独制成气门座圈，镶嵌在汽缸盖上。

4．气门弹簧

（1）作用

气门弹簧的作用是保证气门关闭时能紧密地与气门座或气门座圈贴合，在气门开启时，保证气门不因运动惯性而脱离凸轮。

（2）结构形式

为防共振，在发动机上装一根气门弹簧时，采用不等距弹簧；装两根弹簧时，弹簧内外直径不同、旋向相反。常见气门弹簧安装的形式有双气门弹簧、变螺距气门弹簧、锥形气门弹簧，如图 3-12 所示。

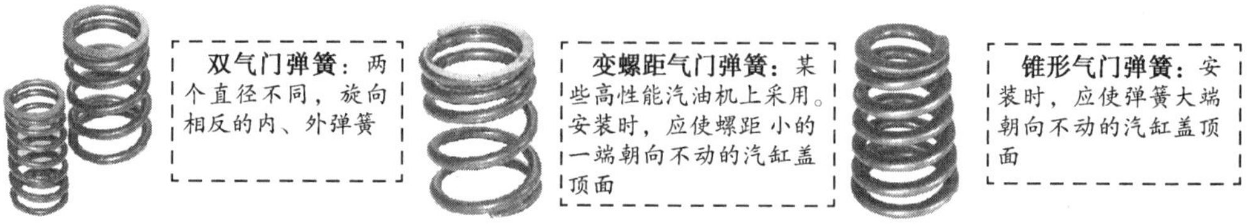

图 3-12　气门弹簧

二、气门组零件的检修

1. 气门与气门座的配合要求

气门与气门座的配合应满足下列要求。

（1）气门与座圈的工作锥面角度应一致。为改善气门与气门座圈的磨合性能，磨削气门的工作锥面时，其锥面角度比座圈小 0.5°～1°。

（2）气门与座圈的密封带位置在中部靠内侧。过于靠外，会使气门的强度降低；过于靠内，会造成与座圈接触不良。

（3）气门与座圈的密封带宽度应符合原设计规定，一般为 1.2～2.5mm。排气门的宽度大于进气门的宽度；柴油机的宽度大于汽油机的宽度。密封带宽度过小，将使气门磨损加剧；密封带宽度过大，容易烧蚀气门。

（4）气门工作锥面与杆部的同轴度误差应不大于 0.05mm。

（5）气门杆与导管的配合间隙应符合原厂规定。

2. 气门的检验与维修

（1）气门的检验

检验气门时，主要应检查气门杆的磨损、气门杆的变形、气门工作面的磨损或烧蚀等。

① 检测气门杆的磨损量，测量方法如图 3-13 所示。

② 测量气门头圆柱面的厚度，测量位置如图 3-14 所示。

③ 测量气门尾端的磨损。

④ 检测气门杆的弯曲度，检测方法如图 3-15 所示。

将气门杆部支撑在两只 V 形支架上，用百分表检查气门杆中部，检查时将百分表触点与气门杆接触，将气门杆转动一周，百分表摆差的一半，即为气门杆的直线度误差，若直线度误差大于 0.02mm 时，则零件应进行校正。

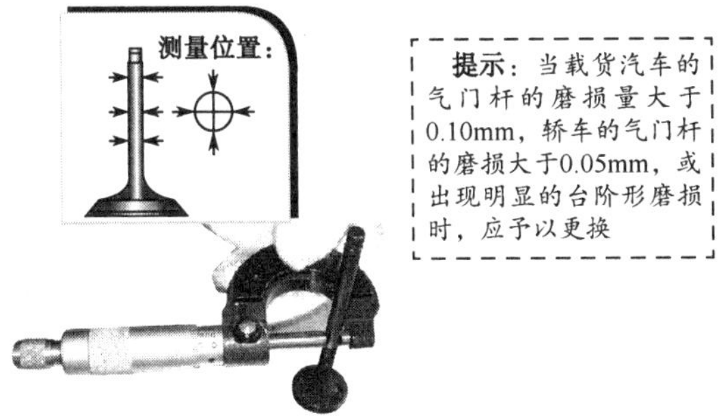

图 3-13　气门杆磨损度的测量

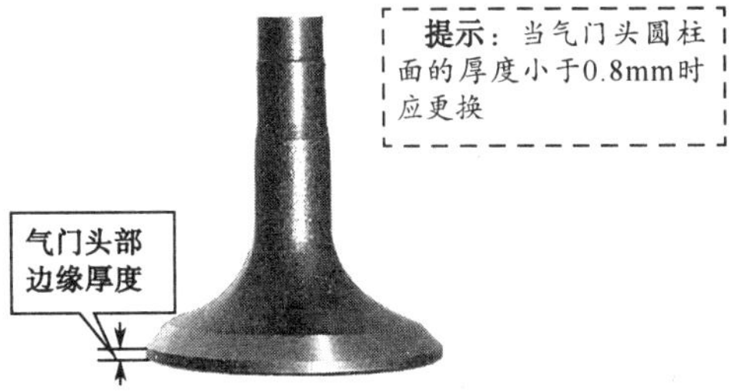

图 3-14　测量气门头圆柱面的厚度

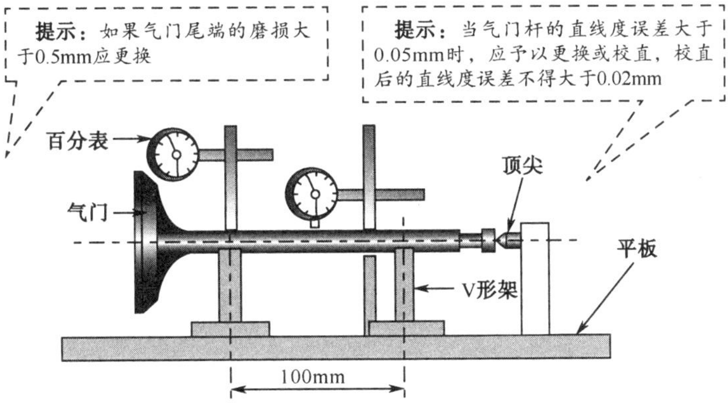

图 3-15　气门杆弯曲的检查

（2）气门的维修

气门工作锥面磨损或烧蚀，需要在气门光磨机上进行修磨，修磨需在杆部校正后进行。

维修步骤如下。

① 将气门杆固定在夹头上，按照气门锥面角度，移动夹架座，使气门座上刻线对准床面标尺的相应刻线（应使气门的锥角比气门座锥角小 30′~ 1°）。

② 开动夹架电动机，使气门旋转，查看气门头部是否摇摆，若摇摆过大，则需要重新校正气门杆部；若正常，打开冷却液开关，开动砂轮电机缓慢平稳地进刀，直到将气门工作锥面上的损伤全部磨去为止，并使表面粗糙度合乎要求。

③ 光磨后，检查气门头圆柱部分的高度，应不小于 0.8mm，气门工作锥面的径向圆跳动误差应不大于 0.01mm，表面粗糙度小于 0.25μm，对气门杆部的同轴度误差应不大于 0.05mm。

3．气门导管的检验与维修

气门导管与气门杆的配合间隙大于使用限度应更换气门导管。

气门导管与气门杆配合间隙的检查方法有以下两种。

（1）测量气门在导管孔内的径向摆动量，测量时把气门头提起至汽缸盖平面 15 ~ 20mm

的高度，如图 3-16 所示，再左右摆动气门头，当其左右摆动的距离达 1mm 时，应更换气门导管。

图 3-16　把气门头提起至一定的高度

（2）将气门杆和导管擦净，在气门杆上涂上一层薄机油，将气门放置在导管上，上下拉动数次后，气门在自重下能慢慢下落，表示气门杆与导管的配合间隙适当。

4．气门座的检验与修理

气门座松动、气门座圈有裂纹、烧蚀、磨损严重，或者气门下沉大于 2mm，应更换气门座圈。

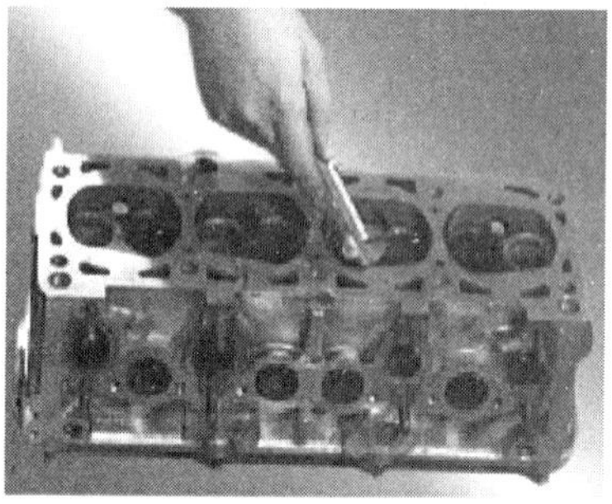

图 3-17　气门下陷量的测量

（1）气门下陷量的测量

气门下陷量用游标卡尺进行测量，如图 3-17 所示。

（2）气门座的镶换

① 镶装座圈时，若缸体上没有座圈孔，应用铣刀或平面铰刀铰出座圈孔；若原来有气门座圈，应用专用拉器拉出旧座圈。然后测量座圈孔直径，按直径的大小选择新座圈，新座圈与座孔应有 0.07 ~ 0.12mm 的过盈量。

② 用喷灯或烘箱将缸盖的座圈孔加热至 100℃左右，将气门座圈在固体二氧化碳（干冰）或在液态氮下冷冻 10min 后，迅速压入座圈孔中。

（3）气门座的铰削

铰削气门座前，必须先修理或更换气门导管。铰削过程如下。

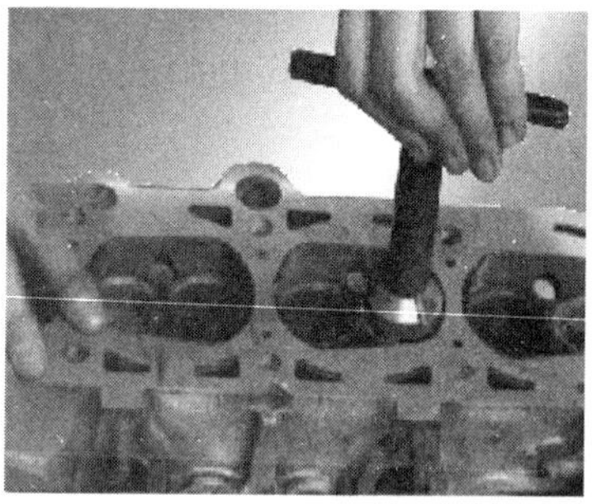

图 3-18　铰削

① 根据气门直径和导管内径选择合适的铰刀和铰刀杆。

② 把砂布垫在铰刀下，铰刀导杆应直立，用力要均衡，转动要平稳，直到烧蚀、斑点全部去除为止，如图 3-18 所示。

③ 用相配合的气门进行试配，气门与气门座的接触面应位于气门座的中下部，接触宽度一般进气门为 1.0 ~ 2.2mm，排气门为 1.5 ~ 2.5mm。当接触面偏上时，用 75° 锥角的铰刀

铰上口；当接触面偏下时，用 15° 锥角的铰刀铰下口。

④ 用与工作面角度相同的细刃铰刀进行精铰，并在铰刀下面垫以细砂布进行光磨，以使气门座口表面粗糙度达到要求。

（4）气门座的磨削

气门座的工作表面可以用高速砂轮机进行磨削，主要是以砂轮代替铰刀，以小型电动机为动力。磨削时，时间不要太长，要边磨边检查，如图 3-19 所示。

图 3-19 磨削

5. 气门弹簧的检验与维修

气门弹簧有折断、歪斜、弹力减退等现象时，应予以更换。

（1）弹簧自由长度的检测

弹簧自由长度用游标卡尺进行测量，如图 3-20 所示，自由长度的缩短不得超过 10%，否则应予以更换。

（2）弹簧垂直度的检测

将气门弹簧放在平板上，用 90° 角尺测量其垂直度，如图 3-21 所示，气门弹簧的轴线与端面应垂直，不垂直度误差应不大于 2°。

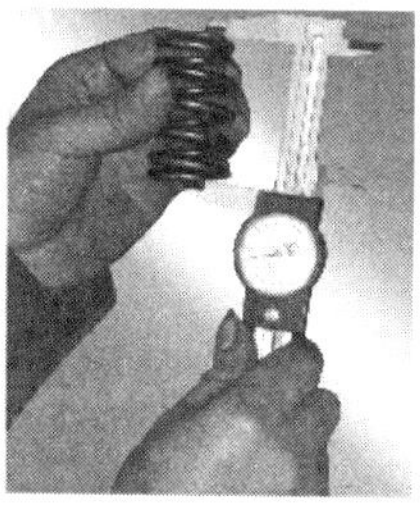

图 3-20 弹簧自由长度检测

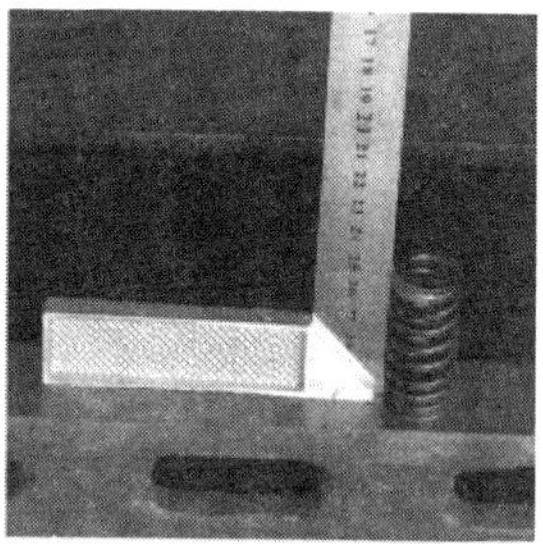

图 3-21 弹簧垂直度的检测

（3）弹簧弹力的检测

弹簧弹力用检测仪测量，如图 3-22 所示。将弹簧压至规定长度，台秤上所示弹力大小即为所测弹簧弹力，弹力减弱不得超过原规定的 8%。

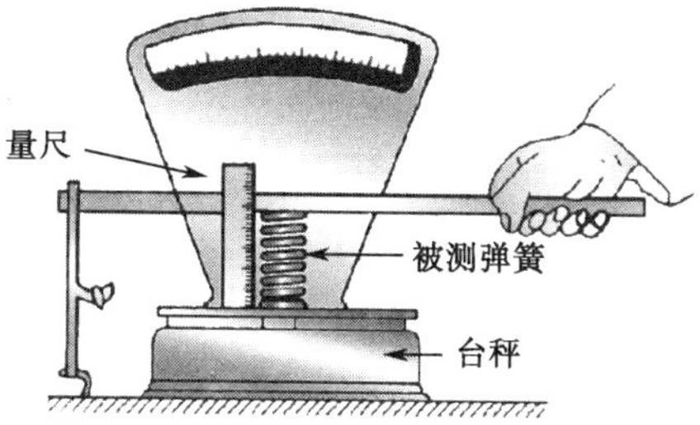

图 3-22 用检测仪检测弹簧弹力

任务三 气门传动组的结构与检修

一、气门传动组零件的结构和功用

气门传动组主要由凸轮轴、挺柱、推杆、摇臂与摇臂组等组成。

1. 凸轮轴

（1）作用

凸轮轴控制各缸气门的开启和关闭，使其符合发动机的工作顺序、配气相位及气门开度的变化规律等要求。此外，多数汽油发动机还利用凸轮轴来驱动机油泵、汽油泵、分电器等装置。

（2）构造

凸轮轴主要由凸轮、轴颈两部分组成，如图 3-23 所示。

凸轮分为进气凸轮和排气凸轮两种，用来驱动与控制气门的开启和关闭；轴颈对凸轮轴起支撑作用。

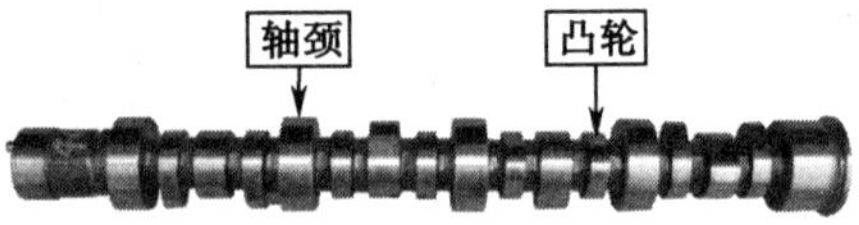

图 3-23 凸轮轴

2. 挺柱

挺柱的作用是将凸轮的推力传给推杆或气门，并承受凸轮轴旋转时所施加的侧向力，将其传给机体或汽缸盖。挺柱可分为机械挺柱和液力挺柱两大类。

（1）机械挺柱

常见的机械挺柱有杯形、听子形、菌形、吊杯形、滚子形等形状，如图 3-24 所示。

其中，杯形平面挺柱结构简单，质量轻，在中小型发动机中应用比较广泛；滚子形挺柱摩擦和磨损小，但其结构比平面挺柱复杂，质量也比较大，多用于汽缸直径较大的发动机。

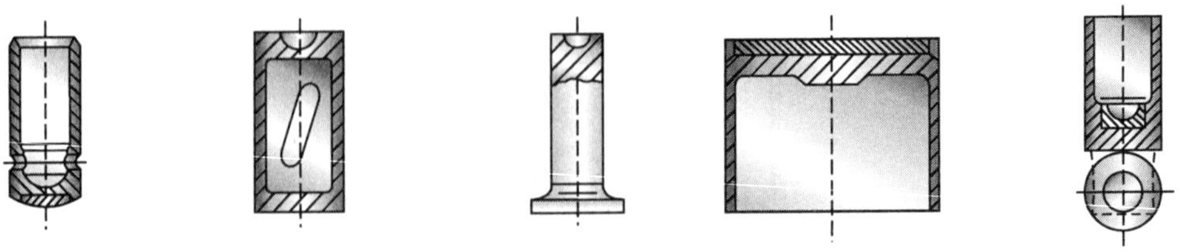

（a）杯形平面挺柱 （b）听子形平面挺柱 （c）菌形平面挺柱 （d）吊杯形平面挺柱 （e）滚子形挺柱

图 3-24 机械挺柱

（2）液压挺柱

为了防止热膨胀后气门关闭不严，大多数发动机预留了气门间隙，使发动机工作时配气机构产生撞击和噪声。为了消除这一弊端，越来越多的发动机，尤其是轿车发动机采用液力挺柱，借以实现零气门间隙。各种液压挺柱如图 3-25 所示。

① 液压挺柱的构造。液压挺柱由挺柱体、液压缸、柱塞、单向阀、单向阀弹簧和柱塞弹簧等组成，其结构如图 3-26 所示。在挺柱体中装有柱塞，在柱塞上端有压力推杆支座。柱塞被柱塞弹簧向上推压，其极限位置由卡夹限定。柱塞下端的单向阀保持架内装有单向阀弹簧和单向阀。发动机润滑系统中的机油经进油孔进入内油腔。

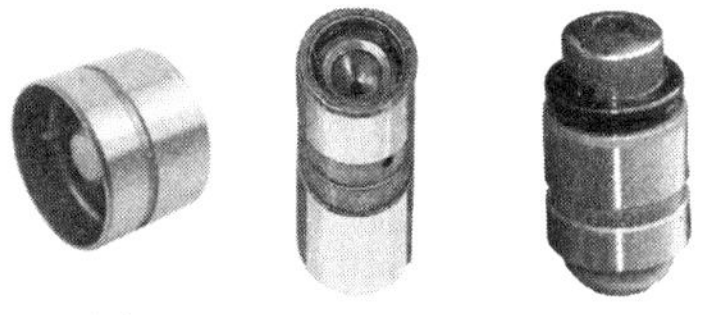

图 3-25　各种液压挺柱

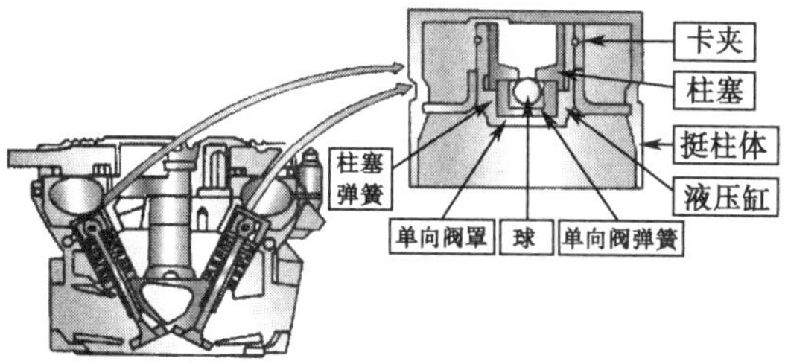

图 3-26　液压挺柱的结构

② 液压挺柱的工作原理。挺柱顶面与凸轮轴凸轮直接接触，液压缸底面与气门杆尾端接触，如图 3-27 所示。

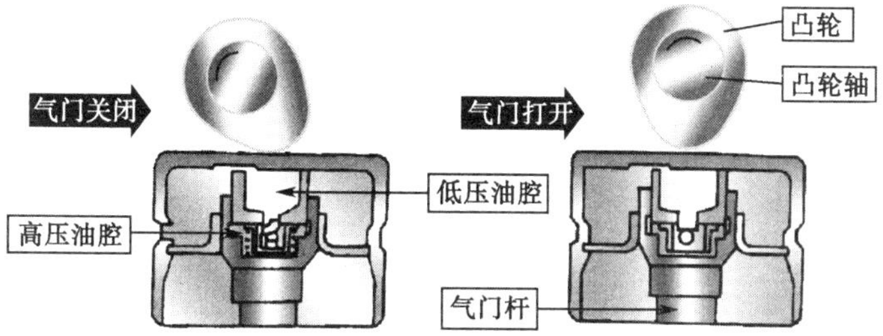

图 3-27　液压挺柱工作原理

气门打开的过程：当凸轮凸起处与挺柱顶面接触时，挺柱受凸轮推动力和气门弹簧力的作用，挺柱下移，高压油腔内的机油被压缩，单向阀在压力差和单向阀弹簧的作用下关闭，高低油腔被球阀分隔开。由于液体的不可压缩性，整个挺柱如同一个形状不变的刚体一样，下移打开气门并保证了气门应达到的升程。虽然在此期间，高压油腔会有少量机油从柱塞和液压缸之间的间隙处漏入低压油腔，使凸轮和气门杆间的挺柱长度稍有缩短，但不会影响气门的打开。此时，挺柱上的环形油槽已和缸盖上的斜油孔错开，低压油腔进油道被切断，停止了油的流动。

气门关闭的过程：凸轮继续转动，当凸轮凸起部分转过后又恢复凸轮基圆与挺柱接触，气门落座，挺柱不再受凸轮推动力和气门弹簧的作用，高压油腔中的压力油与回位弹簧推动柱塞上行，高压油腔的压力下降，单向阀打开，低压油腔中的机油流入高压油腔，使两腔连通。

当气门受热膨胀伸长时，向上挤压油缸，高压油腔中的油通过柱塞与油缸之间的间隙向低压油腔泄漏一部分，油缸相对于柱塞上移，从而使挺柱自动缩短，保证气门关闭严密。当气门冷却收缩时，气门弹簧将油缸向下推动，挺柱自动伸长，保证不出现气门间隙。

3．推杆

推杆处于挺柱和摇臂之间，其功用是将挺柱传来的运动和作用力传给摇臂。推杆是配气机构中最易弯曲变形的零件，应尽量做得短些。推杆实物如图 3-28 所示。

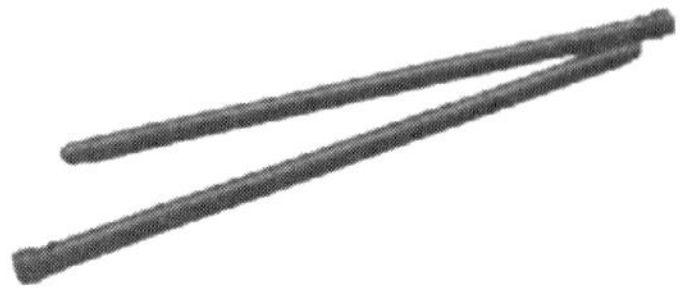

图 3-28　推杆

4．摇臂与摇臂组

摇臂是一个以摇臂轴为支点的双臂杠杆。摆臂实物如图 3-29 所示。

摇臂的作用是改变由推杆或凸轮传来的力的方向，作用到气门杆以推开气门。

摇臂组件主要包括摇臂、摇臂轴、摇臂支座、气门间隙调整螺钉和定位弹簧等，如图 3-30 所示。

图 3-29　摇臂

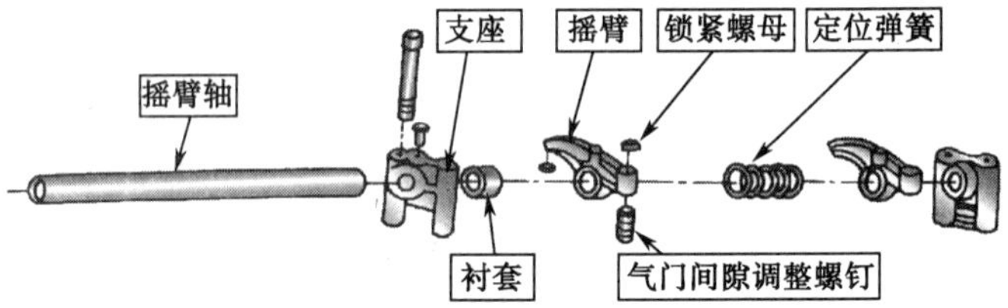

图 3-30　摇臂组件

二、气门传动组零件的检修

1．凸轮轴及轴承的检修

（1）凸轮轴的检修

① 凸轮磨损的检验。用千分尺测量凸轮的全高 H 与凸轮基圆直径 D 的差值来确定凸轮的磨损度，如图 3-31 所示。凸轮磨损后，其升程减少 0.4mm 以上时，应更换新凸轮轴。

② 凸轮轴弯曲变形的检修。如图 3-32 所示，将凸轮轴放在平台的 V 形架上，以两端轴颈为支点。将百分表测头抵在中间的轴颈上，并缓慢转动凸轮轴一圈，若百分表摆动超过 0.10mm，则应进行校正，校正后的弯曲度应不大于 0.03mm。

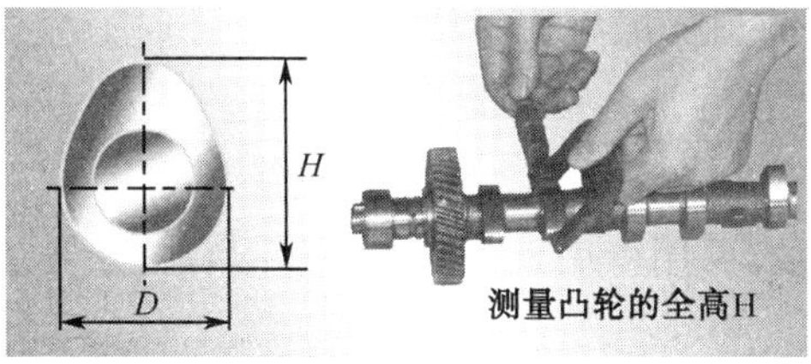

图 3-31 凸轮磨损检验

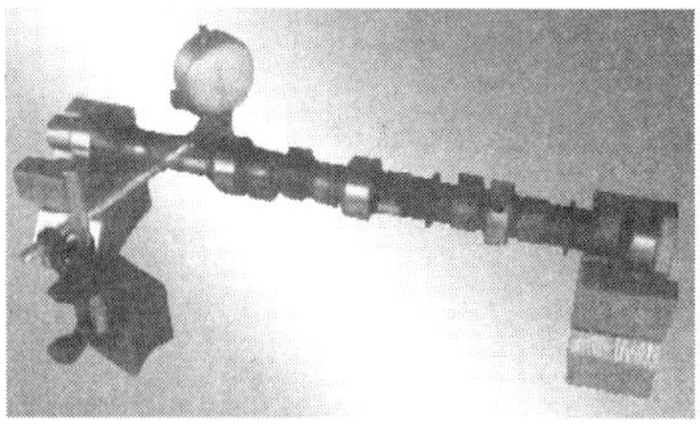

图 3-32 凸轮轴弯曲变形的检查

③ 凸轮轴轴颈的检修。如图 3-33 所示，用千分尺测量轴颈的圆度及圆柱度误差，若凸轮轴轴颈的圆度误差大于 0.015mm，各轴颈的同轴度误差超过 0.05mm 时，则应按修理尺寸法进行校正并修磨。修磨后轴颈的圆柱度误差应小于 0.005mm，最大径向圆跳动公差应不大于 0.03mm。

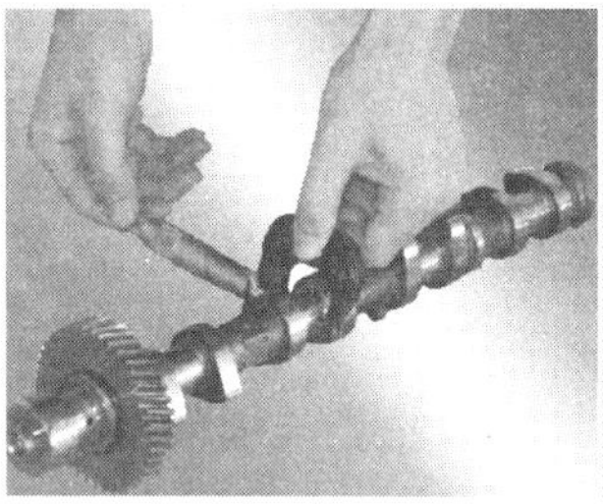

图 3-33 凸轮轴轴颈的检查

（2）凸轮轴轴承的检修

凸轮轴轴承的配合间隙超过使用限度（载货汽车为 0.20mm，轿车为 0.15mm）时，应更换新轴承。

2. 挺柱的检修

（1）机械挺柱的检修

① 挺柱的圆柱面部分与导孔的配合间隙一般为 0.03 ~ 0.10mm，如间隙超过 0.12mm 时，应更换挺柱或导孔支架；装有衬套的结构可更换衬套。

② 挺柱底部出现损伤时应及时更换，挺柱底面的几种检查结果如图 3-34 所示。

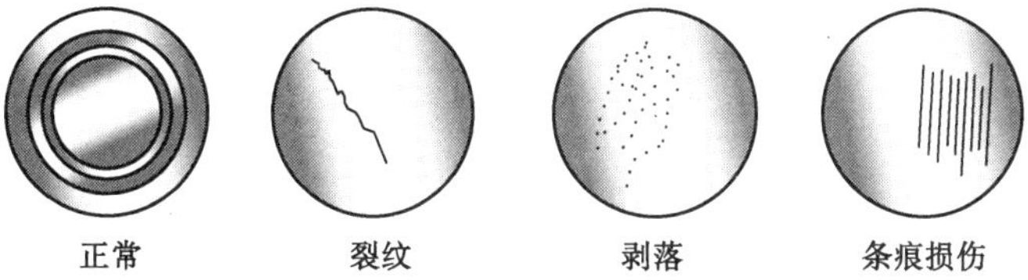

图 3-34 挺柱底面的几种检查结果

（2）液压挺柱的检修

① 液压挺柱与支承孔的配合间隙一般为 0.01 ~ 0.04mm，如间隙超过 0.10mm 时，应更换液压挺柱。液压挺柱的圆柱面的测量如图 3-35 所示。

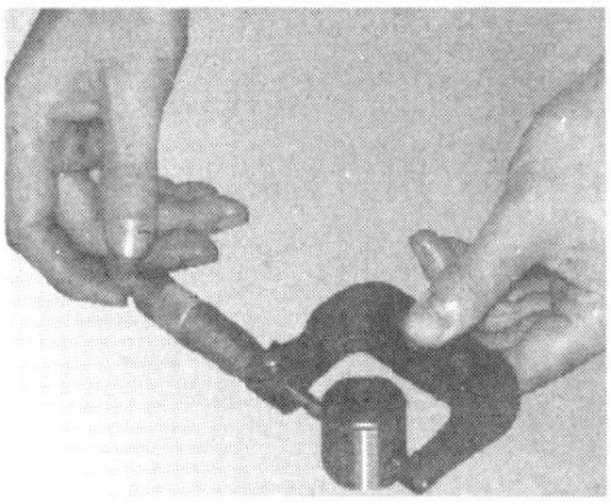

图 3-35 液压挺柱的圆柱面的测量

② 发动机修理时，如气门出现开启高度不足时，一般应更换挺柱。有条件时，应在液压试验台上检验液压挺柱的密封性，即将规定的压力施加于液压挺柱上，检验液压挺柱的柱塞向下滑移规定距离所需的时间，此时间过短表明挺柱内部泄漏，应予以更换。

提示：发动机维护时，如出现气门开度不足时，可用专用工具排净液压挺柱内渗入的空气，恢复气门的最大升程。

3. 推杆的检修

（1）检查气门推杆，杆身表面应光滑、平直，不得有锈蚀和裂纹。

（2）在使用过程中，推杆易发生弯曲，直线误差应不大于 0.30mm，如超过规定值，应进行冷压校直。

（3）推杆上端凹球面和下端凸球面半径磨损量应控制在 0.03 ~ -0.01mm 之间。

4. 摇臂与摇臂轴的修理

（1）摇臂的检修

摇臂头磨损超过 0.5mm，应堆焊后再修磨。摇臂上调整螺钉的螺纹孔损坏时，一般应更换。气门摇臂磨损部位如图 3-36 所示。

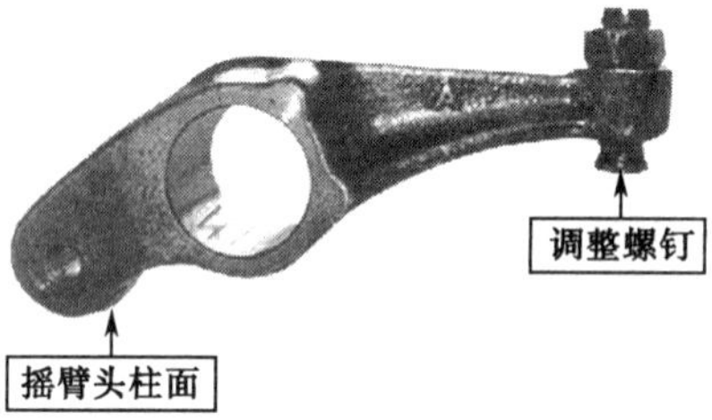

图 3-36　气门摇臂磨损部位

（2）摇臂轴的检修

摇臂轴轴颈的磨损大于 0.02mm 或摇臂与摇臂轴的配合间隙超过 0.10mm 时，应刷镀修复或更换。摇臂轴弯曲变形时，应冷压校直，使其直线长度为 100mm 时误差不大于 0.03mm。

5. 正时齿轮和正时带的检修

正时齿轮啮合间隙逾限或轮齿磨出台阶、出现裂纹或断齿时，应更换齿轮。

正时带出现裂纹、老化、破损或折断时，应及时更换。正时带的张紧力应符合要求，检查方法：用手指捏住齿形带的中间位置，用力翻转时，齿形带应刚好转过 90°。否则，应松开张紧轮紧固螺母，利用专用工具转动张紧轮进行调整。

6. 气门间隙的调整

调整气门间隙的方法有逐缸调整法和两次调整法两种方法。

（1）逐缸调整法

活塞位于压缩上止点时，调整一缸的进、排气门间隙。然后摇转曲轴，按点火顺序使下一缸的活塞位于压缩上止点时，再调整这一缸的进、排气门间隙，依次类推，逐缸调整完毕。

（2）两次调整法

两次调整法又称“双排不进”法。“双排不进”是由多缸发动机工作循环表和配气相位的气门重叠现象而推导出的，它是确定两次调整法可调整气门的依据。其中“双”是指该缸进、排气门间隙均可调整，“排”是指该缸仅排气门间隙可调整，“不”是指该缸的进、排气门间隙都不可调整，“进”是指该缸仅进气门间隙可调整。用两次调整法调整多缸发动机的气门间隙，具有简便、迅速和准确等特点。两次调整法调整气门间隙的方法如下。

第一次，将一缸活塞位于压缩上止点，按“双”“排”“不”“进”和发动机工作顺序确定可调整的气门间隙，并调整可调整的气门间隙。第二次，摇转曲轴一圈，可调整第一次没有调整过的气门间隙。

几种工作顺序不同的发动机可调气门的排列如表 3-1 所示。

表 3-1 用两次调整法确定可调的气门

（1）六缸发动机

工作顺序	1	5	3	6	2	4
	1	4	2	6	3	5
第一遍（一缸在压缩上止点）	不	排		不	排	
第二遍（六缸在压缩上止点）	双	进		双	进	

（2）五缸发动机

工作顺序	1	2	4	5	3
第一遍（一缸在压缩上止点）	双	排	不		进
第二遍（一缸在排气上止点）	不	进	双		排

（3）四缸发动机

工作顺序	1	3	4	2
	1	2	4	3
第一遍（一缸在压缩上止点）	双	排	不	进
第二遍（四缸在压缩上止点）	不	进	双	排

（4）八缸发动机

工作顺序	1	5	4	8	6	3	7	2
第一遍（一缸在压缩上止点）	双	排			不	进		
第二遍（六缸在压缩上止点）	不	进			双	排		

（5）三缸发动机

工作顺序	1	2	3
第一遍（一缸在压缩上止点）	双	排	进
第二遍（一缸在排气上止点）	不	进	排

调整气门间隙的操作如图 3-37 所示。先旋松锁紧螺母，用厚度符合规定间隙的塞尺插入气门杆端面与摇臂之间，同时旋转调整螺钉，直至拉动塞尺感到稍有阻力后用锁紧螺母锁紧调整螺钉。调整完毕后，应再用塞尺复查一次。

图 3-37　气门间隙调整

任务四　配气相位结构工作原理与检测

一、配气相位

1. 配气相位简述

配气相位（配气定时）是指用曲轴转角表示的进、排气门的实际开闭时刻和开启的持续时间。用曲轴转角的环形图来表示配气相位，这种图形称为配气相位图，如图 3-38 所示。

理论上，在四冲程发动机进气行程和排气行程时，进、排气门各开启时间为 180° 曲轴转角度。即当活塞处于上止点时，进气门开启，排气门关闭；当活塞处于下止点时；进气门关闭，排气门开启。但实际情况并非如此，由于发动机转速很高，一个行程的时间极短，这样短的时间内难以做到进气充分，排气彻底。为提高发动机性能，改善换气过程，实际上发动机的气门开启和关闭并不是恰好在活塞的上、下止点，而是适当地提前开启和延迟关闭，以延长进、排气时间，气门开启行程中曲轴转角都大于 180°。

2. 配气相位分析

（1）进气提前角

进气门在活塞到达上止点之前开启称为早开。从进气门开到上止点曲轴所转过的角度称为进气提前角，记作α，α一般为 10°～30°。进气门早开有利于提高充气量。

（2）进气延迟角

进气门在活塞到达下止点之后关闭称为晚关。从下止点到进气门关闭所对应的曲轴转角称为进气延迟角，记作β，β一般为 40°～80°。

（3）排气提前角

排气门在做功行程结束之前，即在活塞到达下止点之前开启，称为排气门早开。从排气门开启到下止点所对应的曲轴转角称为排气提前角。记作γ，一般γ为 40° ~80° 。排气门适当的早开，汽缸内还有相当大的压力，做功作用已经不大，可利用此压力使汽缸内的废气迅速地排出去。

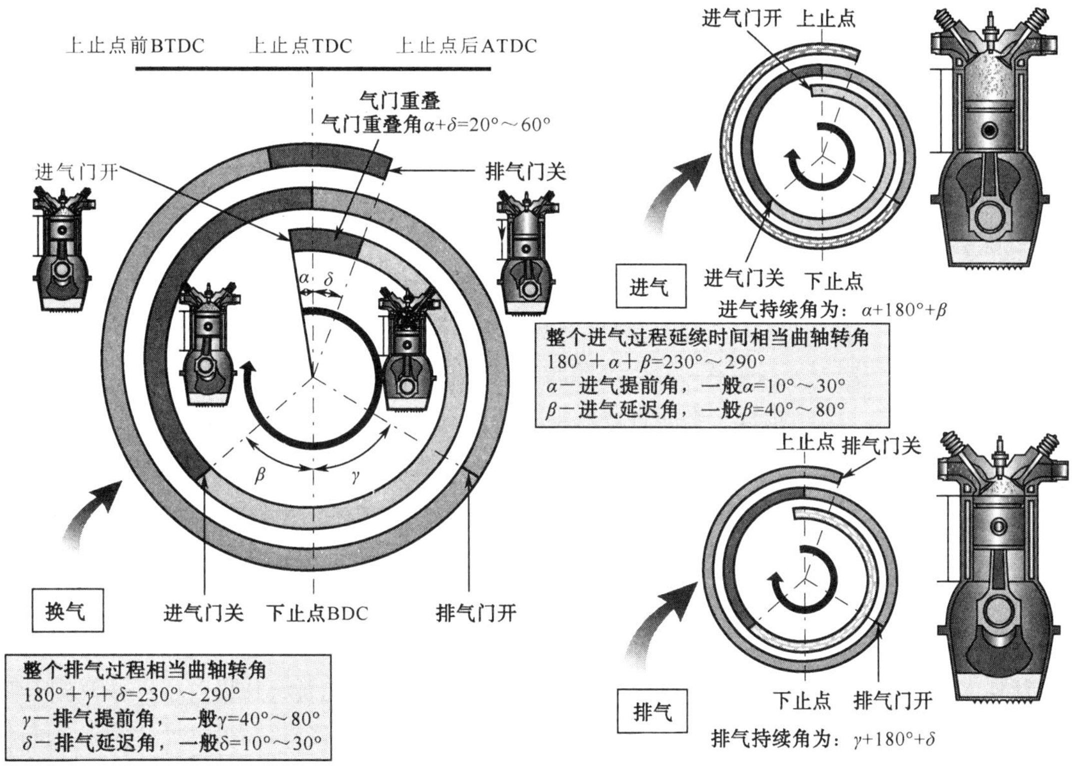

图 3-38 配气相位图

（4）排气延迟角

排气门在排气行程结束之后，即在活塞离开上止点之后关闭，称为排气门晚关。从上止点到排气门关闭所对应的曲轴转角称为排气延迟角，记作δ，δ一般为 10° ~30° 。排气门适当延迟关闭可以将废气排得更加彻底。

（5）气门重叠角

从配气相位图上可以看出，进气门早开和排气门晚关，致使活塞在上止点附近出现进、排气门同时开启的现象，称为气门重叠。重叠期间的曲轴转角称为气门重叠角，它等于进气提前角与排气延迟角之和，即$\alpha+\delta$。

二、配气相位的检查与调整

1. 配气相位的检查

各种车型的维修手册上都提供了发动机的配气相位角度，但是要直接测量进、排气门的开启和关闭角度却很难。通常都是测量进、排气门的开启升程来间接获得进、排气门的开启和关闭的角度。两者之间的相互关系是可以通过一系列复杂计算得到的，但在实际工作中，往往对新的发动机采用在排气上止点时进、排气门叠开的升程作为标准，将标准发动机的测量结果与之比较，来判断配气相位是否提前或延迟。进、排气门叠开时升程的测量方法如下。

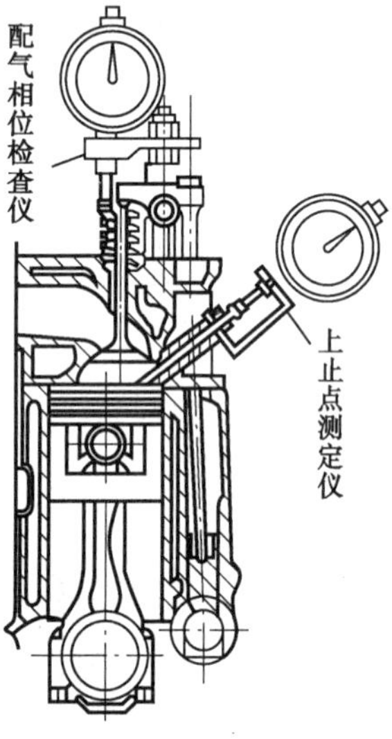

图 3-39　顶置气门式配气相位的测量

（1）先将发动机各气门间隙按要求调整好。

（2）转动发动机的曲轴，使第 1 缸活塞处于排气上止点位置；在第 1 缸火花塞处安装一个百分表（图 3-39）；在排气行程接近上止点时，慢慢转动发动机至百分表被压缩到最大处，即为活塞上止点。

（3）在该缸排气门弹簧座上安装百分表（注意百分表触针应与气门平行），并将表置于“0”位。

（4）慢慢地顺时针转动曲轴，至排气门完全关闭。检查百分表指针，顺时针读数即为该排气门在排气上止点时尚未关闭的降程。

（5）逆时针转动曲轴至该缸进气门全闭位置，在其弹簧座上安装一个百分表（注意百分表触针应与气门平行），并置于“0”位。

（6）慢慢地顺时针转动曲轴至排气上止点，检查百分表逆时针读数，即为进气门在排气上止点的升程。

（7）将该缸进、排气门的升、降程与标准值进行比较，如果进气门升程太大，排气门降程太小，则配气相位提前；反之，如进气门升程太小，排气门升程太大，则配气相位延迟。

2. 配气相位的调整

调整配气相位时，应根据不同情况采取不同的措施。若个别气门配气相位偏早或偏迟不大时，可通过调整该气门间隙的方法予以解决；若进气门的微开量与排气门的微开量相比有大有小，且不符合规定值时，表明各缸迟早不一，通常是由于凸轮磨损严重，则应修磨或更换凸轮轴；若各缸进气门的微开量比排气门都大，表明进、排气门的配气相位均提前，应将其适当推迟，反之，表明配气相位均延迟，应将各缸进、排气门的配气相位均适当提前。常用的调整方法如下。

（1）凸轮轴偏位键法。此方法是通过改变正时齿轮和凸轮轴的连接键的断面来调整气门的配气相位的。其偏位键及安装方向如图 3-40 所示。将键的矩形断面改制成阶梯形，当键装入键槽时，使其露出轴颈的部分左、右有所偏移，从而使正时齿轮相对凸轮轴偏转相应角度。偏位键分为正键、顺键（由快调慢）和逆键（由慢调快）三种。在安装时，应注意方向，不得装反；否则，将引起配气相位成倍改变。

（2）凸轮正时齿轮轴轴向移动法。由于下置凸轮轴的正时齿轮多为斜齿轮，如将凸轮轴正时齿轮做轴向位移时，因斜齿的关系，凸轮轴同时也跟着转过一个角度（凸轮轴轴向间隙要求保持不变），以此可达到调整配气相位的目的。此方法一般是通过改变止推凸缘厚度或正时齿轮轮毂厚度并同时改变隔圈厚度的方法，使正时齿轮获得轴向位移量，从而进行调整的。

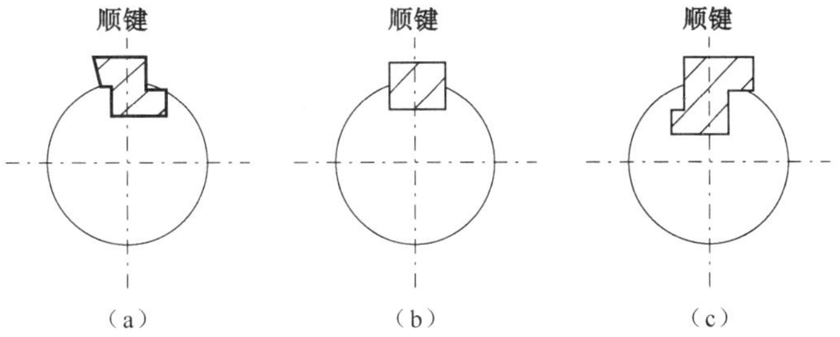

图 3-40 偏位键及其安装方向

（3）气门间隙法。CA1091 发动机气门间隙在冷态时为 0.25mm，热态时则减少到 0.20mm，说明配气机构在热态时的膨胀量仅为 0.05mm。因此，气门间隙不仅仅是为了保证气门在正常温度下能关闭严密，客观上它也影响了配气相位。如果进气门间隙稍小并不会使该气门关闭不严，它只能使该气门提前打开、提前关闭。由此，在气门间隙可调的发动机上（特别是各缸的配气相位不同时），常采用气门间隙法来调整配气相位。通过对各新车（发动机状态良好的汽车）的配气相位测量，得到活塞在排气上止点时理想的进、排气门升程量。在检测故障发动机时，用上述方法测量其在排气上止点时的进、排气门升程量，并与标准比较，若不符合，则通过调整气门间隙来满足。例如，某发动机标准气门间隙为 0.25mm，进气门在排气上止点时的理想的气门升程量为 0.50mm，实际测量结果其进气门在排气上止点时的理想的气门升程量为 0.60mm，则退出气门间隙调节螺钉至气门升程量由 0.60mm 降为 0.50mm。因此，尽管气门间隙比标准大，但配气相位得到了保证，只要气门间隙不要过分大到引起气门脚有响声即可。同理，如配气相位延迟，只要不使气门因间隙过小而关闭不严，也可采用气门间隙调整法。

对于采用液压挺杆、凸轮轴上置的发动机一般只能依靠更换已磨损的零件来恢复配气相位。除此以外，如需要调整较大的配气相位角，可采用改变正时齿轮键槽位置法。此方法准确，但要求有一定加工设备才能使用。

三、可变配气机构

传统发动机的配气相位是选择发动机最常用转速来确定最佳配气相位，经确定后则固定不变，气门升程也由凸轮轮廓形状决定而固定不变。因为不同转速对配气相位要求不同，即对进、排气门早开、迟闭角度要求不同，这样在其他转速时，发动机就会充气不足和排气不彻底，造成动力性和经济性下降、排放变差等问题，为解决这些问题，近年来一些发动机上采用了可变进气系统、可变配气定时等结构，可变进气系统和配气定时具有以下的优点。

从配气相位图上可以看出，进气门早开和排气门晚关，致使活塞在上止点附近出现进、排气门同时开启的现象，称其为气门重叠。重叠期间的曲轴转角称为气门重叠角，它等于进气提前角与排气延迟角之和，即$\alpha+\delta$。

1. 可变进气系统

可变进气歧管可满足发动机不同工况的要求，即在高转速、大负荷时需要较粗的进气歧管，而在中、低转速和中、小负荷时需要细长的进气歧管。

可变进气系统分为可变长度进气歧管和双通道进气歧管两种。

（1）可变长度进气歧管

可变长度进气歧管主要由转换阀、转换阀控制器及电子控制单元（ECU）等组成，结构如图 3-41 所示。

其工作原理如下。

① 当发动机转速低时，发动机 ECU 发出指令，转换阀控制器关闭转换阀，这时，空气经过的路径为：空气滤清器→节气门→弯曲而细长的进气歧管（细管）→汽缸，如图 3-41（a）所示。细长的进气歧管提高了进气速度，充分利用气流的惯性，使进气量增多。

② 当发动机转速高时，发动机 ECU 发出指令，转换阀控制器开启转换阀，这时，空气经过的路径为：空气滤清器→节气门→较粗的进气歧管→汽缸，如图 3-41（b）所示。较粗的进气歧管进气阻力小，使进气量增多。

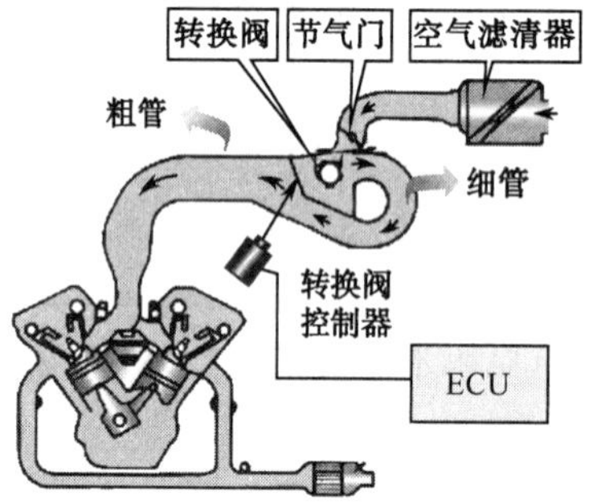

（a）低转速时

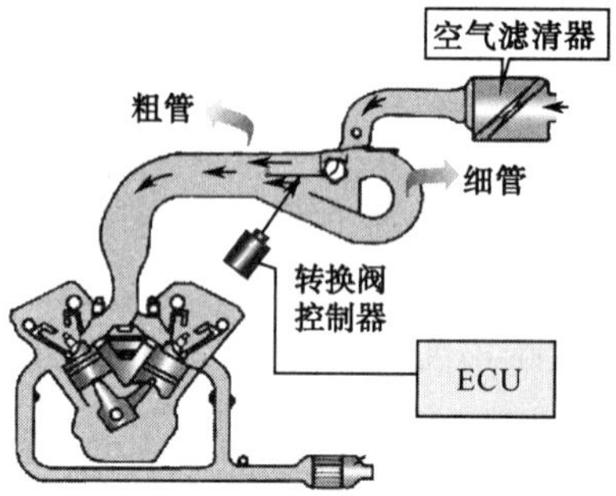

（b）高转速时

图 3-41　可变长度进气歧管

（2）双进气通道歧管

双通道可变进气歧管结构如图 3-42 所示。每个歧管都有两个进气通道，一长一短。

当发动机转速为中、低速时，旋转阀将短进气道封闭，空气沿长进气道进入汽缸，如图 3-42（a）所示。

当发动机转速为高速时，旋转阀将长进气道短路（长进气通道变成了短进气通道），同时短进气道也打开，如图 3-42（b）所示。这时空气同时经两个短进气通道进入汽缸，进气量增加。

2. 可变配气相位

目前应用的可变配气相位机构有本田的可变气门控制（VTEC）机构，丰田和帕萨特 B5

的可变配气正时控制（VVT-i）机构，宝马的渐进式可变气门正时系统（VANOS），三菱汽车的多模式可变气门控制（MIVEC）机构，通用公司的无凸轮轴电子控制可变气门控制机构等。下面以本田 VTEC 机构为例进行详细的讲解。

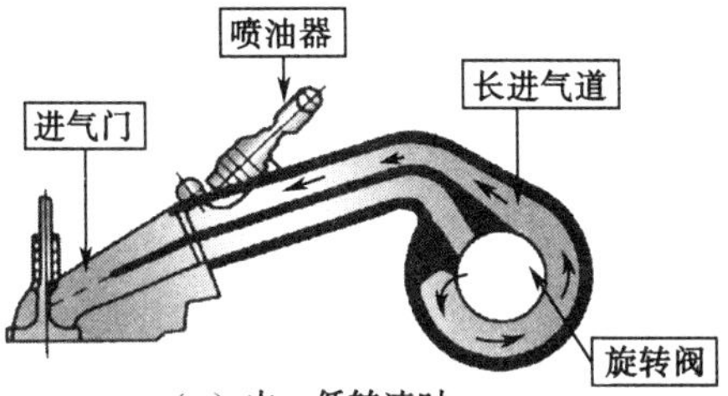

（a）中、低转速时　　（b）高转速时

图 3-42　双通道可变进气歧管

本田 VTEC 机构是通过改变气门正时和气门升程，使发动机功率和转矩提高的。

（1）结构

本田 VTEC 机构如图 3-43 所示。VTEC 机构有两个进气门，即主进气门和次进气门。每个进气门都由单独的摇臂来驱动。与主、次进气门接触的摇臂分别是主、次摇臂。主、次摇臂之间有一个特殊的中间摇臂，它不与任何气门直接接触。在 3 个摇臂靠近气门的一端均设有油缸孔，油缸孔中装有靠液压控制的正时活塞、同步活塞、止推活塞。正时活塞一端的油缸孔与发动机的润滑油道连通，ECU 通过电磁阀控制油道的通、断。

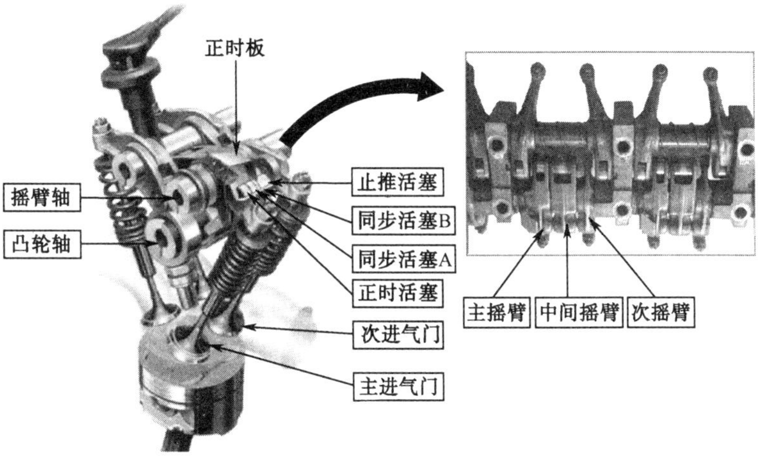

图 3-43　本田 VTEC 机构

（2）工作原理

发动机转速为低速时，VTEC 机构的油道内没有机油压力，正时活塞、同步活塞 A、同步活塞 B 和止推活塞在回位弹簧的作用下都处于左端，正时板卡入正时活塞，使其不能移动，此时 3 根摇臂分离，彼此独立工作，如图 3-44 所示。主凸轮升程较大，所以它驱动的气门开度较大；次凸轮升程较小，所以它驱动的气门开度较小。这时，中间摇臂虽然也被凸轮驱动，但因为 3 个摇臂彼此分离独立，所以中间摇臂对任何气门都不起作用。

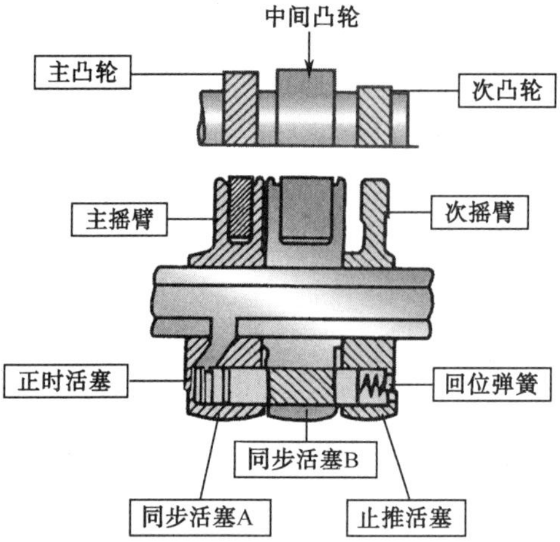

图 3-44　发动机低速运转

发动机达到某一个设定的高转速（如 3000r/min）时，由 ECU 传来的信号打开 VTEC 电磁阀，压力机油通过摇臂轴上的油孔进入正时活塞，压缩弹簧，使得主摇臂、中间摇臂和次摇臂就被锁成一体，成为一个同步活动的组合摇臂，如图 3-45 所示。由于中间凸轮升程最高，故组合摇臂随中间摇臂一起受中间凸轮驱动，进气门开启时间延长，升程增加。

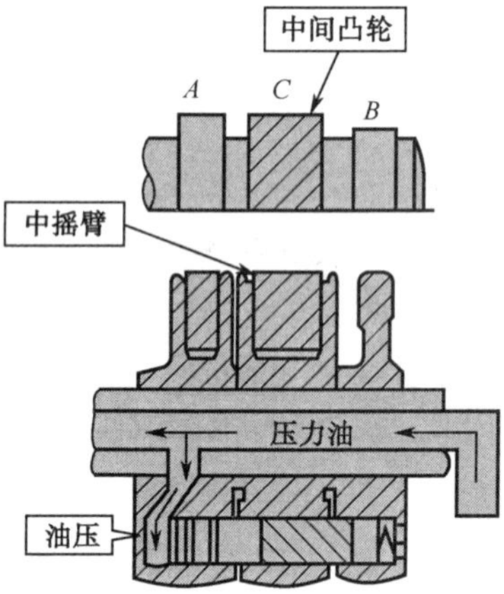

图 3-45　发动机高速运转

任务五　配气机构常见故障的诊断与排除

工作中由于磨损使各配合副、摩擦副的间隙增大，都会影响到发动机的技术性能。配气机构常见的故障有以下几种。

1. 气门脚响

气门脚响是因为气门间隙过大而发出的一种连续而有节奏的金属敲击声。

（1）故障现象

发动机发出清脆有节奏的“哒、哒”响声，该响声在发动机任何转速下均能听到，并且响声随发动机转速升高而增大，尤其在怠速、中速时响声更加清晰，其响声不随温度改变和“断火”而变化。

（2）故障原因

气门间隙过大。

（3）诊断方法

响声在汽缸盖处比较明显，拆下气门室盖，发动机怠速运转，用厚薄规依次插入气门间隙处检查，如果插入一个气门后，响声减弱或消失，即为气门间隙过大而发响。

（4）排除方法

重新调整气门间隙。

2. 气门漏气

气门漏气是指气门与气门座工作面密封不良，产生气体渗漏，导致汽缸压缩压力下降的现象。

（1）故障现象

发生该故障时，发动机会出现启动困难、进气管回火、排气管放炮、冒烟、燃油消耗增加及出现异响等现象。

（2）故障原因

气门与气门座工作面磨损、烧蚀、密封不良而漏气；气门与气门座工作面有积炭，气门关闭不严而漏气；气门与气门导管间隙过大，气门杆晃动，导致气门关闭不严而漏气；气门杆在气门导管内发涩或卡住，气门不能上下移动；气门弹簧失去弹性，或者弹簧折断。

（3）诊断方法

在排除点火系、燃料系故障原因后，尚不能确定故障时，测量汽缸压缩压力或测量进气歧管的真空度，可以比较准确地确定该故障。测量汽缸压缩压力时，气门漏气的汽缸压缩压力较其他汽缸低。

（4）排除方法

拆卸汽缸盖，对气门组零件进行修理，修磨或更换损坏的气门等零件。

3. 凸轮轴响

（1）故障现象

发动机汽缸盖处出现有节奏而较钝的“嗒嗒”响声，发动机一般无其他异常现象。

（2）故障原因

凸轮轴及其轴承间配合松旷；凸轮轴弯曲变形；凸轮轴轴向间隙过大。

（3）诊断方法

在汽缸盖处可听到有节奏而较钝的“嗒嗒”响声，发动机中速运转时比较明显，高速时消失。做单缸断火试验，声响依旧。

（4）排除方法

拆检配气机构，更换故障零件。

4. 液力挺柱故障

（1）故障现象

发动机发出类似普通机械气门脚响的现象。

（2）故障原因

发动机机油油面过高或过低，导致有气泡的机油进入到液力挺柱中，形成弹性体而产生噪声；机油压力过低；机油泵、集滤器损坏或破裂，使空气吸到机油中去；液力挺柱失效；使用质量低劣的机油。

（3）诊断方法

发动机运转时，出现有节奏的“嗒嗒”声，怠速时明显，中速以上减弱或消失。

（4）排除方法

拆卸油底壳，检查更换机油泵、集滤器；调整机油液面或更换机油；拆检配气机构，更换液力挺柱或气门导管。

情境四 汽油机燃油供给系统结构与检修

任务一 化油器式汽油燃油供给系统结构与检修

一、化油器式汽油燃油供给系统的组成

化油器式燃油供给系统主要由汽油箱、汽油滤清器、汽油泵、化油器和供油管道等组成，如图 4-1 所示。

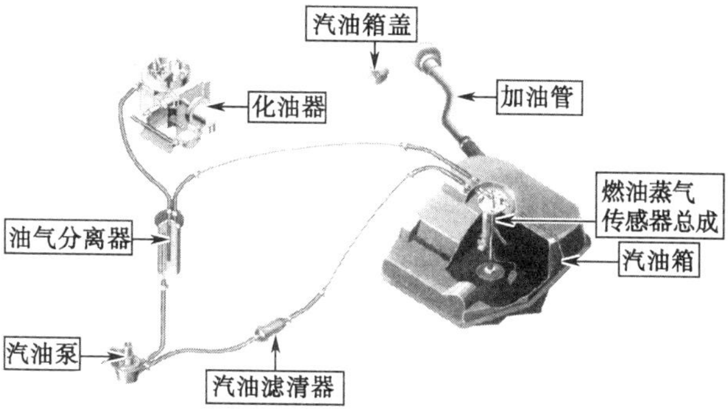

图 4-1 化油器式燃油供给系统的组成

二、化油器式汽油燃油供给系统的结构、工作原理和检修

1. 化油器

（1）化油器结构与工作原理

化油器是汽油机供给系统的核心，实物如图 4-2 所示。它由简单化油器、主供油系统、怠速系统、加浓系统、加速系统、启动系统等部分组成。

① 简单化油器。简单化油器由进油装置、进气雾化装置和喷油装置三部分组成，如图 4-3 所示。

图 4-2 化油器

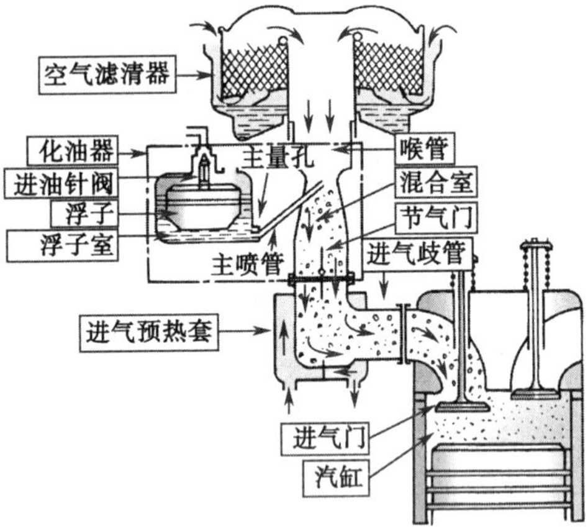

图 4-3 可燃混合气的形成过程

进油装置：由浮子室、浮子和针阀组成。由汽油泵来的汽油，经针阀进入浮子室，并保持浮子室内油面的高度基本不变。

进气、雾化装置：由喉管、混合室和节气门组成。喉管的咽喉部是化油器进气道的最窄处。空气流经喉管咽喉处，因断面减小而流速增大，压力降低，产生真空度，使处于咽喉部的主喷管喷油，喉管以下至节气门处称为混合室，是汽油和空气混合的地方。节气门是用来调节进入汽缸的混合气量的，其开度越大，进入汽缸的混合气量越多。

喷油装置：由主喷管和主量孔组成。主喷管的出油口一端在喉管的咽喉处，其切口应朝下以便喷油，喷口高出浮子室油面 2 ~ 5mm，主量孔装在主喷管的一端，用来准确地控制汽油的流量。

② 主供油系统。主供油系统的作用是保证发动机在中、小负荷下，供给随节气门开度增大而逐渐变稀的经济混合气（ϕ_α由 0.8 左右逐步变化到 1.1 左右）。

在汽车发动机的全部工况范围内，除了怠速工况和极小负荷工况以外，主供油系统都起供油作用。主供油系统结构如图 4-4 所示。

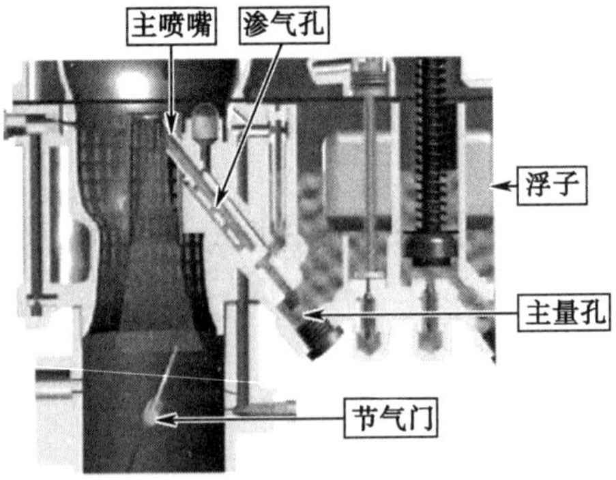

图 4-4 主供油系统

③ 怠速系统。怠速系统功用是保证发动机在怠速和很小负荷下，供给少而浓的混合气（ϕ_{α}=0.6～0.8）。

怠速时，发动机转速低，节气门接近于全闭，节气门上方的喉管处真空度很低，不能将汽油从主喷管吸出，但此时节气门下方的真空度却很高，可利用这个条件，另设怠速油道，其喷口设在节气门下方。

另外，为了使发动机能够从怠速工况圆滑地过渡到小负荷工况，而不至于因混合气突然过稀，甚至供油中断而引起发动机熄火，所以在怠速喷口上方不远处还设有一个怠速过渡喷口，如图4-5所示。

④ 加浓系统。加浓系统的作用是在大负荷和全负荷时额外供油，保证在全负荷时得到较浓的混合气（ϕ_{α}=0.8～0.9），使发动机发出最大功率。

加浓系统分机械式和真空式两种，图4-6所示为真空式加浓系统。

当发动机负荷（节气门开度）增加时，节气门下面的真空度减小，当真空度减小到不能克服弹簧的弹力和真空加浓活塞的自重时，弹簧伸长，使推杆、活塞落下并推开加浓阀，额外的汽油经加浓量孔流入主喷嘴，以加浓混合气。

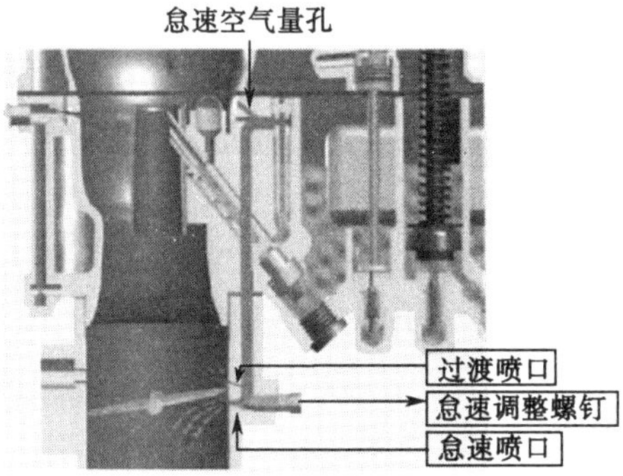

图4-5 怠速系统

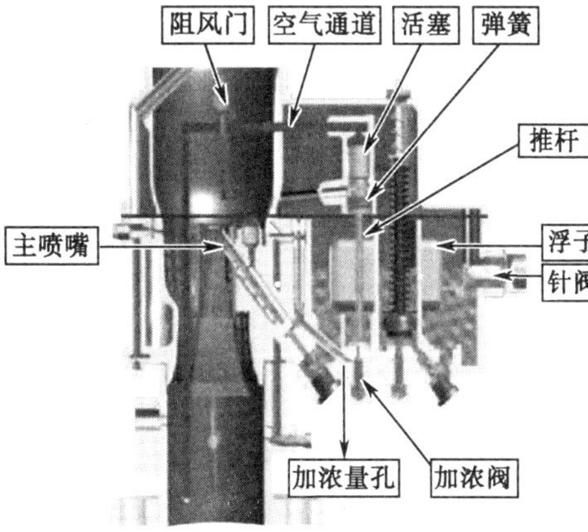

图4-6 真空式加浓系统

⑤ 加速系统。其作用是当汽车需要加速行驶或超车时，在节气门突然开大瞬间将一定量的燃油一次喷入喉管，使混合气瞬时加浓，以满足加速的需要。

加速泵也有活塞式和膜片式两种。图 4-7 所示为活塞式加速系统结构图。在加速装置不工作时，汽油经进油阀进入加速泵腔。当节气门迅速开大时，加速泵活塞迅速下移，加速泵缸的油压急剧增大，使进油阀关闭，同时顶开旁通出油阀，加速泵缸内的汽油在加速泵活塞的推压下经旁通出油阀从加速喷口喷入喉管中。

⑥ 启动系统。启动系统作用是当发动机在冷态下启动时供给极浓的混合气（ϕ_{α}=0.2～0.6），使进入汽缸的混合气中有足够的汽油蒸气，以保证发动机能够顺利启动。

最常用的启动装置是在喉管之前装一个阻风门，如图4-8所示。

发动机启动前，通过拉钮将阻风门关闭。启动机带动曲轴旋转时，在阻风门后面产生很大的真空度，使主供油系统和怠速系统同时供油，而通过阻风门边缘的空隙流入的空气量很少，故混合气极浓。

当发动机由启动工况转入怠速工况时，应逐渐开启阻风门，同时使节气门开度减小到通常的低怠速位置。

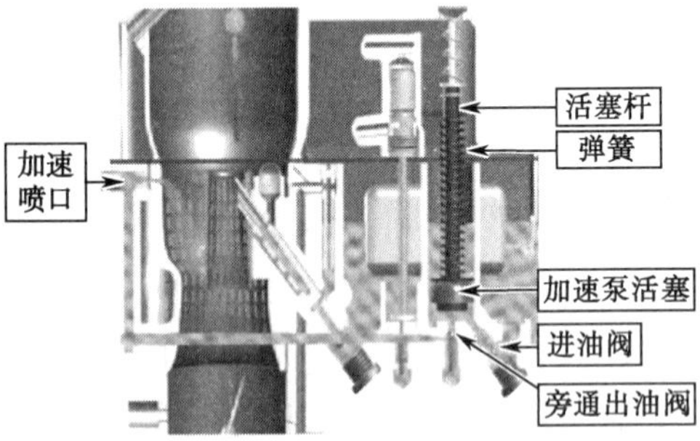

图 4-7　活塞式加速系统结构图

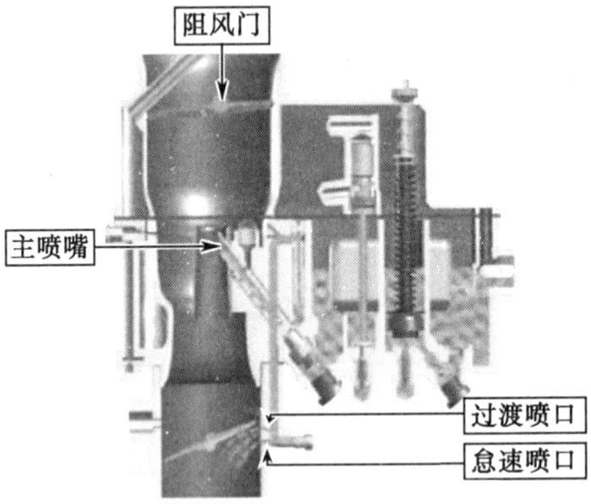

图 4-8　启动系统

（2）化油器检修

化油器容易出现的故障有油道及量孔堵塞、各运动机件磨损、变形后运动不灵活、密封不严等现象。因此，需要对化油器进行清洗、检修和调整。

① 化油器清洗。一般性清洗，只需将化油器上盖拆下，不需要全部解体。分解后的零件应用化油器清洗剂清洗或用汽油浸泡，然后用软刷仔细清洗。除去各量孔、油道和喷管中的污垢和胶质，清除节气门周围的积炭，并用压缩空气吹净。

② 化油器的检修。

浮子的检修：在检查铜浮子渗漏时，可摇动浮子，查听其中是否有液体的晃动声，如有，则为浮子渗漏。也可将浮子浸入到 333 ~ 353K（60 ~ 80℃）的水中保持 1min，如有气泡从浮子中冒出，则浮子有渗漏。

浮子渗漏，铜质浮子可用焊锡封焊；塑料浮子可黏结修理。修理后的浮子重量不应超过原重量的 5% ~ 6%。

浮子凹瘪的修理方法是在凹瘪处焊上一根铜丝，向外拉拔铜丝，将凹处拉平，然后去掉铜丝。

浮子应开闭灵活，无卡阻现象。将节气门定位螺钉退出，使节气门和阻风门全闭，它们与化油器内壁之间的间隙一般不应大于 0.10mm。

化油器上、中壳体间结合面的误差应不大于 0.10mm，否则应进行研磨。

节气门轴与轴孔的配合间隙应不大于 0.15mm，修复时可加铜套。

加速泵活塞在泵孔内应能上、下活动，无卡滞现象，活塞皮碗也不得有破损、硬化和收缩现象，否则应更换新件。

③ 化油器的调整分为浮子室油面高度的调整和怠速的调整两部分。

a. 浮子室油面高度的调整。将车停放在平坦地面上，通过化油器浮子室油面观察窗检查油面高度，发动机怠速时，油面应位于观察窗中央处，否则应通过浮子室盖上的油面调节螺钉进行调整。

b. 怠速的调整。应在点火系工作正常，水温 333K 以上，化油器阻风门全开，进气系统无堵塞和漏气现象的情况下调整发动机的怠速。其方法是：慢慢旋出节气门开度调节螺钉，使发动机转速略有降低，但不熄火；正反旋转怠速混合气调节螺钉（图 4-9），使混合气浓度恰当，发动机转速略有提高；重复上述两项操作，直至怠速稳定在规定转速，发动机排放符合规定。随后略旋进节气门开度调节螺钉，使发动机转速略微提高（约 50 转）。

怠速调整好后，要求节气门突然关闭时，发动机不熄火；节气门突然开大时，发动机能很快提高转速而无阻滞。

2. 汽油滤清器

（1）汽油滤清器结构与工作原理

汽油滤清器安装在汽油箱与汽油泵之间，其作用是滤除汽油中的水分和杂质，保证汽油泵和化油器正常工作。汽油滤清器实物如图 4-10 所示。

根据滤芯的材质，汽油滤清器分为金属式、陶瓷式和纸质式等。

图 4-9 怠速混合气调整

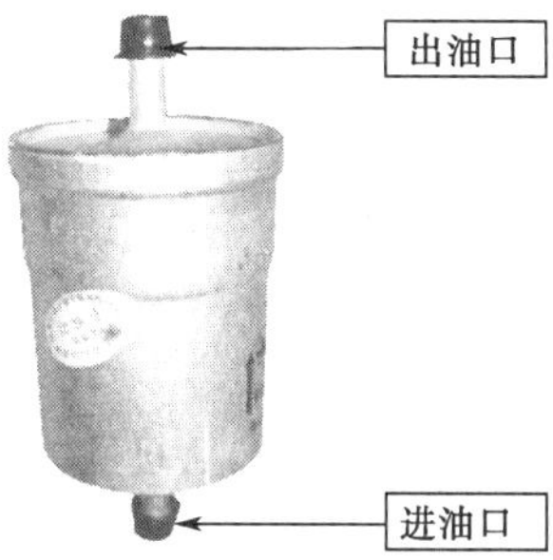

图 4-10 汽油滤清器

（2）汽油滤清器检修

对于陶瓷滤芯滤清器，一般汽车行驶 12000km 左右应清洗滤芯一次，清洗时应将滤芯浸泡在汽油中用软刷刷洗滤芯外面。清洗后用压缩空气吹通、吹干再装上使用。

现代轿车汽油滤清器大多为一次性滤清器，应按车辆使用说明书中规定的周期更换。

3. 汽油泵

（1）汽油泵结构与工作原理

汽油泵的作用是将汽油从汽油箱吸出，经油管和汽油滤清器泵入化油器浮子室。汽车上采用的汽油泵有机械膜片式和电动式两种。

机械膜片式汽油泵（图 4-11）安装在发动机曲轴箱一侧，由发动机凸轮轴的偏心轮驱动，内部有上体、下体、膜片和进出油阀等。

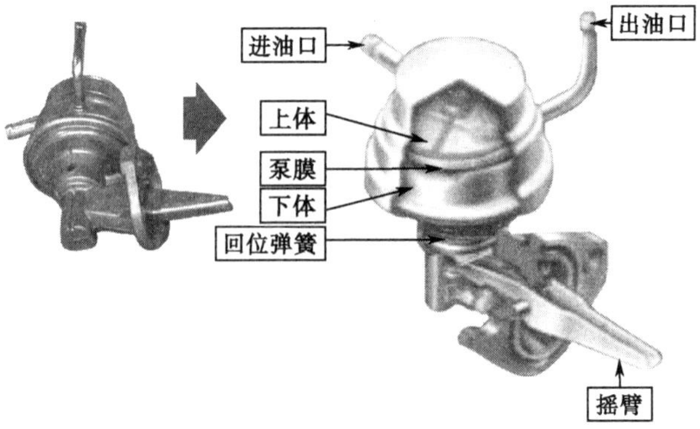

图 4-11　机械膜片式汽油泵

当发动机工作时，凸轮轴转动，偏心轮驱动摇臂运动，摇臂带动拉杆使泵膜向下拱曲，直到最低位置，泵膜弹簧被压缩。此时，泵膜上方的泵室容积增大，产生真空度，使进油阀开启，出油阀关闭，汽油经进油口、进油阀流入泵室内；当偏心轮的偏心部分转离摇臂后，在回位弹簧作用下，泵膜向上移动，使泵室容积减小，油压增大，于是进油阀关闭，出油阀开启，汽油便从出油阀压出。

（2）汽油泵检修

汽油泵如果摇臂磨损、进出油阀关闭不严、膜片破损等会引起供油压力不足或不供油、密封性差等故障。

① 汽油泵摇臂的检修。汽油泵摇臂与凸轮轴上的偏心轮接触部位磨损超过 0.20mm 时，应进行堆焊或更换。内摇臂的接触端发生磨损也应进行堆焊修复。

② 进、出油阀的检修。单片式进、出油阀表面腐蚀或不平，可将其磨平或翻面使用；组合式进、出油阀如有胶质，可用酒精或丙酮清洗，经修磨或清洗无效时，应更换新件。

③ 泵膜及泵膜弹簧的检验。膜片如老化、破裂，应更换；泵膜弹簧长期使用后弹力下降，会使泵油压力降低，经检查弹簧弹力不足，应换新件。

④ 汽油泵壳体的检修。汽油泵上、下壳体结合面的平面度应不大于 0.10mm，如超过规定值应在平板上用细砂纸磨平；汽油泵壳体的裂纹可进行焊补或黏结修复。

三、化油器式汽油燃油供给系统故障诊断与排除

化油器式汽油发动机常见故障有不来油或来油不畅、混合气过浓、混合气过稀、怠速不良、加速不良、加浓不良等故障。下面以最常见的不来油或来油不畅、混合气过稀故障为例，介绍化油器式汽油发动机故障维修的思路。

1. 不来油或来油不畅的检修

（1）故障现象

发动机不能启动或工作中逐渐熄火；用手油泵泵油，关闭阻风门或多踩几下加速踏板后

能发动，但很快又熄火。

（2）原因分析

① 油箱开关未打开或油箱内无油。

② 油箱吸油管至化油器进油管接头中某一部位有堵塞、渗漏等。

③ 汽油泵失效或工作不良。

④ 化油器进油针阀卡死，浮子高度失调，进油口滤网堵塞，主量孔堵塞。

⑤ 汽油中有水，不易燃烧或不能燃烧，冬季水结冰堵塞油路。

⑥ 在夏季高温条件下，油管中产生气阻现象，导致油流中断而产生来油不畅故障。

（3）维修思路

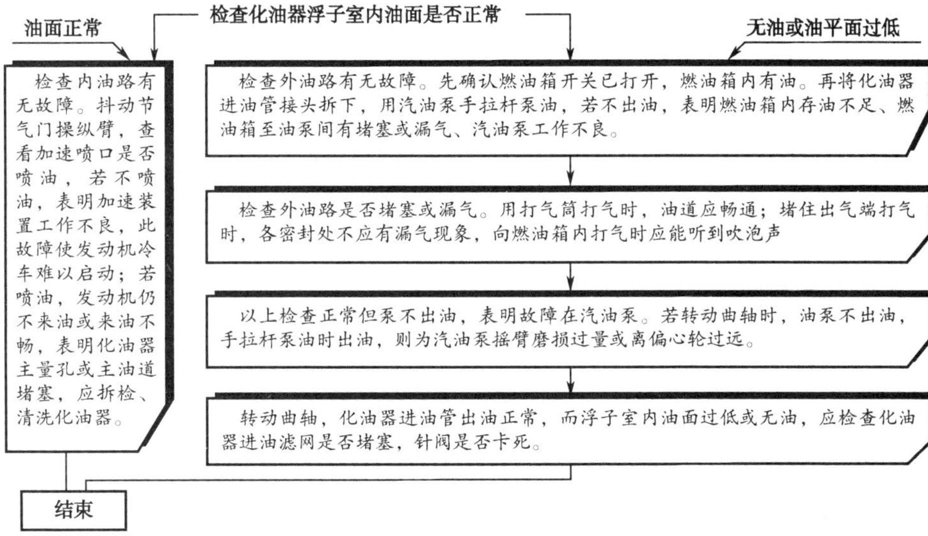

2. 混合气过稀故障的检修

（1）故障现象

① 发动机不易发动。

② 怠速不稳并容易熄火。

③ 踏下加速踏板转速不易提高，伴有“回火”现象，排气管有时“放炮”。

④ 行驶时动力不足，加速不良。

⑤ 发动机过热。

（2）故障原因

① 化油器进油针阀开度不足或浮子高度失调而造成浮子室油面过低。

② 从油箱至化油器进油管接头有堵塞、渗漏或汽油泵效能欠佳，导致供油不足。

③ 化油器主量孔或主供油道堵塞。

④ 可调式主量孔调节针旋入过多。

⑤ 油管内有气阻现象。

⑥ 进气歧管衬垫或化油器座衬垫严重漏气。

⑦ 主供油装置空气量孔、怠速空气量孔松动。

（3）维修思路

① 检查化油器油面是否过低，如过低应调至正常。

② 化油器油面正常，将阻风门适当关闭后情况有所好转，应检查进气歧管衬垫、化油器底座节气门轴等处是否漏气；检查化油器主量孔、主油道是否堵塞。

③ 化油器有主量孔配剂针，应检查是否旋入过多而导致混合气过稀。

④ 化油器油面调至正常，发动机中、高速运行一段时间后，若又过低，则为化油器进油滤网堵塞或外油路来油不畅，按来油不畅故障的诊断来检查。

任务二 电控式汽油燃油供给系统结构与检修

一、汽油喷射的类型及基本组成

1. 汽油喷射的类型

电控汽油喷射系统种类繁多，分类方式有以下几种。

（1）按进气量的检测方式分类

按进气量的检测方式可分为直接测量汽油喷射系统（L 型）和间接测量汽油喷射系统（D 型）两种，如图 4-12 和图 4-13 所示。

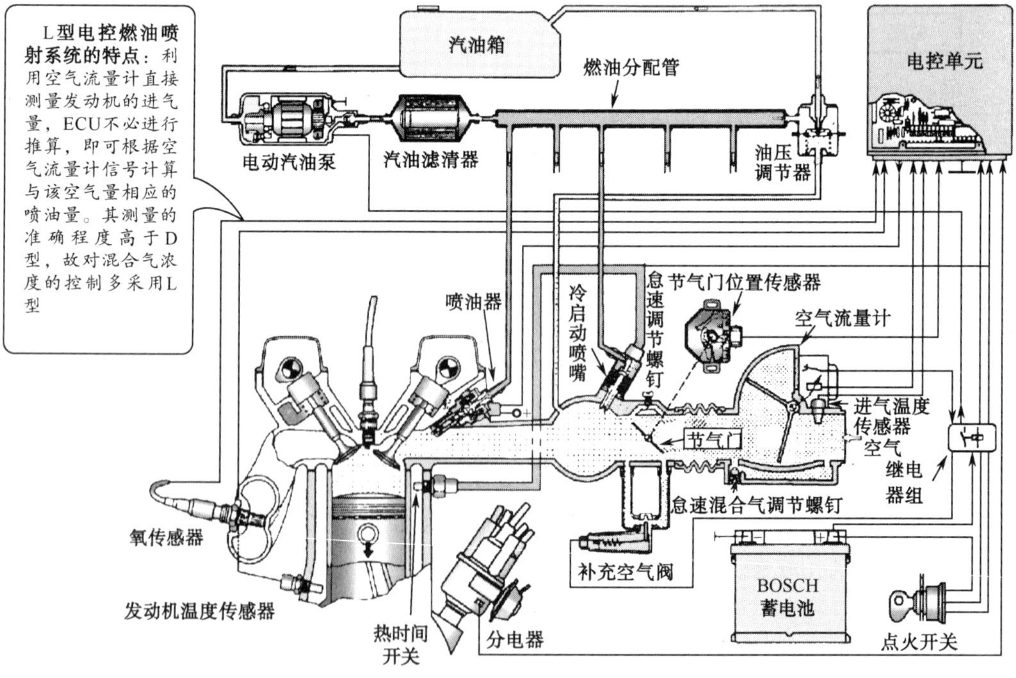

图 4-12 直接测量汽油喷射系统（L 型）

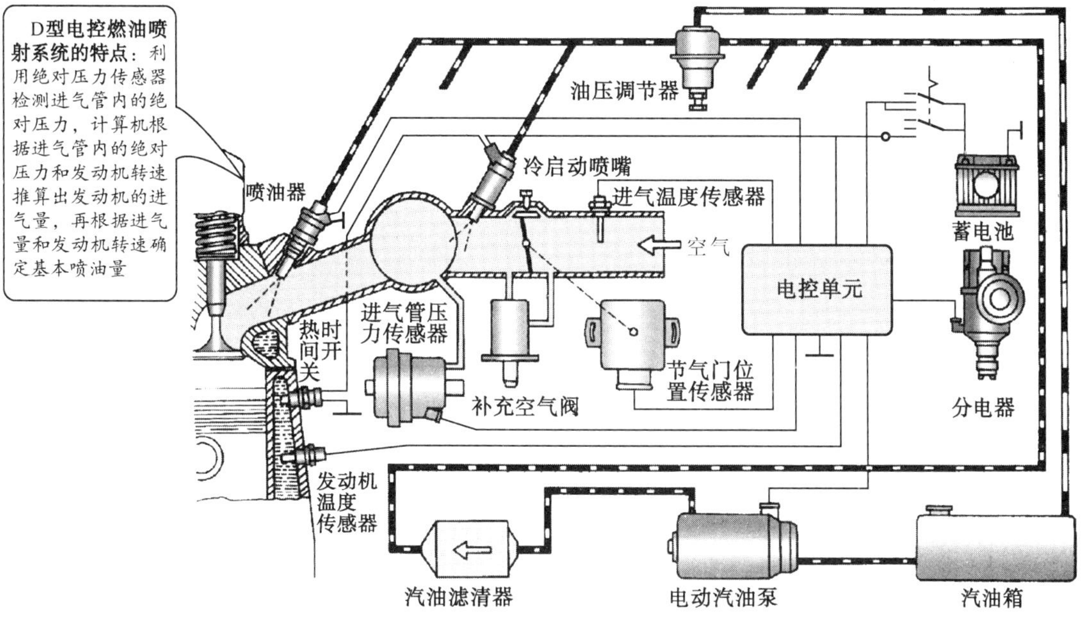

图 4-13　间接测量汽油喷射系统（D 型）

（2）按喷油器布置方式分类

按喷油器布置方式可分为缸内直接喷射和缸外喷射两种系统，如图 4-14 所示。

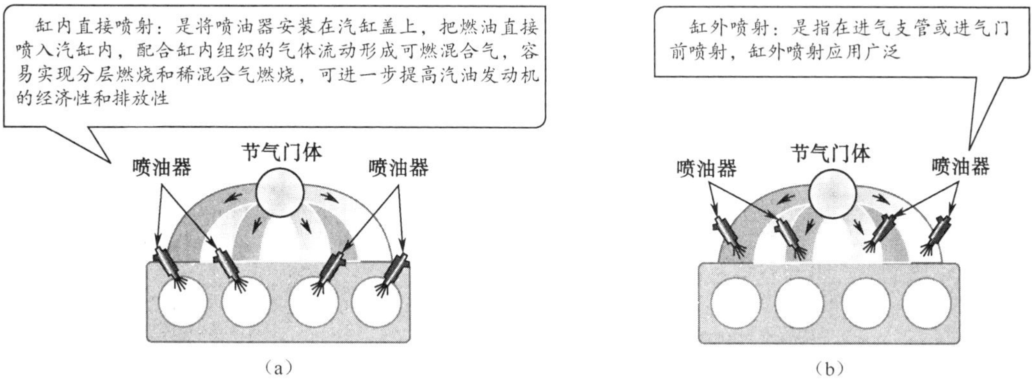

（a）　　（b）

图 4-14　缸内直接喷射与缸外喷射系统

（3）按喷油器的数量分类

按喷油器的数量可分为单点喷射和多点喷射系统，如图 4-15 所示。

（4）按喷射时间分类

按喷射时间可分为顺序喷射、分组喷射和同时喷射，如图 4-16 所示。

（5）按技术发展分类

按技术发展可分为机械式、机电结合式、电子控制式三种。近年来，电子控制汽油喷射系统发展迅速，已被广泛应用。电子控制汽油喷射系统按有无反馈又可分为开环控制式和闭环控制式两种。

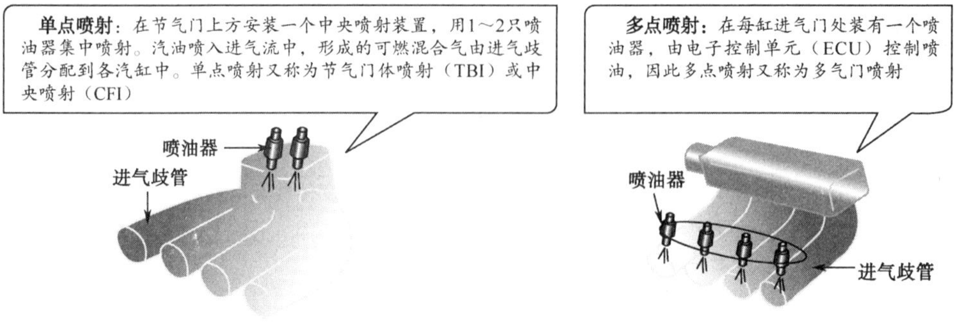

（a）　　（b）

图 4-15　单点喷射与多点喷射系统

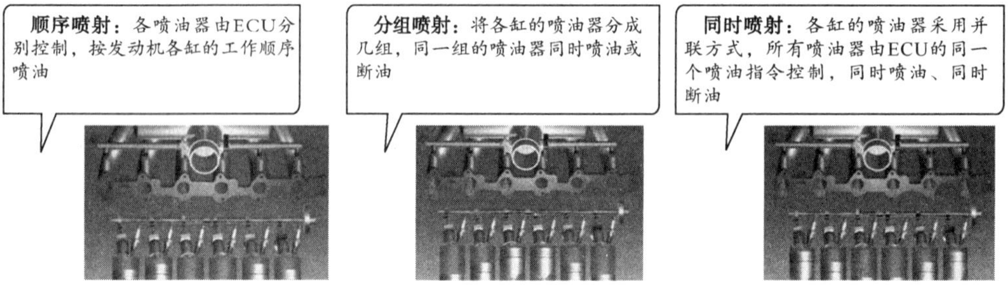

（a）　　（b）　　（c）

图 4-16　顺序喷射、分组喷射和同时喷射系统

2．电控汽油喷射系统的基本组成

汽油机电控燃油喷射系统可分为燃油供给系统、空气供给系统和电子控制系统三个主要部分。

（1）燃油供给系统

燃油供给系统的作用是提供汽油喷射所需的压力燃油，并在 ECU 的控制下将燃油喷入进气歧管。其结构及布置如图 4-17 所示。

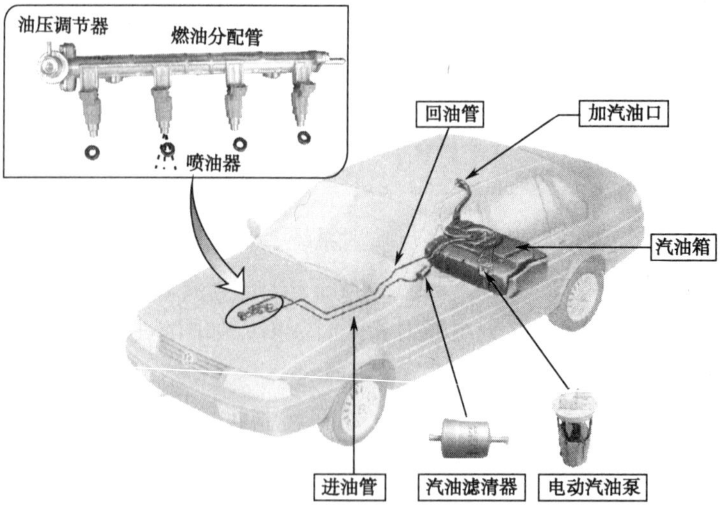

图 4-17　燃油供给系统

（2）空气供给系统

空气供给系统的作用是向发动机提供新鲜的空气，其工作流程如图 4-18 所示。

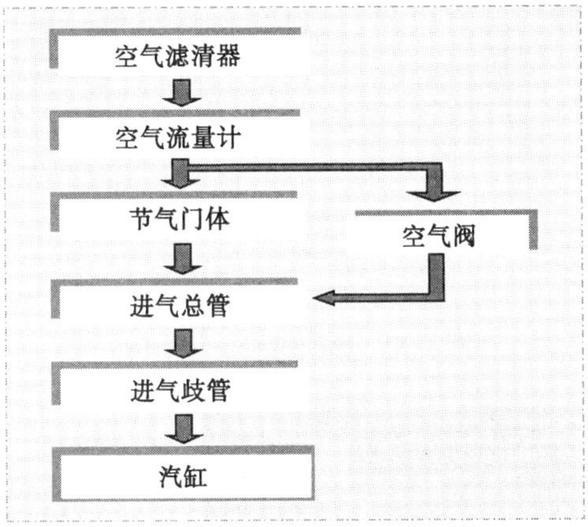

图 4-18 空气供给系统工作流程图

（3）电子控制系统

电子控制系统的作用是根据发动机和汽车不同的运行工况，对喷油时刻、喷油量及点火时刻等进行确定和修正，检测各传感器的工作，并将工作参数储存和输出。电子控制系统工作示意图如图 4-19 所示。

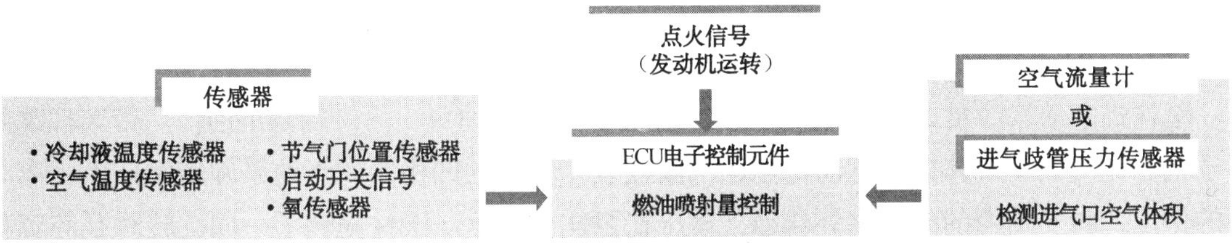

图 4-19 电子控制系统工作示意图

二、燃油供给系统主要部件结构与原理

电控汽油喷射系统中的燃油系统由汽油箱、电动汽油泵、燃油滤清器、油压调节器、喷油器、燃油管路等组成，如图 4-20 所示。

1. 电动汽油泵

电动汽油泵的作用是将汽油从油箱内吸出，供给喷油器。

汽油泵的安装方式有两种：一种是安装在油箱外输油管路中的外装式；另一种是安装在油箱内的内装式。内装式汽油泵浸泡在燃油里（图 4-21），这样可以防止产生气阻和燃油泄漏，且噪声小，目前应用广泛。

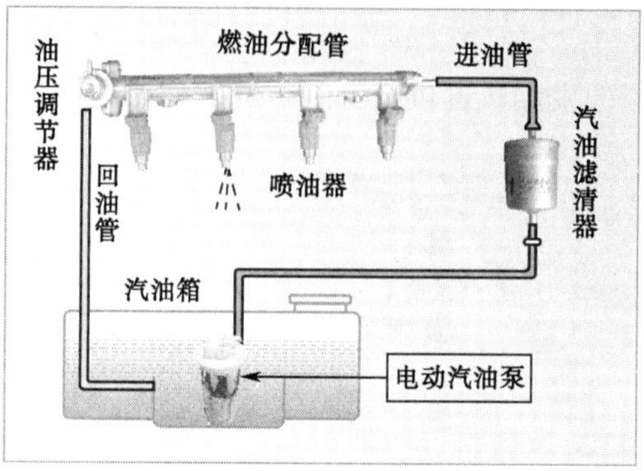

图 4-20　燃油供给系统结构

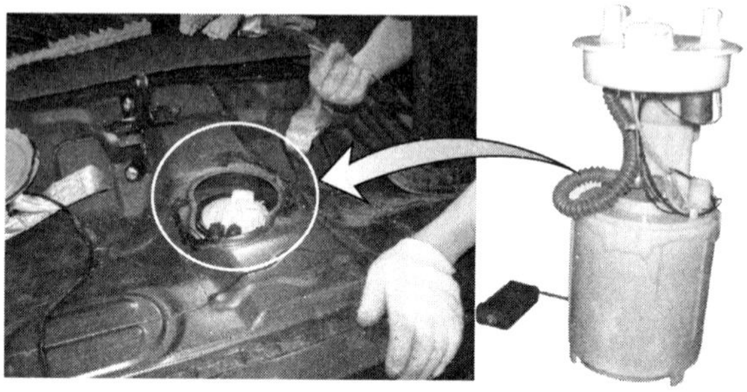

图 4-21　内装式汽油泵

电动汽油泵按结构可分为滚柱式、叶片式和齿轮式等。

（1）滚柱式电动汽油泵

滚柱式电动汽油泵如图 4-22 所示。泵壳的一端是进油口，另一端是出油口。带滚柱泵的转子偏心地安装在泵体内由电动机驱动，滚柱装在转子的凹槽中。当油泵旋转时，由于离心力的作用，转子槽内的滚子向外移动，紧压在泵体壁面上。滚柱随转子一同旋转时泵腔容积发生变换，进油口一侧的工作腔容积增大，成为低压吸油腔，汽油经进油口被吸入工作腔内。在出油口一侧的工作腔容积减小，成为高压油腔，高压汽油从高压油腔经出油口流出。油泵出油口处有一单向阀，在油泵不工作时阻止燃油倒流回燃油箱，若因汽油滤清器堵塞等原因使油泵出油口一侧油压过高，与油泵一体的限压阀即被顶开，使部分燃油回到进油口一侧，以保护电动汽油泵。

滚柱式电动汽油泵运转时噪声较大，泵油压力脉动大，使用寿命较短，现代汽车越来越多地采用叶片式电动汽油泵。

（2）叶片式电动汽油泵

叶片式电动汽油泵结构如图 4-23 所示。叶轮是一个圆形平板，周围开有小槽，形成叶片。当叶轮旋转时，小槽内的汽油随同叶轮一同高速旋转。由于离心力的作用，使出口处油压增高，而在进口处产生真空，从而使汽油从进口吸入，从出口泵出。叶片式电动汽油泵泵油量大，噪声小，油压脉动小，叶片磨损小，使用寿命长。

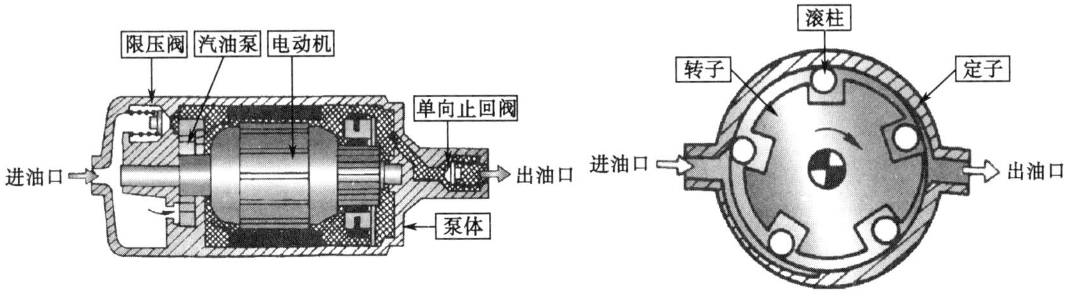

图 4-22 滚柱式电动汽油泵

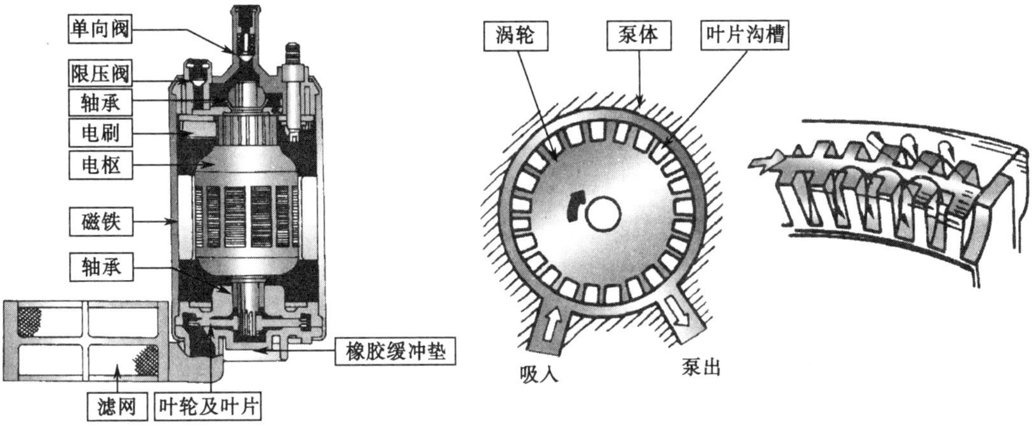

图 4-23 叶片式电动汽油泵结构

在出油口还设有一个单向阀，当油泵停转后，油路内燃油仍保持一定压力，减少气阻现象，以便于发动机重新启动。为了防止油压过高，设置有限压阀，当出口侧压力超过一定值时，限压阀打开，高压燃油流回油箱。

2. 汽油压力调节器

汽油压力调节器安装在燃油分配总管的一端，其作用是保证喷油器喷油压力与进气管压力之差为恒定值。这样，喷油器的喷油量只与喷油时间有关，ECU 通过控制喷油时间来控制喷油量。

汽油压力调节器实物及结构如图 4-24 所示。油压调节器壳体内腔被膜片分成两个小室，上室内有一通气管与进气歧管相连，使供油系统中的油压不仅取决于弹簧预紧力，而且还取决于进气歧管内的气体压力，当输入的汽油压力低于弹簧预紧力和进气歧管压力之和时，弹簧紧压在膜片上，使回油阀关闭，油压升高；当输入的汽油压力高于弹簧预紧压力与进气歧管压力之和时，汽油推动膜片向上压缩弹簧，打开回油阀，使部分汽油流回油箱，油路中的油压降低。这样就使喷油压力随进气歧管的压力而变化，从而使喷油压力与进气歧管压力之差保持不变，使喷油压力在不同的节气门开度下保持定值。

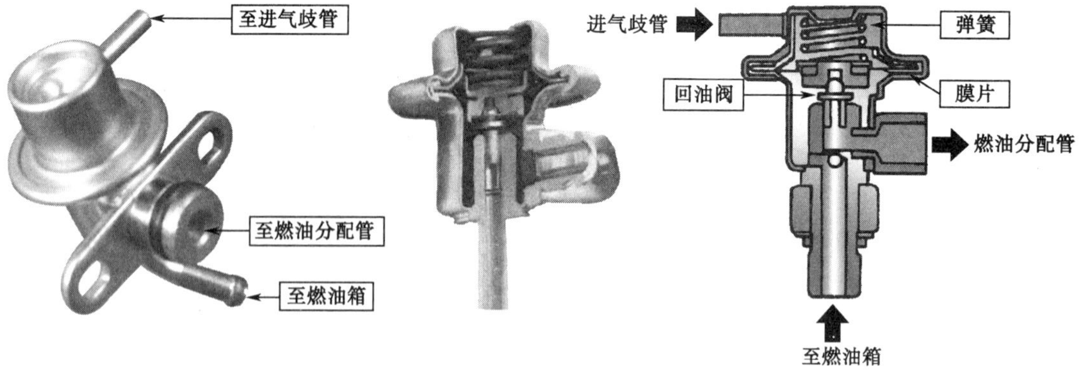

图 4-24　汽油压力调节器实物及结构

3．燃油压力脉动缓冲器

燃油压力脉动缓冲器又称燃油脉动衰减器，其作用是减小燃油管路中因汽油泵运转、喷油器喷射和油压调节器回油阀开闭引起的油压脉动和脉动噪声，并能在发动机停机后保持一定的燃油压力，以利于发动机的重新启动。

燃油压力脉动缓冲器主要由膜片、弹簧、壳体等组成，如图 4-25 所示。

当脉动油压汽油进入缓冲器时，脉动压力通过膜片传给弹簧而被吸收，从而起到缓冲作用，具体动作是：当油压升高时，弹簧被压缩，膜片下移，膜片上方的容积增大，使油压减小；当油压降低时，弹簧伸长，膜片上移，膜片上方的容积减小，使油压升高。

燃油压力脉动缓冲器可安装在回油管或燃油分配管上。

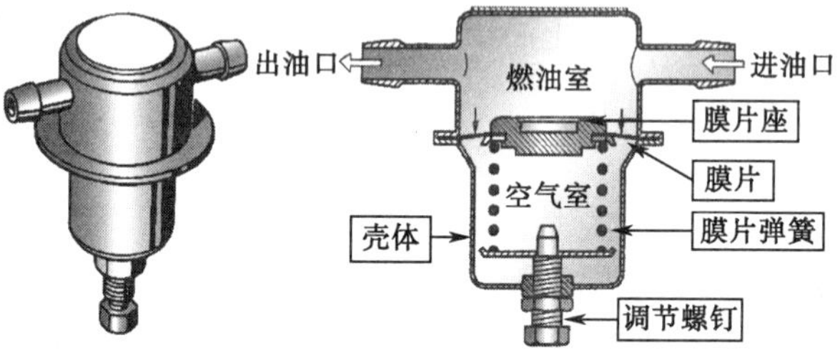

图 4-25　油压脉动缓冲器

图 4-26　电磁式喷油器

4．喷油器

（1）作用

喷油器的作用是按照电控单元的指令将一定数量的汽油以雾状喷入进气道或进气管内。电控汽油喷射系统中都采用电磁式喷油器，如图 4-26 所示。

（2）分类

汽油喷射系统的喷油器种类繁多，其分类如下。

① 按用途可分为单点喷射用喷油器和多点喷射用喷油器。

② 按燃料的进入位置可分为上方供油式和侧方供油式。

③ 按电磁线圈阻值可分为低阻式和高阻式。

④ 按驱动方式可分为电流驱动式和电压驱动式。

⑤ 按喷口形式可分为孔式和轴针式。

（3）结构及工作原理

① 轴针式喷油器。轴针式喷油器主要由滤网、电磁线圈、磁芯、针阀、阀体、弹簧、壳体等组成。轴针式喷油器结构如图 4-27 所示。

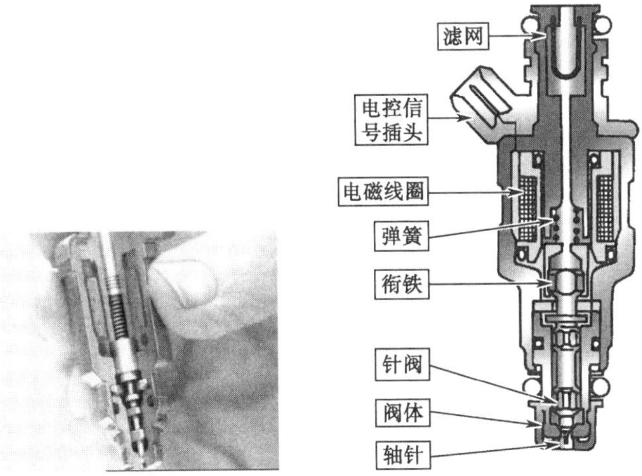

图 4-27 轴针式喷油器结构

当喷油器的电磁线圈无电流通过时，阀内弹簧将针阀紧压在锥形密封阀座上；当电磁线圈通电时，产生磁场，衔铁被吸引，同衔铁一体的针阀也被一起吸起，喷油口打开，燃油沿通路从喷油口喷出。

喷油器的燃油喷射量取决于针阀升程、喷油孔尺寸、喷油压力、喷油持续时间等，喷油压力由燃油压力调节器调节为恒定值，对于一定形式的喷油器，其喷油量取决于喷油持续时间，即线圈通电时间。

轴针式喷油器的喷口不易堵塞，但质量较大，动态响应较差。

② 孔式喷油器。孔式喷油器针阀的前端没有轴针，故针阀不露出喷孔。孔式喷油器的喷孔有 1～2 个，阀门一般为锥形或球形（又称球阀式喷油器），其结构如图 4-28 所示。球阀的阀针是由钢球、导杆和衔铁焊接成的一个整体，其质量只有普通轴针式的一半，且导向杆也较轴针式喷油器的导向杆短。

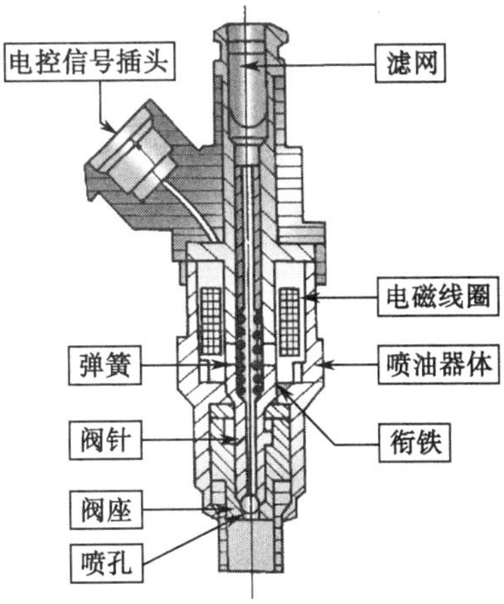

图 4-28 孔式喷油器结构

孔式喷油器雾化质量较好，响应速度快，缺点是易堵塞。

5. 冷启动喷油器

发动机在低温冷启动时，需要极浓的混合气，有些车型的汽油喷射系统在发动机冷启动时，除了通过延长各缸喷油器的喷油时间来增加喷油量外，还在进气总管的中央部位装有冷启动喷油器（又称冷启动阀）。

冷启动喷油器与安装在进气歧管上的各缸喷油器相似，也是一种电磁阀，其结构如图 4-29 所示。它主要由电磁线圈、衔铁、弹簧等组成。其中针阀与衔铁制成一体，被弹簧紧压在阀座上。当冷车启动时，电磁线圈通电产生磁场，将衔铁吸起，汽油通过旋流式喷嘴喷出。

冷启动喷油器的开启持续时间取决于发动机的温度，由热限时开关控制。热限时开关是一个温控开关，如图 4-30 所示，以螺纹连接方式安装在发动机冷却水路上。热限时开关内部有一对常闭触点，当低温启动发动机时，冷启动喷油器电磁线圈电路导通，同时加热线圈也导通，将双金属片进行加热，双金属片受热后会弯曲变形，当双金属片弯曲到一定程度时，触点打开，冷启动喷油器停止喷油。

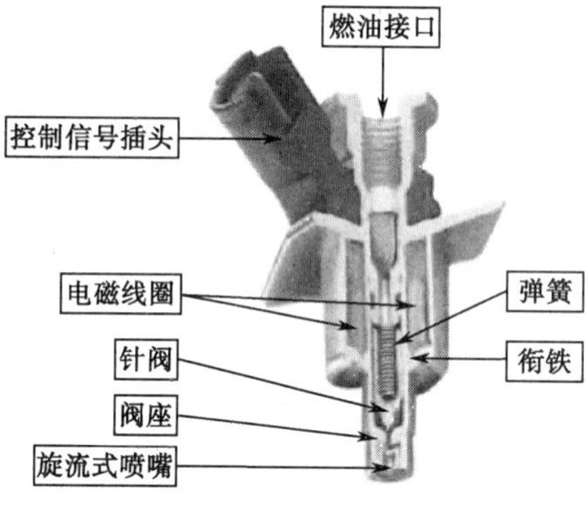

图 4-29　冷启动喷油器结构

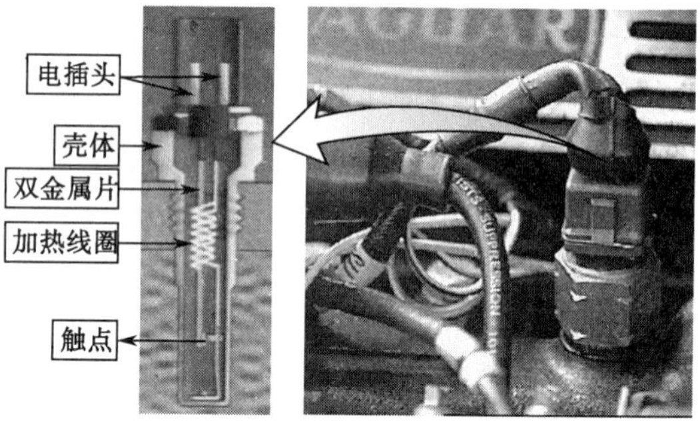

图 4-30　温控开关

现在有很多发动机取消了冷启动喷油器，发动机冷启动时，ECU 根据冷却液温度信号，延长主喷油器喷油时间，以增加喷油量，加浓混合气。

三、电控系统主要部件结构与原理

空气供给系统除了空气滤清器、进气总管和进气歧管外，还有电控汽油喷射系统特有的空气计量装置（空气流量计或进气歧管绝对压力传感器）、节气门体、节气门位置传感器和怠速控制阀等。

1. 空气流量计

空气流量计是直接测量进入发动机空气量的传感器，常用的有翼片式、热线式和卡门旋涡式。

（1）翼片式空气流量传感器

翼片式空气流量传感器由测量翼片、缓冲片、复位弹簧、电位计、旁通空气道及怠速混合气调节螺钉等组成，结构如图 4-31 所示。

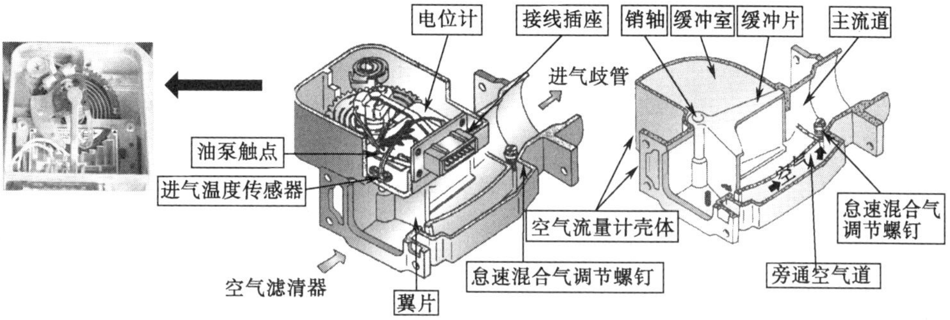

图 4-31 翼片式空气流量传感器结构

发动机工作时，空气通过空气流量计并推动测量翼片偏转，使其开启。翼片开启角度大小取决于空气气流对翼片的推力与复位弹簧弹力的平衡状况。当气流推力与测量翼片平衡时，测量翼片便停留在某一位置上，进气量越大，测量翼片开启的角度也越大。销轴上连着一个电位计，它把翼片开启角度的变化（即进气量的变化）转换成电信号输送到 ECU。ECU 再根据进气温度传感器的信号进行修正，即可测出实际的进气流量。

缓冲室和缓冲片用于衰减加速或减速时引起的测量翼片摆振，使电位计能够准确地检测进气流量，防止进气管内气流的脉动引起误差。

进气通道旁还有一个旁通空气道，旁通空气道上设有怠速混合气调节螺钉（也称 CO 调整螺钉），用于调整怠速混合气的浓度。

空气流量计上还设有电动汽油泵开关，当发动机运转时，翼片偏转，使开关触点闭合，电动汽油泵电路才接通。

（2）热线式空气流量计

热线式空气流量计由感知空气流量的铂热线、温度补偿电阻（冷线）、控制电路及壳体等组成，其结构如图 4-32 所示。根据铂热线在壳体内安装部位的不同，可分为主流测量方式和旁通道测量方式。

发动机启动后，空气流过铂热线周围，铂热线温度就会降低。铂热线的电阻减小，使电桥失去平衡。这时混合电路将自动增加供给铂热线的电流，以保持铂热线温度恒定。空气流量越大，需要的电流越大。将这种因空气流量变化而引起的流过铂热线的电流的变化，转化成电压输入给电控单元，即可测得实际的空气流量。

这种空气流量计可提供精确的进气空气流量，但造价太高，主要运用于高级轿车中。

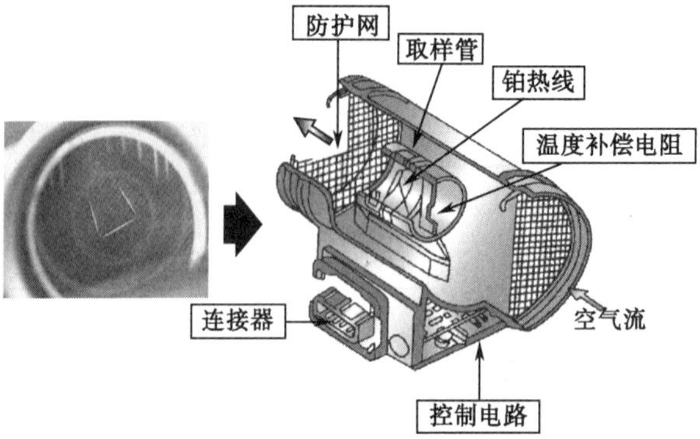

图 4-32　热线式空气流量计结构

（3）热膜式空气流量计

热膜式空气流量计的工作原理与热线式空气流量计基本相同，都是用惠斯登电桥工作的。所不同的是热膜式空气流量计是由铂金属片固定在树脂薄膜上制成的，如图 4-33 所示，其工作可靠性和使用寿命比热线式空气流量计更高。这种空气流量计已广泛使用于各种电控汽油喷射系统中。

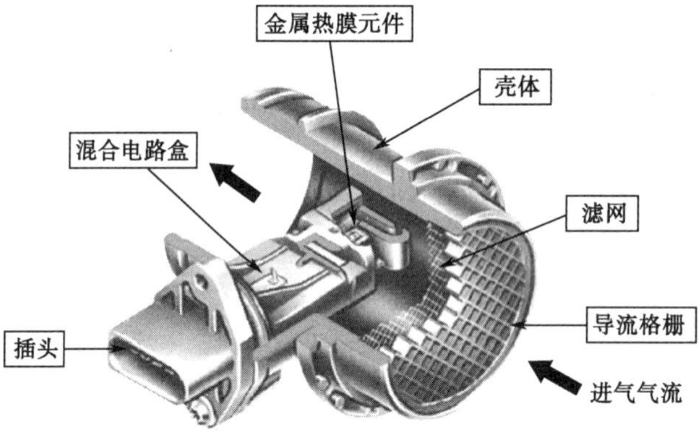

图 4-33　热膜式空气流量计结构

（4）卡门旋涡式空气流量计

卡门旋涡式空气流量计通常与空气滤清器外壳安装成一体，在其空气通道中央设置一锥体状的涡流发生器，在涡流发生器后部将会不断产生被称为卡门旋涡的涡流串，测出卡门旋涡的频率即可感知空气流量的大小，该空气流量计又分为反光镜检测方式和超声波检测方式两种，如图 4-34 所示。

① 反光镜检测方式。在空气流量计内设置一个反射镜及一对发光二极管和光敏三极管，反射镜安装在很薄的簧片上，簧片在气流旋涡的压力作用下产生振动，其振动频率与单位时间内流过的旋涡数量成正比。这时，发光二极管通过反射镜射到光敏三极管上，使光敏三极管以簧片的振动频率导通和截止。根据光敏三极管的导通和截止的频率，电控制单元即可计算出空气流量。

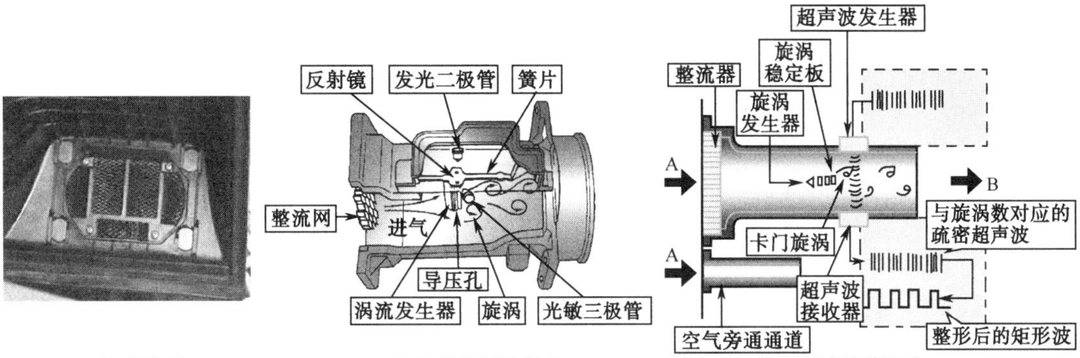

（a）实物图 （b）反光镜检测式 （c）超声波检测式

图 4-34 卡门涡旋式空气流量计

② 超声波检测方式。超声波检测是利用卡门旋涡引起的空气密度变化进行测量的。在空气流动方向的垂直方向安装超声波信号发生器，在其对面安装超声波接收器。从信号发生器发出的超声波因受卡门旋涡造成的空气密度变化的影响，到达接收器时有的变早，有的变晚，其频率相位会发生变化，电控制单元根据这一变化即可计算出单位时间内流过的旋涡数，从而计算出空气流速和流量。

2. 进气歧管绝对压力传感器

进气歧管绝对压力传感器是一种间接检测空气流量的传感器。其种类繁多，根据信号产生的原理可分为半导体压敏电阻式、电容式、膜盒传动的可变电感式等。

半导体压敏电阻式进气歧管绝对压力传感器主要由硅片，集成电路、真空室组成，如图 4-35 所示。封装在真空室内的硅片由于一侧受真空的作用，另一侧受进气压力的作用，当进气歧管压力发生变化时，硅片产生变形，使扩散在硅片上的电阻的阻值改变，从而使输出电压发生变化。

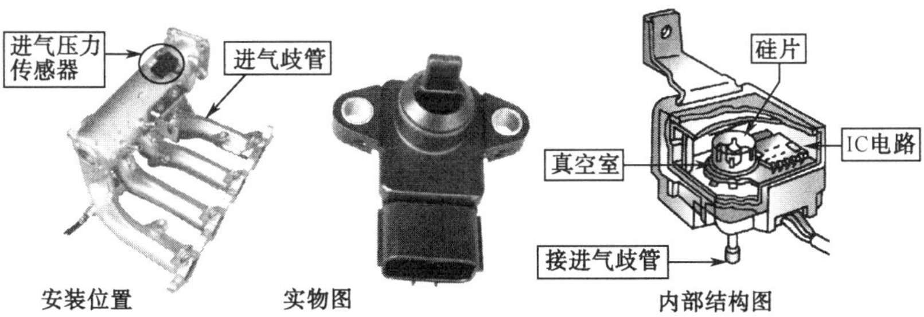

安装位置 实物图 内部结构图

图 4-35 半导体压敏电阻式进气歧管绝对压力传感器

3. 节气门体

节气门体是控制电喷发动机进气量的一套装置，不同车型的节气门体的结构和原理基本相同。其结构主要包括节气门、节气门位置传感器、怠速控制阀等，如图 4-36 所示。

发动机怠速时，节气门处于全关闭的位置，怠速运转所需要的空气经怠速空气旁通气道进入进气总管。

发动机低温启动后，为加快暖机过程，在发动机的进气系统中设置了辅助空气阀（也称快怠速控制阀)，以增加暖机过程中所需的空气量。由于空气量增加，ECU 使喷油器的喷油量增加，从而使发动机怠速转速提高。当发动机温度升高后，通过辅助空气阀的空气被自动切断。此时，所需的空气由怠速旁通气道供给，发动机恢复到正常的怠速转速。

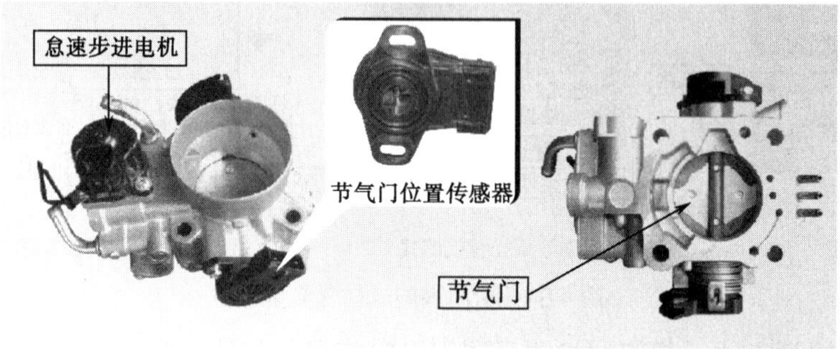

图 4-36 节气门体

4. 节气门位置传感器

节气门位置传感器安装在节气轴上，与节气门联动（图 4-36）。用来检测节气门的开度，并将其转换成电信号输送给电控制单元，作为判定发动机运行工况的依据。

电控汽油喷射系统中的节气门位置传感器有线性式、触点式等。

（1）线性式

线性式节气门位置传感器是指节气门开度的输出电压与节气门开度呈线性关系，传感器结构及原理如图 4-37 所示。传感器有两个与节气门联动的可动触点。一个在电阻体上滑动，当节气门开度变化时，测得的输出电压也成线性变化。根据电压值，可知节气门开度。另一个触点在节气门全关闭时与怠速触点接触，给 ECU 提供怠速信号，ECU 据此判断发动机处于怠速状态。

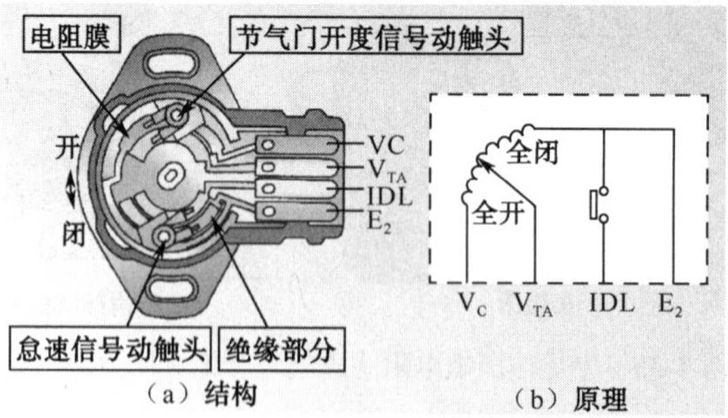

图 4-37 线性式节气门位置传感器结构及原理

（2）触点式

触点式节气门位置传感器由一个活动触点和两个固定触点构成，结构如图 4-38 所示。

当节气门处于全关闭状态时，活动触点与怠速触点接触，ECU 根据此信号判定发动机处于怠速状态，从而对混合气进行调整；当节气门开度超过一定角度时，活动触点与全负荷触点接触，ECU 根据此信号判定发动机处于大负荷状态，从而加浓混合气。

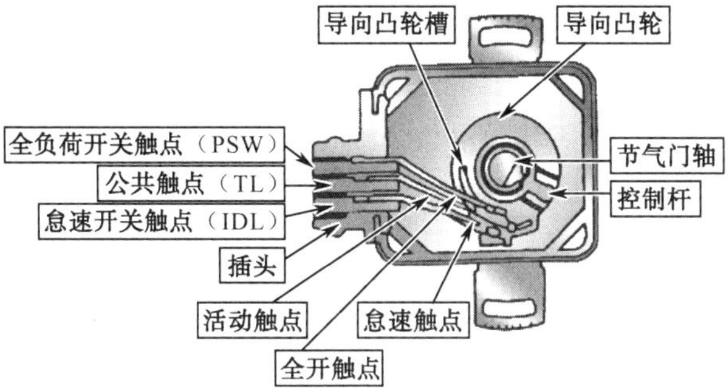

图 4-38 触点式节气门位置传感器结构

5. 怠速控制阀

怠速控制阀通常安装在节气门体上，其作用是自动控制发动机怠速。怠速转速的调整是通过控制旁通节气门体的空气量来实现的。怠速控制阀有步进电机式、脉冲电磁阀式、石蜡式等。

步进电机式怠速控制阀是应用最多的一种怠速控制装置。它主要由转子、定子线圈、进给丝杆及阀芯等部分组成，如图 4-39 所示。发动机 ECU 根据不同的冷却液温度，通过改变传到怠速控制阀的信号强度来控制怠速控制阀阀芯的位置，即发动机 ECU 输出步进信号进行转换控制，使转子可以正转，也可以反转，从而使进给丝杆（阀芯）进行伸缩运动以达到调节旁通空气道截面的目的，从而稳定怠速，并达到理想的怠速转速。

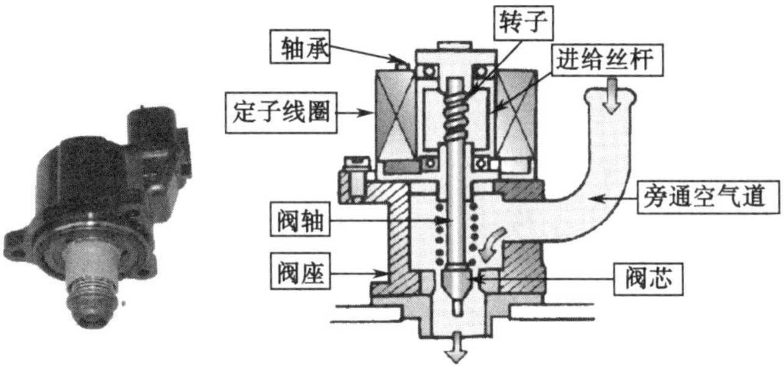

图 4-39 步进电机式怠速控制阀

四、电控燃油供给系统主要部件的检修

1. 电动汽油泵的检修

（1）检查电动汽油泵是否工作

① 打开油箱盖，然后打开点火开关（不要启动发动机），在油箱口处仔细听有无电动汽油泵运转的声音。如在打开点火开关后，能听到电动汽油泵运转 3 ~ 5s 后又停止，说明电动汽油泵工作正常。

② 若在油箱口处听不清电动汽油泵运转的声音，可以在打开点火开关或启动发动机后，在发动机上方仔细听有无“嘶嘶”的燃油流动声，也可以用手检查进油软管有无压力。如有“嘶嘶”的燃油流动声，或者进油软管有压力，说明电动汽油泵工作正常。

（2）测量电动燃油泵的压力

电动汽油泵能运转，但并不能说明其工作完全正常，还应通过测量电动汽油泵的最大供油压力和保持压力来判断其有无泵油压力过低、出油单向阀泄漏等故障。

① 释放燃油系统的油压。

② 拆下蓄电池负极电缆。

③ 将油压表接在燃油管路上（图 4-40），并将出油口塞住。

④ 接上蓄电池负极电缆。

⑤ 用一根导线将电动汽油泵的两个检测插孔短接。

⑥ 打开点火开关，持续 10s 左右（不要启动发动机），使电动汽油泵工作，同时读出油压表的压力，该压力称为电动汽油泵的最大供油压力。如不符合标准值，说明电动汽油泵性能不良，有可能导致电喷发动机动力不足等故障，应更换电动汽油泵。

⑦ 关闭点火开关，5min 后再观察油压表压力，此时的压力称为电动汽油泵的保持压力。捷达轿车的燃油保持压力如图 4-41 所示。如不符合标准值，说明电动汽油泵出油口处的单向阀有泄漏，此故障有可能导致电喷发动机启动困难，应更换电动汽油泵。

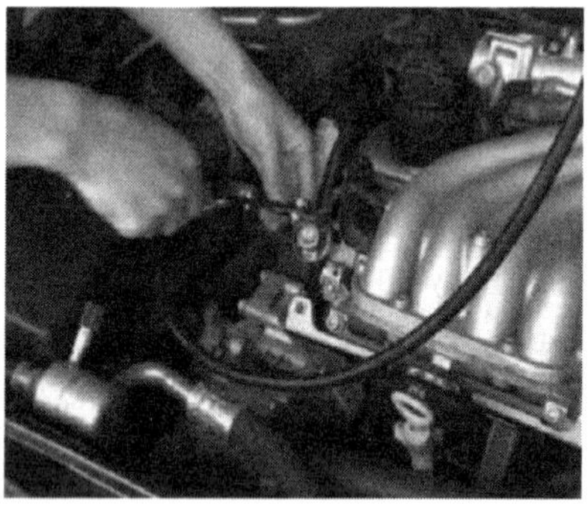

图 4-40　接油压表

图 4-41　捷达轿车的燃油保持压力

（正常在 200kPa 以上）

⑧ 释放燃油系统的油压。

⑨ 拆下蓄电池负极电缆。

⑩ 拆下油压表。

⑪ 接好燃油管道。

⑫ 接上蓄电池负极电缆。

⑬ 预置燃油系统的油压。

测量电动汽油泵最大压力和保持压力的方法：在空气流量计内设置一个反射镜及一对发光二极管和光敏三极管，反射镜安装在很薄的簧片上，簧片在气流旋涡的压力作用下产生振动，其振动频率与单位时间内流过的旋涡数量成正比。这时，发光二极管通过反射镜射到光敏三极管上，使光敏三极管以簧片的振动频率导通和截止。根据光敏三极管的导通和截止的频率，电控制单元即可计算出空气流量。

（3）电动燃油泵拆下后的检查

① 用万用表测量电动燃油泵两接线柱之间的电阻。正常电阻值应为 2～3Ω。

② 用蓄电池电源短时间加在电动汽油泵两接线柱上，应能听到电动汽油泵转子高速转动的声音。

以上检验如有异常，应更换电动汽油泵。

2．汽油压力调节器的检修

（1）系统油压过低的检查

在正常情况下，发动机怠速运行时，汽油压力应上升到一定的值（如捷达轿车正常油压为 250kPa 左右，如图 4-42 所示）。

发动机怠速运行时，用包上软布的钳子将油压调节器的回油管夹紧 ，如图 4-43 所示。如油压上升到 400kPa 以上，说明油压调节器有故障。

发动机怠速运行时，拔下油压调节器上的真空软管，检查燃油压力，此时的燃油压力应比怠速运转时的燃油压力高 50kPa 左右，如图 4-44 所示。如压力变化不符合要求，则说明油压调节器工作不良，应更换油压调节器。

图 4-42　正常油压

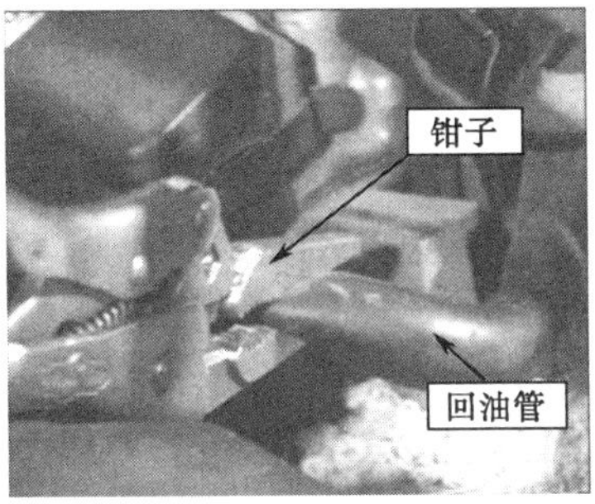

图 4-43　夹回油管

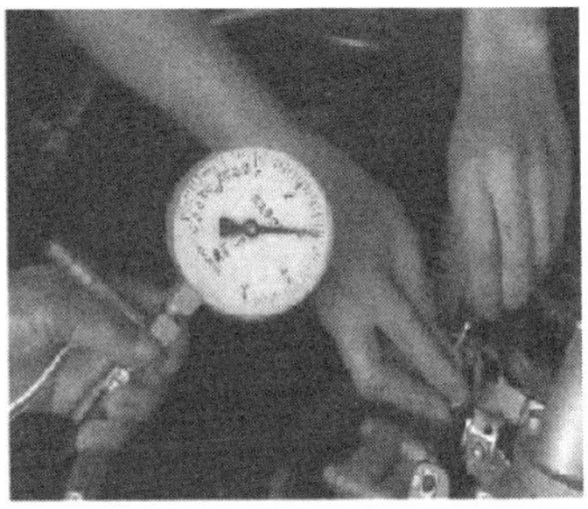

图 4-44　拔真空管后的油压

（2）系统油压过高的检查

当油压过高时，首先对系统卸压（图 4-45），拆下油压调节器上的回油管，套上准许的容器，接通点火开关，观察油压调节器的回油量，如回油量少或没有回油，则油压调节器损坏，应更换油压调节器。

图 4-45　对燃油系统进行卸压

3．喷油器的检修

（1）检查喷油器电磁阀是否动作

发动机热车后使其怠速运转；用螺丝刀或听诊器测听各

缸喷油器工作的声音。

① 在发动机运转时，应能听到喷油器有节奏的“嗒嗒”声，这是喷油器在电脉冲作用下的喷油器工作声（可用拔掉喷油器线束插头后测听响声是否消失的方法，来确认是否为喷油器工作的声音）。若各缸喷油器工作声音清脆均匀，则说明各喷油器工作正常。

② 若某缸喷油器的工作声音很小，则说明该喷油器工作不正常，可能是针阀卡滞，应作进一步的检查。

③ 若听不见某缸喷油器的工作声音，说明该喷油器不工作。对此，应检查喷油器控制线路或测量喷油器电磁线圈电阻。若控制线路及电磁线圈正常，则说明喷油器针阀完全卡死，应更换喷油器。

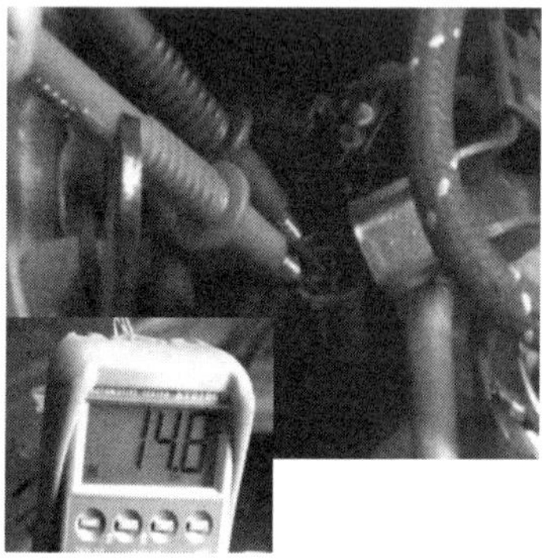

图 4-46　测量喷油器的电阻值

（2）喷油器电磁线圈电阻的测量

拔下喷油器线束插头，用万用表测量喷油器两接线柱间电阻值，如图 4-46 所示，如正常，应能导通，其电阻应为 12 ~ 16Ω（高阻抗型）或 3 ~ 5Ω（低阻抗型）

（3）性能测试

① 在检测喷油器工作性能前，先进行喷油器超声波清洗。将喷油器放入超声波清洗池，如图 4-47 所示，在控制面板设定“超声波清洗”功能进行超声波清洗。时间为 10min。

② 喷油器工作性能的检测。

工作性能的检测：主要包括均匀性检测、雾化性检测、密封性检、喷油量检测等。

雾化检测：超声波清洗完后，关闭超声波清洗器电源，将喷油器接在分油器支架偶件上，在控制面板上设置压力、转速、脉冲、时间等工作范围，按“运行”键，观看每个喷油器喷油雾化是否良好，是否有直线射流现象，否则需更换，如图 4-48 所示。

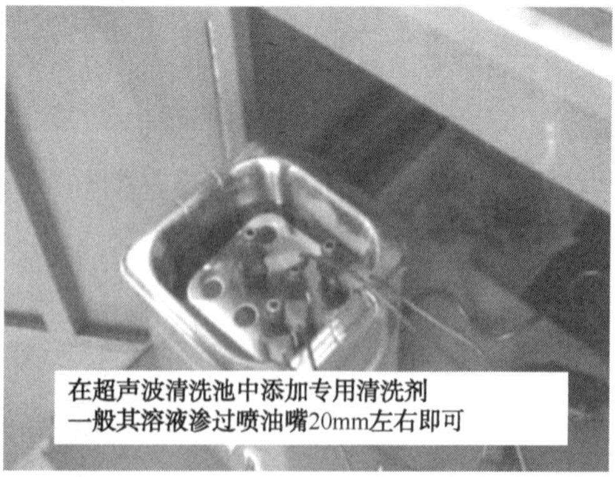

图 4-47　清洗喷油器

图 4-48　雾化检测

密封性检测：在控制面板设定相关参数后，检测喷油器在 1min 内至多漏油两滴，否则应更换。

喷油量检测：在控制面板上设定相关的参数，检测喷油器在设定时间喷油量是否一致，如相差太多，则应更换喷油器。

4．冷启动喷油器的检查

关闭点火开关，拔下冷启动喷油器的电源插头，用万用表欧姆挡测量冷启动喷油器电磁线圈（STA 端与 STJ 端）的电阻值，正常应为 2～4Ω（20℃），若电阻值不符合要求，应更换冷启动喷油器。

五、电控汽油喷射发动机常见故障诊断与排除

电控汽油喷射系统常见的故障有不能启动、启动困难、怠速不正常、发动机熄火、加速不良等。

1．不能启动故障的维修思路

（1）发动机不能启动且无着车征兆

故障现象：发动机不能启动且无着车征兆。

故障原因：燃油箱内无油、启动操作方法不正确、点火系统故障、燃油供给系统故障（如电动汽油泵、喷油器、燃油压力过低）、发动机汽缸漏气等。

检修思路：

① 检查油箱存油情况。打开点火开关，若汽油表指针不动或油量警告灯亮，则说明燃油箱内无汽油，应加满汽油后再启动。

② 采用正确的启动操作方法试车。通常电子控制汽油喷射式发动机的启动控制系统要求在启动时不踩加速踏板。如果在启动时将加速踏板完全踩下或反复踩下加速踏板以求增加供油量，往往会使控制系统的溢油消除功能起作用，从而导致喷油器不喷油，造成不能启动。

③ 检查点火系统。点火系统不能点火通常引起不能启动故障。注意，在检查电子控制汽油喷射式发动机的电子点火系统有无高压火花时，要采用正确的操作方法，以防损坏点火系统中的电子元件。

正确的检查方法是：从分电器上拔下高压总线，让高压总线末端距离缸体 5～6mm，或者从缸体上拔下高压分线，将一个火花塞接在高压线上；将火花塞接地；接通启动开关，用启动机带动发动机运转，同时观察高压总线末端或火花塞电极处有无强烈的蓝色高压火花。

如果没有高压火花或火花很弱，说明点火系统有故障。在查找故障部位之前，可先进行发动机故障自诊断，检查有无故障代码。现代汽油喷射式发动机的故障自诊断系统，通常能检测出点火系统中的曲轴位置传感器及点火器的故障。如果有故障代码，则可按显示的故障代码查找故障部位；如果无故障代码，则应分别检查点火系统中的高压线、分电器盖、高压线圈、点火器、分电器、曲轴位置传感器及点火控制系统。其中最容易损坏的零件是点火器，捷达轿车点火线圈安装位置图如图 4-49 所示。

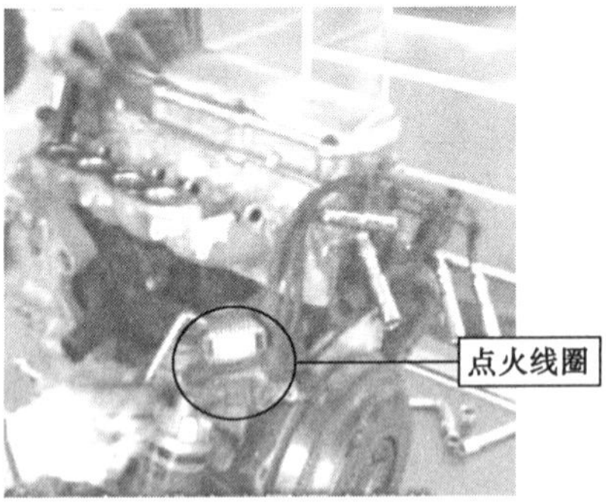

图 4-49 捷达轿车点火线圈安装位置图

④ 检查电动汽油泵是否工作正常。可用导线将蓄电池电源直接接至汽油箱上的电动汽油泵线束插头，让电动汽油泵运转，此时应能从油箱口处听到汽油泵运转的声音；或者用手捏住进油管时能感觉到进油管的油压脉动；或者拆下油压调节器上的回油管，应有汽油流出。

如果电动汽油泵不工作，应检查熔断器、继电器及电动汽油泵控制电路等。如果电路正常，则说明电动汽油泵有故障，应更换电动汽油泵。

如果在检查中电动汽油泵工作，可试一下在这种状态下发动机能否启动。若可以启动，说明是电动汽油泵控制电路有故障，使汽油泵在发动机启动时不工作。对此，应检查电动汽油泵控制电路。

⑤ 检查喷油器是否喷油。如果点火系统和电动汽油泵工作正常，则应进一步检查喷油控制系统。在启动发动机时，检查各喷油器有无工作的声音。如果喷油器不工作，可用一个大阻抗的试灯接在喷油器的线束插头上。如果在启动发动机时试灯能闪亮，说明喷油控制系统工作正常。喷油器有故障，应更换喷油器。

如果试灯不闪亮，则说明喷油控制系统或控制线路有故障。对此，应检查喷油器电源熔断丝有无烧断，喷油器降压电阻（早期的汽油喷射系统）有无烧断，喷油器与电源之间的接线是否良好，喷油器与发动机 ECU 之间的接线是否良好，发动机 ECU 的电源继电器与发动机 ECU 之间的接线是否良好。如果外部电路均正常，则可能是发动机 ECU 内部有故障，可用发动机 ECU 检测仪或采用测量发动机 ECU 各接脚电压的方法来检测发动机 ECU 有无故障；也可以用一个好的发动机 ECU 换上试一下。如果能启动，可确定为发动机 ECU 故障。对此，应更换发动机 ECU。

⑥ 检查燃油系统压力。燃油系统油压过低会造成喷油量太少，也会导致不能启动。在电动汽油泵运转时检查燃油系统油压。在发动机未运转的状态下正常的燃油压力应为 300kPa 左右。如果燃油压力过低，可用钳子包上软布，将油压调节器的回油管夹住，阻断回油通路。此时，若燃油压力迅速上升，说明是油压调节器漏油造成的油压过低，应更换油压调节器，捷达轿车油压调节器安装位置如图 4-50 所示；若燃油压力上升缓慢或基本不上升，则说明油路堵塞或电动汽油泵有故障。对此，应先拆检汽油滤清器。如有堵塞，应更换汽油滤清器；如滤清器良好，则应更换电动汽油泵。

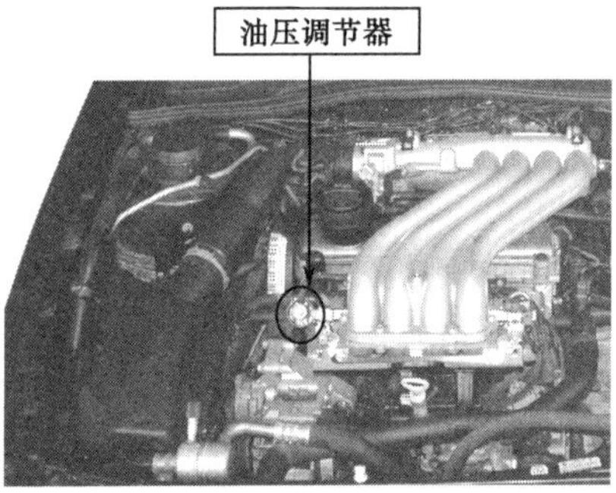

图 4-50 捷达轿车油压调节器安装位置

⑦ 检查汽缸压缩压力。若汽缸压缩压力低于 0.8MPa，则说明发动机机械部分有故障，

应拆检发动机。

（2）发动机有着车征兆但不能启动

故障现象：发动机有着车征兆但不能启动。

修车经验：对于有着车征兆而不能启动的故障，一般应先检查点火系统，然后再检查进气系统、燃油系统、控制系统，最后检查发动机汽缸压力。

检修思路：

① 先进行故障自诊断，检查有无故障代码。如有故障代码，则可按显示的故障代码查找相应的故障原因。

维修提示：所显示出的故障代码不一定都与发动机不能启动有关系。这是因为有些故障代码是发动机在以往的运行过程中偶发性故障所留下的，有些故障代码所表示的故障则不会影响发动机的启动性能。会影响发动机启动性能的部件有曲轴位置传感器、水温传感器、空气流量计等。

② 检查高压火花。除了检查分电器高压总线上的高压火花是否正常外，还要进一步检查各缸高压分线上的高压火花是否正常。若总线火花太弱，应更换高压线圈；若总线火花正常而分线火花较弱或断火，说明分电器盖或分火头漏电，应更换。

③ 检查空气滤清器。如果滤芯过脏堵塞，可拆掉滤芯后再启动发动机。如果能正常启动，则应更换滤芯，如图 4-51 所示。

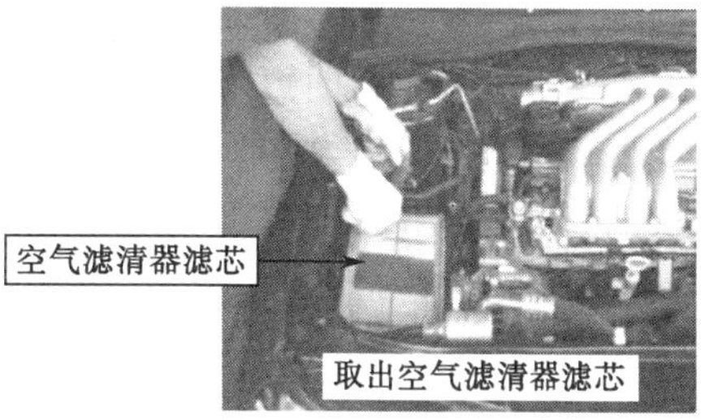

图 4-51　检查空气滤清器滤芯（捷达轿车）

④ 检查进气系统有无漏气。采用空气流量计测量进气量的汽油喷射系统，只要在空气流量计后面的进气管道有漏气就会影响进气量计量的准确性，从而使混合气变稀。严重的漏气会导致发动机不能启动。检查中应仔细查看空气流量计后面的进气软管有无破裂，各处接头卡箍有无松脱，谐振腔有无破裂，曲轴箱强制通风软管是否接好。

此外，燃油蒸发回收系统和废气再循环系统在启动及怠速运转中是不工作的。如果因某种原因而使它们在启动时就进入工作状态，也会影响启动性能。将燃油蒸发回收软管或废气再循环管道堵塞住，再启动发动机。如果在这种状态下发动机能正常启动，说明该系统有故障，应认真检查。

⑤ 检查火花塞。火花塞电极间隙太大也会影响启动性能。火花塞正常间隙一般为 0.8mm，有些高能量的电子点火系统火花塞间隙较大，可达 1.2mm。

⑥ 检查喷油器。

a. 如果火花塞表面只有少量潮湿的汽油，说明喷油器喷油量太少。对此，应先检查启动时电动汽油泵有无工作。可用一根导线将电动汽油泵的两个检测插孔短接，再启动发动机。如能启动，则说明电动汽油泵在启动时不工作，应检查控制电路。如果电动汽油泵有工作而不能启动，应进一步检查燃油压力。如果燃油压力太低，应检查汽油滤清器、油压调节器及汽油泵有无故障。

b. 如果火花塞表面有大量潮湿汽油，说明汽缸中已出现“呛油”现象，这也会造成发动机不能启动。对此，可拆下所有火花塞，将其烤干，再让汽缸中的汽油全部挥发掉，然后装上火花塞，重新启动。如果仍会出现“呛油”现象，则应拆卸喷油器，检查喷油器有无漏油。

⑦ 检查空气流量计和水温传感器。喷油量太大或太小也可能是空气流量计或水温传感器故障所致。

⑧ 调整点火正时。如果将点火提前角调大或调小后就能启动，则说明点火正时不正确。对此，应将点火正时调整准确。

⑨ 检查冷启动喷油器有无工作。拔下冷启动喷油器线束插头，用试灯或电压表测量。在启动时，线束插头内应有电压。如果无电压，应检查冷启动喷油器控制电路。

⑩ 检查汽缸压缩压力是否正常。汽缸压缩压力若低于 0.8MPa，则说明汽缸压力过低，应拆检发动机。

（3）发动机熄火后不能启动

故障现象：正常行驶中突然熄火后无法再启动。

故障原因：汽油箱内无油或电动汽油泵不工作；点火系统部件损坏，不能点火；发动机点火系统、燃油系统或控制系统的电源熔断丝烧断；正时皮带折断。

维修思路：

① 检查发动机点火系统，若能点火，则通常是燃油系统有故障，应检查汽油箱中有无汽油、电动汽油泵能否工作、燃油压力是否正常、汽油滤清器是否堵塞等。

② 如果在启动时发动机点火系统不能点火，则应先检查在启动时发动机的凸轮轴能否正常转动，如果凸轮轴没有转动，说明发动机的正时带已断裂，这种情况往往是正时带长期使用后没有及时更换，或者发动机水温过高，或者机油滤清器堵塞使凸轮轴得不到润滑而卡死等原因所致。捷达轿车机油滤清器安装位置如图 4-52 所示。

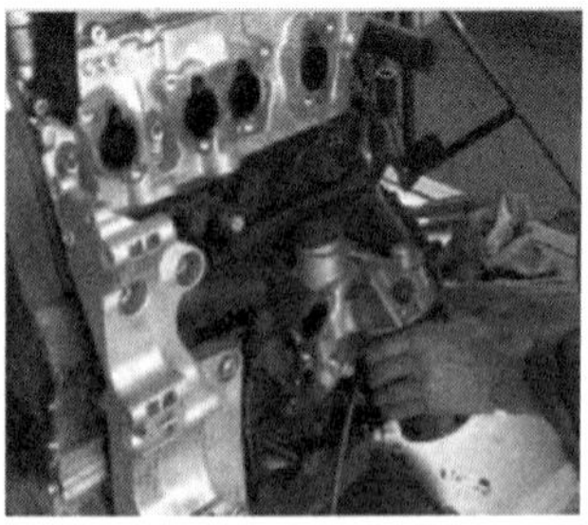

图 4-52　机油滤清器安装位置（捷达轿车）

③ 除了更换正时带外，还应注意检查发动机的进、排气门有无受活塞顶撞击而损坏。

正确的检查方法是：可转动凸轮轴检查各缸进、排气门有无卡滞，或者更换正时带后启动启动机检查各汽缸的压力是否正常。如个别气门有卡滞，或者个别汽缸没有压缩压力，则为气门有损，应拆下汽缸盖进行检修。

④ 如果凸轮轴能正常转动而发动机点火系统不能点火，则应检查点火系统的电源电路。如果电源正常，则为点火系统的某个部件有故障，可分别检查点火线圈、点火控制器、曲轴位置传感器等。

2. 启动困难的维修思路

（1）熄火一段时间后难以启动

故障现象：发动机运转正常，熄火后立即启动时可以顺利启动，但熄火一段时间后，虽然发动机仍为热车，却难以启动，要多次启动发动机后才能启动。

故障原因：这种故障通常是由于某些原因导致启动时混合气太浓或太稀。常见的故障有以下几种。

① 电动汽油泵的出油单向阀或油压调节器出现泄漏，导致启动时燃油压力过低，造成混合气太稀。

② 油压调节器堵塞。由于燃油没有在管路中循环流动，发动机熄火后由于温度过高，油管中的汽油蒸发产生汽油蒸气，在启动时喷油器处没有燃油，导致混合气太稀。这种故障在天气炎热时尤为严重。

③ 喷油器漏油。在发动机熄火后，有部分燃油经喷油器滴入进气管，导致启动时混合气太浓而无法顺利启动。

④ 油压调节器的真空膜片破裂。发动机熄火后有部分燃油经油压调节器的真空膜片和真空软管进入进气管，导致启动时混合气太浓而无法顺利启动。

维修思路：先判断在难以启动时混合气是太浓还是太稀。

判断方法：

① 观察发动机的排气管，如果在启动后的瞬间有大量黑烟排出，说明启动时混合气太浓。如果启动后的瞬间没有大量黑烟排出，在启动前向进气管内喷入少许清洗剂，若此时可以顺利启动，说明启动时混合气太稀。

② 将汽油压力表接入油路中，测量燃油压力。如果燃油压力太高，应检查油压调节器有无堵塞。如果燃油压力在发动机熄火后很快下降，应检查油压调节器或电动汽油泵的单向阀有无漏油。

判断方法：在熄火后立即用包上软布的钳子将回油管夹紧，使燃油无法回流。若在此情况下燃油压力没有很快下降，则说明油压调节器有漏油，应更换油压调节器。如果将回油管夹紧后燃油压力仍然很快下降，可在熄火后立即将进油管夹紧，若在此情况下燃油压力没有很快下降，则说明电动汽油泵的单向阀有泄漏，应更换电动汽油泵。如果在上述两种情况下燃油压力仍会下降，则为喷油器或油压调节器的真空膜片破裂漏油。拔下油压调节器的真空软管，其位置如图 4-53 所示。如果发动机熄火后有少量燃油从软管内流出，则为油压调节器的真空膜片破裂漏油，否则为喷油器漏油，应更换新件。

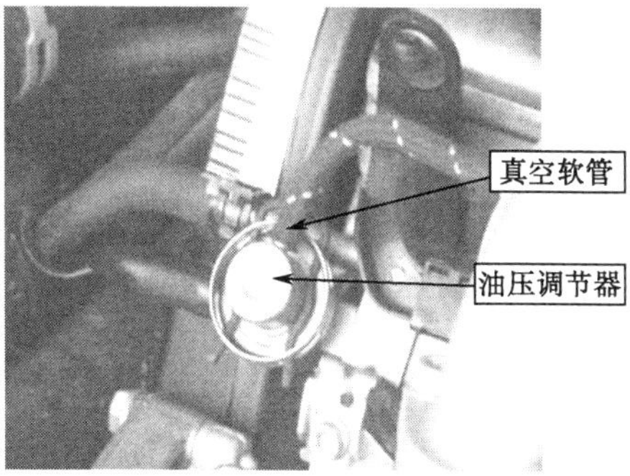

图 4-53 油压调节器的真空软管位置

（2）车辆在任何时候都难以启动

故障现象：车辆启动困难，每次启动都要几次才能成功。

故障原因：进气系统故障、燃油供给系统故障、点火系统故障、启动开关或线路接触不良、发动机汽缸漏气、发动机 ECU 故障等。

故障思路：

① 进行故障自诊断。如有故障代码，则按故障代码查找相应的故障原因。

② 检查怠速时进气管的真空度。若真空度小于 66.7kPa（500mmHg），说明进气系统中有空气泄漏，应检查进气管各个管接头、衬垫、真空软管等处，以及废气再循环系统、燃油蒸发回收系统。

③ 检查空气滤清器。如果滤芯堵塞，应清洗或更换。

④ 检查怠速控制阀。如果节气门在 1/4 左右开度时发动机能正常启动，而节气门全关时启动困难，应检查怠速控制阀及附加空气阀是否工作正常。在冷车怠速运转中，拔下怠速控制阀线束插头，或者在冷车怠速运转时将附加空气阀进气软管用钳子夹住。如果发动机转速没有下降，说明怠速控制阀工作不正常，应检查怠速控制阀及其控制电路。

⑤ 检查燃油压力。用一根导线将电动汽油泵的两个检测插孔短接，然后打开点火开关，让电动汽油泵运转。在这种状态下，燃油压力应为 300kPa 左右。如果压力太低，应检查油压调节器有无漏油，汽油滤清器有无堵塞，汽油泵最大泵油压力是否正常。

⑥ 检查冷却液温度传感器和空气流量计。拔下冷却液温度传感器和空气流量计线束插头，用万用表测量冷却液温度传感器和空气流量计各接线端之间的电阻。如果阻值不符合标准，应更换。

⑦ 检查点火正时。在怠速运转时检查点火正时。如果不符合标准值，应予以调整。

⑧ 检查启动开关至发动机 ECU 的启动信号是否正常。如果发动机 ECU 接收不到启动开关的启动信号，就不能进行启动加浓控制，也会导致启动困难。对此，应从发动机 ECU 线束插头处检查启动时有无启动开关的信号传至发动机 ECU。如无信号，应检查启动开关和线路。

⑨ 检查汽缸压缩压力。如果压力过低，应拆检发动机。

⑩ 检查发动机 ECU。如果上述检查均正常，可换一个新的发动机 ECU 试一下。如果有好转，则说明原发动机 ECU 有故障，应更换发动机 ECU。

（3）冷车时启动困难

故障现象：发动机在冷车时难启动，要启动多次才能启动，而热车时，一启动便成功。

故障原因：冷启动喷油器、冷启动开关或控制电路、混合气过稀、汽缸漏气、点火系统故障等。

维修思路：

① 先检查该发动机有无设置冷启动喷油器。对于有冷启动喷油器的发动机，应检查冷启动喷油器工作是否正常。先检查在启动时冷启动喷油器线束插头处有无 12V 左右的电压。

如果没有电压，则说明控制电路有故障，应检查冷启动温度开关及其控制电路。如果启动时线束插头处有电压，应检查冷启动喷油器电磁线圈电阻是否正常，喷孔有无堵塞。

② 检查是否因混合气过稀导致冷车启动困难。如果该发动机没有设置冷启动喷油器，则应先判断是否因混合气过稀而导致冷车启动困难，可向进气管内加入少许汽油，或者向进气管内喷入少许化油器清洗剂，然后启动发动机，如果此时发动机能正常启动，则说明冷车时启动困难的原因是混合气太稀，应进一步检查水温传感器、喷油器、空气流量计或进气管压力传感器，如图4-54所示。如果检查均无异常，则可拆卸清洗喷油器。

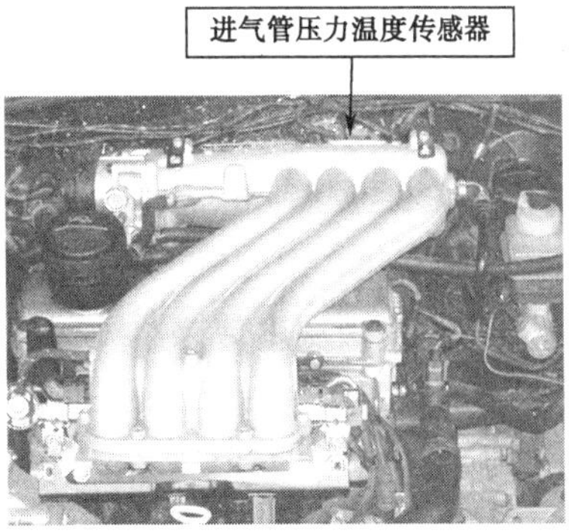

图 4-54 进气管压力温度传感器安装位置

③ 检查汽缸是否漏气。如果向进气管内加入少许汽油，或者向进气管内喷入少许化油器清洗剂后，发动机仍然启动困难，则应测量汽缸压力。

④ 检查点火系统。若汽缸压力正常，故障应在点火系统，可拆检或更换火花塞，如故障仍未排除，则应全面检查点火系统。

（4）热车时启动困难

故障现象：发动机在冷车时启动正常，而在热车状态下不易启动（在热车状态下启动，如果打开启动开关转动曲轴超过 3～4 圈后才能启动，即可视为不易启动）。

故障原因：混合气太浓或高压火花太弱。

维修思路：

① 在发动机运转过程中检查是否有混合气过浓的情况。

检查方法：观察排气，如排气冒黑烟或排气中有未燃尽的汽油味，则为混合气过浓。如果混合气过浓，则应检查燃油压力、冷却液温传感器、空气流量计或进气管压力传感器等。如果检查均无异常，可在点火开关关闭后，检查燃油系统的保持压力是否正常。接上油压表测量燃油压力，在关闭点火开关（熄火）后，5min 内燃油压力应保持在 150kPa 左右。如果保持压力太低，则检查油压调节器、电动汽油泵、喷油器等处是否漏油。

② 检查点火系统。如果混合气情况正常，应重点检查点火系统，可拆检或更换火花塞、检测点火线圈、检查高压线有无断路或漏电等故障。

3. 怠速不正常故障的维修思路

怠速不正常故障主要有怠速不稳和怠速过高或过低故障两种。怠速不稳常表现为怠速时发动机抖动，转速上下波动，造成怠速时发动机抖动的原因很多，主要有混合气过浓或过稀、点火燃烧不完全、传感器信号不良等。

（1）冷车时怠速不稳

故障现象：发动机冷车时，怠速不稳，而热车时怠速正常。

维修思路：

① 进行故障自诊断，检查有无故障代码。如果有故障代码，则按显示的故障代码查找故障原因。

② 检查附加空气阀。拆下附加空气阀，检查在冷车状态下附加空气阀的阀门是否开启。如有异常，应更换。

③ 检查怠速控制阀。熄火后拔下怠速控制阀线束插头，待发动机启动后再插上。如果发动机转速无变化，说明怠速控制阀不工作，应检查控制电路或拆检怠速控制阀。

④ 测量冷却液温度传感器（图 4-55）。如果有短路、断路或阻值不符合标准，应更换水温传感器。如果没有被测车型冷却液温度传感器的检测标准数据，也可拔下冷却液温度传感器线束插头，用一个（4 ~ 8）kΩ 的电阻代替冷却液温度传感器。如果发动机怠速恢复正常，说明冷却液温度传感器已损坏，应更换。

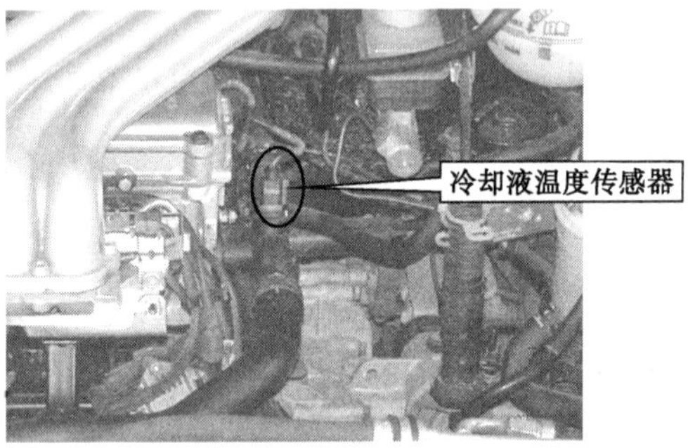

图 4-55　冷却液温度传感器安装位置

⑤ 拆检、清洗喷油器。喷油器堵塞或喷油雾化不良，也会造成在冷车时怠速运转不稳而热车后又恢复正常的故障，可拆检、清洗喷油器后装复试车。

（2）热车时怠速不稳

故障现象：冷车时怠速正常，热车后怠速不稳。

维修思路：

① 进行故障自诊断。如果有故障代码，则按所显示的故障代码查找故障原因。

② 按该规定程序检查发动机的初始怠速转速。若初始怠速转速过低，应予以调整。

③ 检查冷却液温度传感器。如果拔下冷却液温度传感器线束插头后，怠速不稳现象消除，则说明冷却液温度传感器有故障，应更换。或者测量冷却液温度传感器的电阻，如果不符合标准值，应更换冷却液温度传感器。

④ 检查怠速控制阀有无工作。拔下怠速控制阀线束插头，若发动机转速无变化，则说明怠速控制阀工作不良，应检查控制电路或更换怠速控制阀。

⑤ 拆下各缸火花塞，检查火花塞电极是否良好，有无磨损过甚或积炭，视情况更换或调整火花塞电极间隙。

⑥ 拆下各缸喷油器，用试验台检查。若各缸喷油器雾化不良或喷油量不均，特别是怠

速工况喷油量不均，应清洗或更换喷油器。

（3）怠速不稳，易熄火

故障现象：发动机在冷车和热车时怠速均不稳，且易熄火。

维修思路：

① 先进行故障自诊断，检查有无故障代码出现。如果有故障代码，则按所显示的故障代码查找故障原因。

② 检查进气系统总管接头、各真空软管、废气再循环装置和燃油蒸气回收装置有无漏气。

③ 检查怠速控制阀的工作是否正常。拔下怠速控制阀接线插头，如果发动机转速无变化，说明怠速控制阀或控制电路有故障，应检修电路或更换怠速控制阀。

④ 怠速时逐个拔下各缸高压线，检查发动机转速的下降量是否相等。如果某缸在拔下高压线时，发动机转速基本不变，说明该缸工作不良或不工作，应检查该缸火花塞或喷油器有无故障，喷油器控制电路有无短路。

⑤ 仔细听各缸喷油器在怠速时的工作声音。如果各缸喷油器工作声音不均匀，说明各缸喷油器喷油不均匀，应拆检、清洗或更换喷油器。

⑥ 检查高压火花。如果火花太弱，应检查点火系统。

⑦ 拆检各缸火花塞，检查电极有无磨损过大或积炭，火花塞电极间隙是否正常。

⑧ 检查燃油压力。怠速时的燃油压力应为 250kPa 左右。如果燃油压力太低，应检查油压调节器、电动汽油泵、汽油滤清器。

⑨ 按规定的程序，调整发动机怠速。

⑩ 检查空气流量计的信号，如果不符合标准，应更换空气流量计。

⑪ 检查汽缸压缩压力。如果压力低于 0.8MPa，或者各缸压力差为平均压力的 10%，应拆检发动机。

⑫ 检查调整气门间隙。

（4）怠速过高或过低故障

故障现象：发动机在热车后仍保持较快的怠速，或者发动机在热车后怠速仍过低，低于正常的怠速。

故障原因：怠速过低的根本原因是进气量太少，发动机处于怠速工况时的进气量取决于以下几个因素：

① 节气门的开度。

② 怠速调整螺钉的位置。

③ 怠速控制阀的开度。

④ 附加空气阀的开度。

⑤ 曲轴箱通风单向阀的开度。

怠速过高的故障原因：

① 节气门卡滞，关闭不严。

② 怠速调整不当。

③ 附加空气阀故障。

④ 怠速控制阀故障。

⑤ 冷却液温度传感器故障。

⑥ 空调开关、动力转向器压力开关有故障。

⑦ 曲轴箱强制通风阀故障。

怠速过低维修思路：电喷发动机在怠速时节气门基本上是完全关闭的，附加空气阀在热车后即处于关闭状态，曲轴箱通风单向阀在怠速时的开度也是很小的。因此，发动机怠速时的进气量，主要取决于怠速调整螺钉的位置（如果有的话）和怠速控制阀的开度。

在诊断怠速转速太低的故障时，应先按规定的程序检查和调整发动机的基本怠速转速。不同年代生产的电喷发动机的基本怠速的调整方法各不相同，应根据其检修手册所规定的程序和步骤进行调整。如果调整后怠速仍然过低，则应检查其怠速控制阀的工作情况。对于脉冲电磁阀式怠速控制阀，可以在怠速时拔下其线束插头，此时若发动机转速没有下降，说明怠速控制阀或其控制线路有故障；对于步进电机式怠速控制阀和旋转电磁阀式怠速控制阀，可以在怠速运转中打开汽车空调开关，如果此时发动机转速随之下降，说明怠速控制阀或其控制线路有故障。在发动机怠速运转时，用示波器在怠速控制阀线束插头处测量有无脉冲电信号，如有脉冲电信号则为怠速控制阀故障，否则为控制线路故障。如果怠速控制阀及其线路均正常，应拆卸节气门体和怠速控制阀，用化油器清洗剂将所有积炭和气道清洗干净后装复。

怠速过高维修思路：参考怠速过低故障的检修思路进行检修。

4. 发动机熄火故障

（1）发动机经常熄火

故障现象：汽车在正常行驶中，发动机经常熄火。

故障原因：进气系统故障、燃油系统故障、点火系统故障、控制系统线束有故障。

维修思路：

① 进行故障自诊断。如有故障代码，则按所显示的故障代码，检查相应的部件及其线路有无故障。

② 检查发动机的怠速。正常的怠速应为 750r/min，如有怠速转速过低、怠速不稳、怠速发抖等现象，应按怠速运转不正常的故障进行检修。

③ 检查汽车行驶中有无动力不足的现象。如有加速无力和加速反应迟缓等现象，应检查发动机的燃油系统的工作，如测量燃油压力是否正常，检查电动汽油泵的工作是否正常。如果检查正常，则应拆卸清洗喷油器，如图 4-56 所示。

④ 检查汽车行驶中有无突然断火的现象。如果经常有断火现象，则应检查点火系统各元件。拆检各火花塞是否正常，检查各高压线有无断路、检查高压线圈有无异常、测量曲轴位置传感器是否正常等。

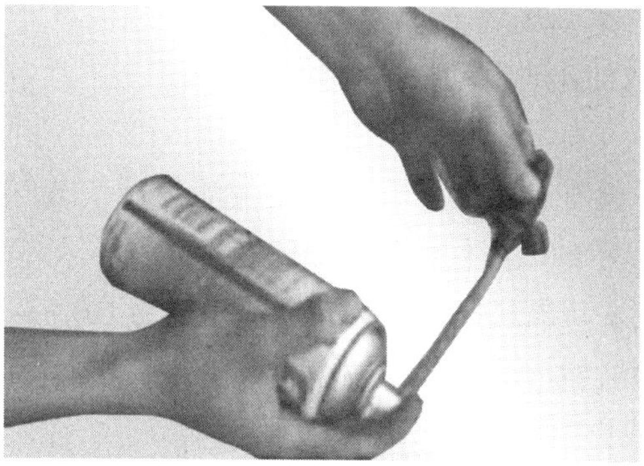

图 4-56 清洗喷油器

⑤ 检查发动机的搭铁线。如上述检查均正常，则应检查发动机的搭铁线有无接触不良，发动机控制系统各线束插头有无接触不良等现象。

（2）使用空调或转向时发动机易熄火

故障现象：汽车在正常行驶中，发动机没有出现熄火现象。使用空调或转向时，发动机易熄火。

故障原因：怠速控制阀有故障，发动机 ECU 或空调开关、动力转向液压开关有故障，线束有故障。

维修思路：

① 进行故障自诊断。有些车型的发动机 ECU 能检测出怠速控制阀的工作状态。当怠速控制阀工作不正常（如线路短路或断路）时，发动机 ECU 会显示出一个故障代码。也可以通过发动机 ECU 解码器来检测怠速控制阀的工作状态，在汽车运转过程中检测发动机 ECU 向怠速控制阀发出的指令。如果有发动机 ECU 指令而怠速控制阀没有相应的反应，则说明怠速控制阀或控制线路有故障；如果没有指令信号，则说明发动机 ECU 或空调开关、动力转向液压开关有故障。

② 按规定的程序重新检查调整发动机的初始怠速。

③ 检查怠速控制阀是否工作正常。脉冲电磁阀式怠速控制阀，可在冷车运转中拔下怠速控制阀线束插头。若发动机转速没有变化，则说明怠速控制阀不工作。步进电机式怠速控制阀应在发动机熄火后拔下线束插头，待发动机启动后再插上。若此时发动机转速无变化，则说明怠速控制阀不工作。对此，应进一步检查线束插头处有无脉冲电压。如果无脉冲电压，应检查控制线路；如果有脉冲电压，则说明怠速控制阀有故障，应更换。

④ 检查空调开关、转向液压开关有无故障，与发动机 ECU 的连接线路有无断路或短路。

5. 发动机加速不良故障

引起加速不良的故障原因有点火提前角不正确、燃油压力低、进气系统中漏气、节气门位置传感器或空气流量计故障、喷油器工作不良等。

(1) 汽车起步或加速时发动机“喘振”

故障现象：汽车起步或加速时发动机“喘振”。

维修思路：

① 进行故障自诊断，检查有无故障代码。空气流量计、节气门位置传感器等故障都会影响汽车的加速性能。按显示的故障代码查找故障原因。

② 检查点火正时。在发动机怠速时，点火提前角应为 10° ~15° 。如果不正确，应调整发动机的初始点火提前角。加速时，点火提前角应能自动加大到 20° ~30° 。如果有异常，应检查点火控制系统或更换发动机 ECU。

③ 检查进气系统有无漏气。测量进气管真空度，怠速时真空度应大于 66.7kPa。如果真空度太小，说明进气系统有漏气，应仔细检查各进气管接头处及各软管、真空管等。

④ 检查空气滤清器。如有堵塞，应清洗或更换。

⑤ 检查节气门位置传感器。在节气门全闭时，怠速开关应闭合；节气门打开时，怠速开关应断开；节气门接近全开时，全负荷开关应闭合。如果节气门位置传感器有异常，应按规定进行调整或更换。

⑥ 检查燃油压力。怠速时燃油压力应为 250kPa 左右，加速时燃油压力应能上升至 300kPa 左右。如果油压过低，应检查油压调节器、电动汽油泵等。

⑦ 检查喷油器。拆卸、清洗各喷油器，检查喷油器在加速工况下的喷油量。如果有异常，应更换喷油器。

⑧ 检测空气流量计（图 4-57）。如果有异常，应更换空气流量计。

⑨ 检查废气再循环系统。对于设有废气再循环系统的发动机，可以拔下废气再循环阀上的真空软管，并将其塞住，然后再检查发动机的加速性能。如果此时加速性能恢复正常，则说明废气再循环系统工作不正常，再循环的废气量太大，影响了发动机的加速性能。对此，应检查废气调整阀、三通电磁阀工作是否正常。如果废气再循环系统有异常，应更换。

图 4-57　空气流量计安装位置

(2) 汽车上坡无力或达不到最高车速

故障现象：汽车上坡无力或达不到最高车速。

维修思路：

① 检查节气门。将加速踏板踩到底，检查节气门能否全开。如果不能全开，应调整节

气门拉索或踏板。

② 检查空气滤清器有无堵塞。如果空气滤清器堵塞，应清洗或更换。

③ 进行故障自诊断，检查有无故障代码出现。影响动力性的传感器和执行器有水温传感器、空气流量计或进气管压力传感器、点火器、喷油器等，按所显示的故障代码查找故障原因。

④ 检查节气门位置传感器。检查节气门位置传感器的怠速开关和全负荷开关是否调整正确。如果不正确，应按标准重新调整。

⑤ 检查点火正时。在热车后的怠速运转中检查点火提前角，应为 10° ~ 15° ，加速时的点火提前角应能自动提前至 20° ~ 30° 。如果怠速时的点火提前角不正确，应调整初始点火提前角；如果加速时点火提前角不正常，应检查点火提前控制线路及曲轴位置传感器、点火控制器等。

⑥ 检查水温传感器。在不同温度下，水温传感器的电阻应能按规定标准值变化。如果不符合标准值，应更换水温传感器。

⑦ 检测空气流量计或进气管压力传感器。如果空气流量计或进气管压力传感器有异常，应更换。

⑧ 检查火花塞、高压线、点火线圈。如果火花塞、高压线或点火线圈有异常，应更换。

⑨ 检查燃油压力。如果燃油压力过低，应进一步检查电动汽油泵、油压调节器、汽油滤清器等。

⑩ 检查喷油器。拆卸喷油器，检查喷油量是否正常。如喷油量不正常或喷油雾化不良，应清洗或更换喷油器。

⑪ 测量汽缸压缩压力（图 4-58）。如汽缸压力过低，应拆检发动机。

图 4-58　测量汽缸压缩压力

情境五 柴油机燃油供给系统结构与检修

任务一 柴油机燃油供给系统结构与检修

一、柴油机燃油供给系统的组成及工作原理

1．作用

柴油机燃油供给系统的作用是储存、滤清和输送柴油，并按柴油机不同工况的要求，定时、定量、定压地将柴油以雾状形式喷入燃烧室，使其与空气迅速混合和燃烧，最后将产生的废气排入大气中。

2．组成

柴油机燃油供给系统由燃料供给装置、空气供给装置、混合气形成装置、废气排出装置等组成，如图 5-1 所示。

3．工作原理

输油泵从燃油箱内将柴油吸出，并产生一定的压力，经柴油滤清器滤去杂质后进入喷油泵，喷油泵将燃油压力提高，经高压油管送至喷油器。当燃油压力达到一定值时，喷油器将燃油以雾状喷入燃烧室，喷油器顶部回油孔泄漏的少量燃油及喷油泵低压油腔限压阀流出的过量燃油，经回油管流回燃油箱。柴油机燃料供给系统可分为低压油路和高压油路。

（1）低压油路

从燃油箱到喷油泵入口的这段油路，该油路中的油压是由输油泵建立的，油压一般为（150 ~ 300）kPa。由于输油泵供油量比喷油泵供油量大，因此过量的柴油经回油管流回油箱。

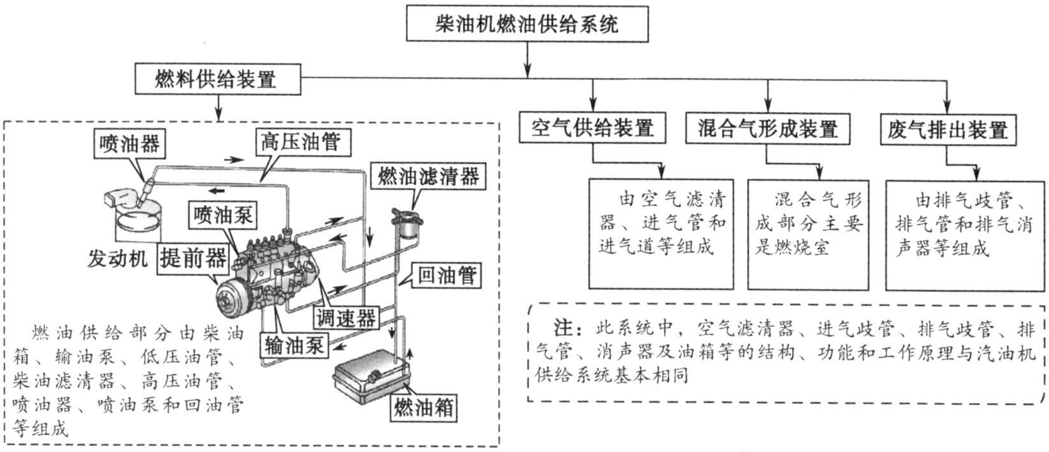

图 5-1　柴油机燃油供给装置组成

（2）高压油路

高压油路是指从喷油泵到喷油器这段油路，该油路中的油压是由喷油泵建立的，一般油压为 10MPa。喷油器中渗漏的柴油经回油管流回油箱。

4. 燃烧室

柴油混合气的形成和燃烧都是在燃烧室内进行的，所以燃烧室的结构形状对可燃混合气的形成和燃烧有直接的影响。根据混合气的形成方式及燃烧室的结构特点，柴油机燃烧室可分为直接式燃烧室和分隔式燃烧室。

（1）直接式燃烧室

高压油路是指直接喷油燃烧室呈浅盆形或ω形，喷油器的喷嘴直接伸入燃烧室，如图 5-2 所示。这种燃烧室配用孔式喷油器，可选配双孔或多孔喷油嘴。可选用ω形活塞和球形活塞，如图 5-3 所示。

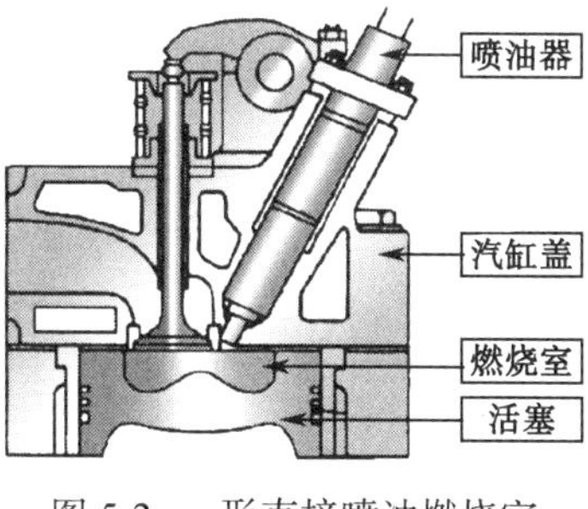

图 5-2　ω形直接喷油燃烧室

图 5-3　直接喷油燃烧室选配的活塞

（2）分隔式燃烧室

燃烧室被分隔成两部分，一部分位于活塞顶部，称为主燃烧室，另一部分在汽缸盖内，称为副燃烧室，副燃烧室又有涡流室和预燃室两种，图 5-4 所示为涡流室式燃烧室。主燃烧室与涡流室有通道相连。分隔式燃烧室一般采用轴针式喷油器。

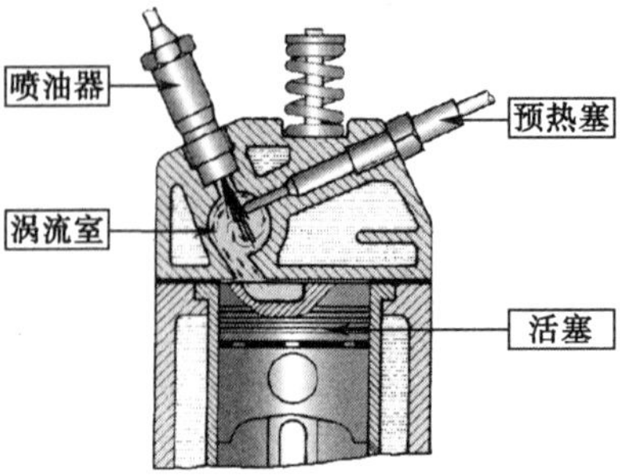

图 5-4　涡流室式燃烧室

二、喷油器结构与检修

1. 喷油器结构与原理

（1）功用

喷油器的功用是将柴油雾化成较细的颗粒，并把它们合理分布到燃烧室中，以便和空气混合形成可燃混合气。

（2）分类

喷油器分为开式和闭式两种，开式喷油器的高压油腔通过喷孔直接与燃烧室相通，而闭式喷油器则在高压油腔与燃烧室之间加装针阀隔断。目前大多数汽车发动机采用闭式喷油器，其常见形式有两种：孔式喷油器和轴针式喷油器。

（3）结构

① 孔式喷油器

孔式喷油器的结构如图 5-5 所示。喷油器由针阀、针阀体、顶杆、调压弹簧、调压垫片（有的采用调压螺钉）、喷油器体等组成。

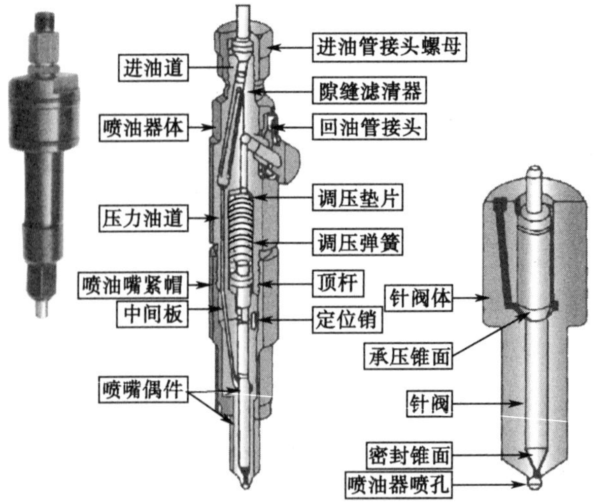

图 5-5　孔式喷油器结构

针阀和针阀体是用优质合金钢制成的一对不能互换的高精密偶件，在针阀关闭时，不喷油，一旦针阀被抬起，柴油便从喷孔喷出。

② 轴针式喷油器

轴针式喷油器的工作原理与孔式喷油器基本相同，其结构特点是针阀下端的密封锥面以下还延伸出一个轴针，其形状是倒锥形或圆柱形。轴针伸出喷孔外，使喷孔成为圆环状的狭缝。这样，喷油时喷柱将呈空心的锥状或柱状，如图 5-6 所示。喷孔燃油通过断面的大小与喷注锥角的大小取决于轴针的升程和形状。

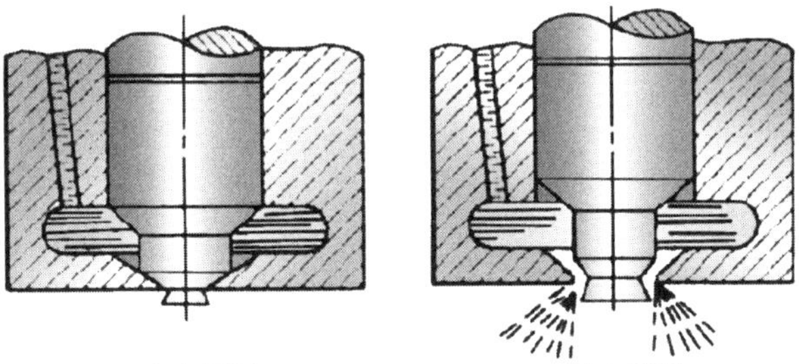

（a）不喷油　　（b）喷油

图 5-6 轴针式喷油器的喷油情况

（4）工作原理

喷油器工作时，由喷油泵输出的高压柴油由进油管接头经过喷油器体与针阀体的油道孔进入针阀中部的高压油腔。油压作用在针阀的承压锥面上，形成一个向上的轴向推力，当此推力足以克服调压弹簧的预紧力及针阀与针阀体之间的摩擦力时，针阀上移而打开喷孔，高压柴油喷出燃烧室中。当喷油泵停止供油时，高压油路内油压迅速下降，针阀在调压弹簧的作用下及时回位，将喷孔关闭，喷油停止。

2. 喷油器性能检验

喷油器性能的检验主要包括喷油器开始喷射压力的检查与调整，喷雾质量、密封性能的检查等。喷油器的试验应在专用的试验台上进行，如图 5-7 所示。试验台由手柄、高压油泵、油箱和压力表等组成。油箱的柴油经过滤清流入高压油泵的油腔中，压动高压油泵泵油时，高压油经油阀流入压力表和喷油器，使喷油器喷油。喷油压力及其变化情况可以从压力表上读出。

（1）喷油压力的检查与调整

将喷油器安装在试验台上，压动手柄排净系统内的空气，再快速压动手柄几次，清除喷油器内的积炭。然后慢慢压动手柄同时观察压力表，当喷油器喷射时，压力表指针会摆动，指针刚摆动时的压力值即为喷油压力，此值应符合标准。若油压太低，则拧入喷油器油压调节螺钉；反之，则退出喷油器油压调节螺钉。调整完后，需将锁止螺母锁紧后重试。有些喷油器无调节螺钉（如依维柯 SOFIM8140・27 发动机），则应分解喷油器，更换调整垫片。

（2）密封性能的检查

将压力保持在高于喷油压力 1～2MPa 的状态下，保持 10s，喷油嘴处不应有油滴流出。

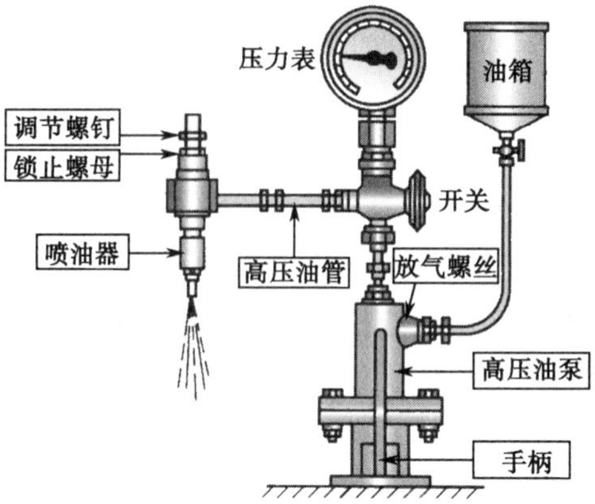

图 5-7　喷油器试验台

（3）喷雾质量的检查

① 喷出的油束应细小均匀，不偏斜；各孔各自形成一个雾化良好的燃油雾束。

② 喷射时可听到断续、清脆的声音。例如，孔式喷油器在喷油时，如果发出“呼呼”声，说明喷雾质量正常；如果喷油时响声沙哑，说明喷油器喷雾不良或针阀运动不灵活；如果响声微弱或听不到响声，说明喷油压力过低或不喷油。对于轴式喷油器来说，正常时应能听到清脆的“唧唧”声。

（4）喷油压力程度的检查

喷油一次后看压力表指示压力下降是否超过 10%～15%，若压力下降过多，则喷雾质量差。

三、柱塞式喷油泵

1. 柱塞式喷油泵结构与原理

柱塞式喷油泵种类较多，国产汽车用喷油泵一般有 A、B、P、Z 等系列，其中 A 型喷油泵应用较多，下面以 A 型喷油泵为例予以介绍。

柱塞式喷油泵由泵油机构、传动机构、油量调节机构、泵体等部分组成，图 5-8 所示为 A 型柱塞式喷油泵外型及结构图。

（1）泵油机构

喷油泵的泵油机构包括柱塞偶件（柱塞和柱塞套）、出油阀偶件（出油阀和出油阀座）、出油阀弹簧和柱塞弹簧等组成，如图 5-9 所示。

① 柱塞偶件

柱塞偶件由柱塞和柱塞套组成，如图 5-10 所示。每台喷油泵的柱塞偶件数和所配套的柴油机汽缸数相同。柱塞可在柱塞套内做往复运动，两者配合间隙极小，为 0.0015～0.0025mm。若间隙过大，易漏油，导致油压下降；若间隙过小，对偶件润滑不利，且容易卡死。柱塞偶件需经精密磨削加工或选配研磨而成，在使用中不能互换。

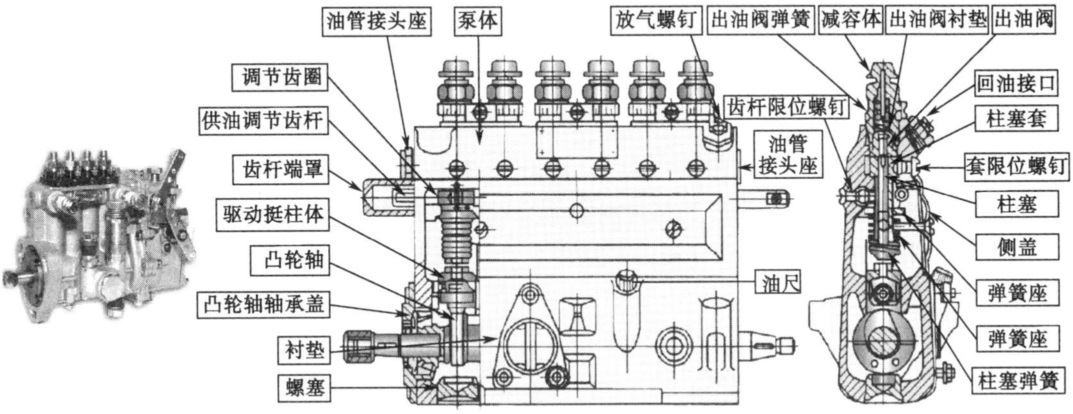

图 5-8 A 型柱塞式喷油泵外形及结构

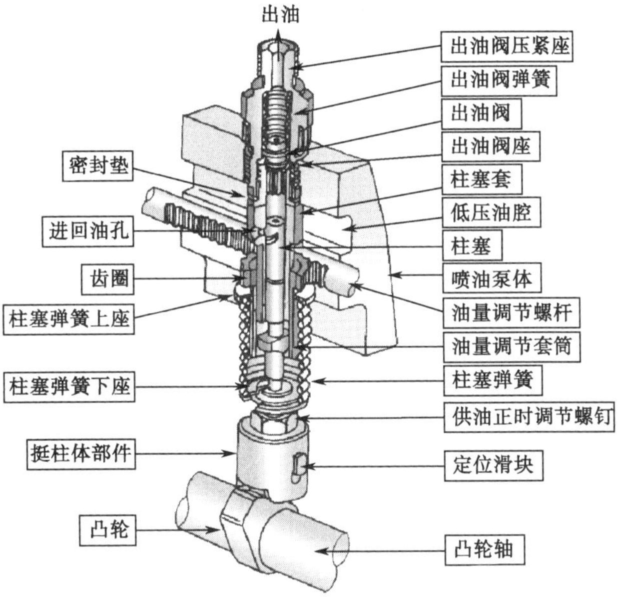

图 5-9 喷油泵的泵油机构

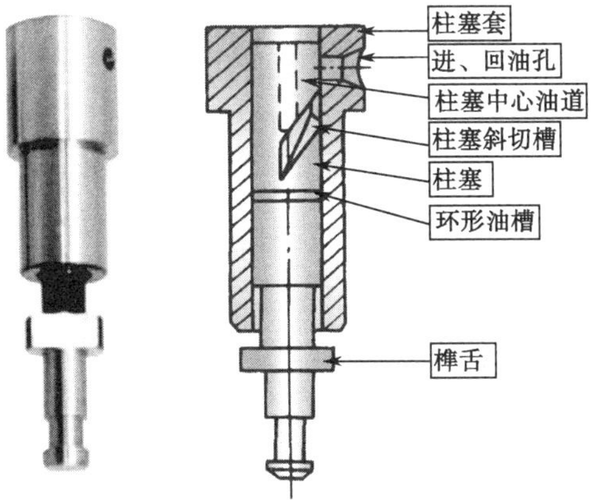

图 5-10 柱塞偶件

柱塞圆柱面上开有斜切槽（有的柱塞切槽为螺旋槽），并通过柱塞中心油道与柱塞顶面的泵腔相通。柱塞套上的进油孔使泵腔与泵体内的低压油腔相通。

② 出油阀偶件

出油阀偶件由出油阀和出油阀座组成，如图 5-11 所示，出油阀偶件安装在柱塞的上方，在其上部有出油阀弹簧。出油阀上部的圆锥面为阀的轴向密封锥面；中部的圆柱面为减压环带，与阀座内孔精密配合，是阀的径向滑动密封面；阀的尾部铣有 4 个直槽，断面呈“十”字形状。

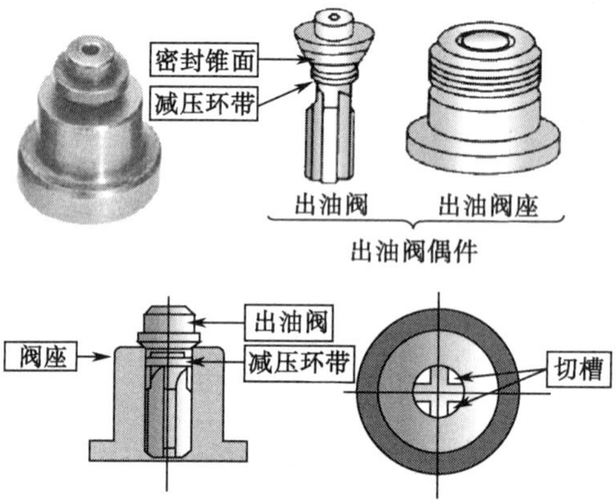

图 5-11　出油阀偶件

③ 泵油原理

进油过程：当凸轮轴上凸起部分未顶动柱塞时，出油阀关闭；柱塞在柱塞弹簧的作用下向下移动，柱塞上方的空间容积变大，压力降低。当柱塞顶部下行到露出进油孔时，低压油便从泵体上的低压油腔流入柱塞顶部的空间，开始了进油行程，如图 5-12（a）所示，直至柱塞到达下止点为止。

压油过程：随着凸轮轴的转动，当凸轮的凸起部分顶动柱塞时，柱塞上行，泵腔中的一部分燃油被挤回泵体油道。当柱塞顶平面将进油孔封闭时，泵腔被密封，随着柱塞上移，泵腔内的油压逐渐升高，当泵腔油压大于出油阀弹簧压力与高压油管中的残余压力之和时，出油阀便被顶离阀座，高压柴油经出油阀流入高压油管，如图 5-12（b）所示。

回油过程：柱塞继续上行，当柱塞斜切槽与柱塞套的回油孔相通时，柱塞顶部的高压油便经柱塞的中心油道流回泵体低压油腔，如图 5-12（c）所示。这时泵腔内的油压迅速下降，在出油阀弹簧和高压油管内残余油压的作用下，出油阀立即回位，供油过程结束。

（2）供油量调节机构

① 作用

供油量调节机构的作用是根据发动机负荷的变化，通过转动柱塞来改变循环供油量的。

② 分类

柴油机喷油泵供油量调节机构有齿杆式、拔叉拉杆式和拉杆衬套式三种。其中，齿杆式和拔叉拉杆式供油量调节机构如图 5-13 所示。

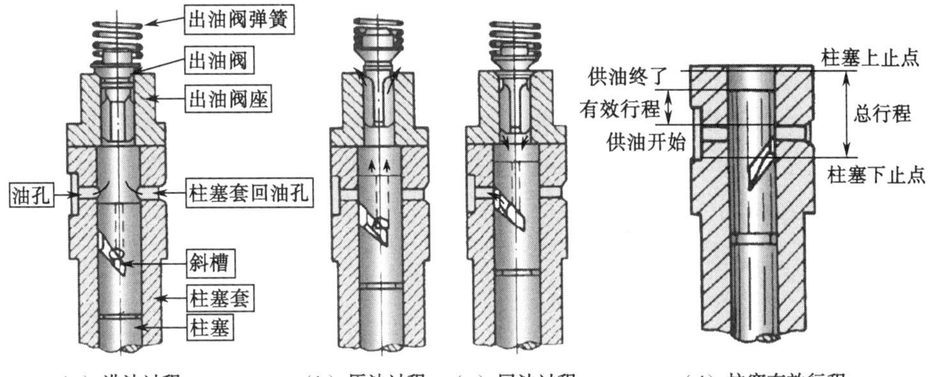

（a）进油过程　（b）压油过程　（c）回油过程　（d）柱塞有效行程

图 5-12　A 型柱塞泵泵油原理

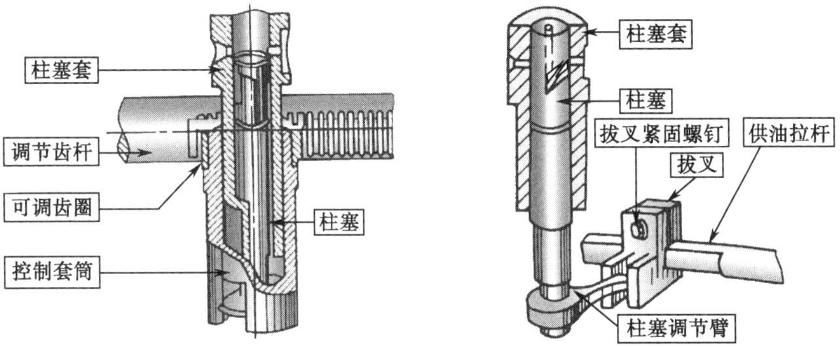

（a）齿杆式供油量调节机构　（b）拔叉拉杆式供油量调节机构

图 5-13　齿杆式和拔叉拉杆式供油量调节机构

③ 齿杆式供油量调节机构

齿杆式供油量调节机构是靠移动调节齿杆来实现的，如图 5-14 所示。当调节齿杆被拉动时，便带动调节齿圈转动，从而带动喷油泵柱塞转动，改变柱塞的循环供油量。当柱塞上的直槽正对柱塞套油孔时，柱塞有效行程为零，这时喷油泵不供油，如图 5-14（a）所示；当按图中箭头所指示方向拉动调节齿杆，则调节齿圈按箭头方向转动，柱塞有效行程增加，喷油泵循环供油量增多，如图 5-14（b）、图 5-14（c）所示；如果朝相反方向拉动调节杆，则柱塞有效行程减小，循环供油量减小。

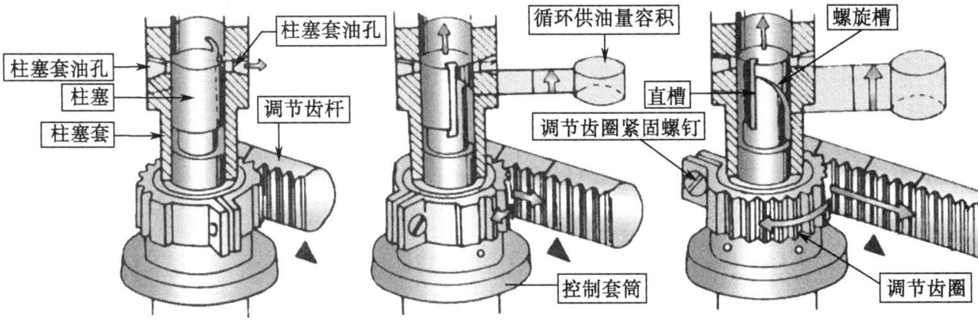

（a）不供油　（b）部分供油　（c）最大供油

图 5-14　齿杆式供油量调节机构

（3）传动机构

传动机构的作用是驱动柱塞运动，并保证准时供油。传动机构主要由凸轮轴和挺柱体组成，如图 5-15 所示。挺柱体的结构如图 5-16 所示。凸轮的前后端通过滚动轴承支撑在喷油泵体上。凸轮轴上的每一个凸轮驱动一个挺柱体，再由挺柱体和柱塞弹簧推动柱塞在柱塞套内做往复运动，完成泵油任务。

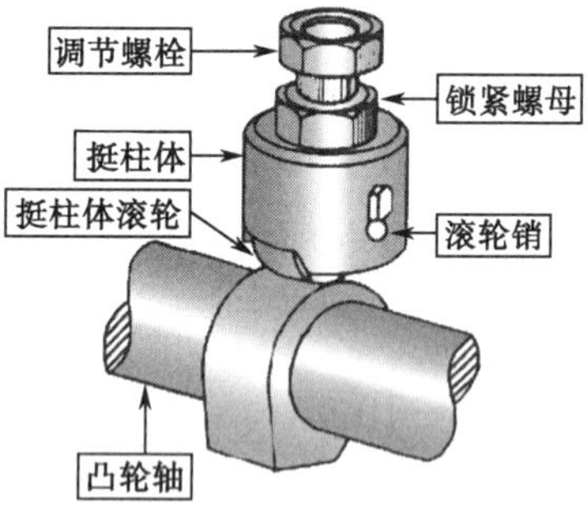

图 5-15　柱塞传动机构

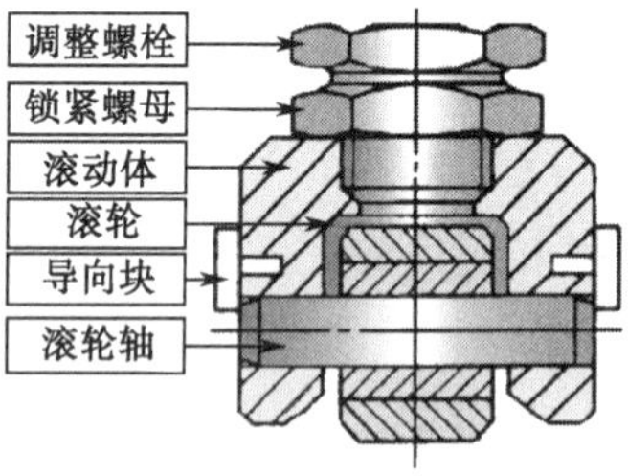

图 5-16　挺柱体的结构

（4）泵体

泵体是喷油泵的骨架，支撑着喷油泵的所有零部件及活塞式输油泵和调速器等，内部还有纵向油道，即低压油腔。泵体在工作中承受较大的作用力，因此，泵体应有足够的强度、刚度和良好的密封性。

2. 喷油泵的检修

（1）柱塞偶件的检修

① 外观检查。柱塞偶件配合工作表面如有发暗或磨损痕迹，则应予以更换。柱塞和柱塞套的磨损部位如图 5-17 和图 5-18 所示。

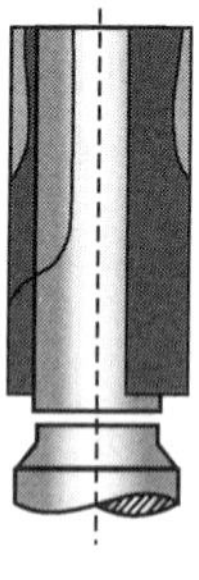

图 5-17　柱塞

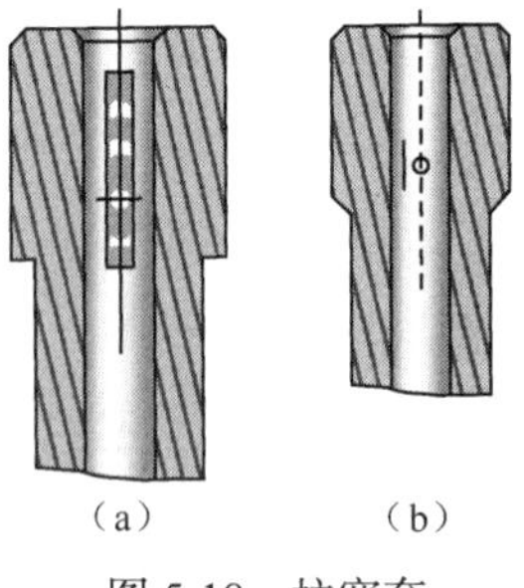

图 5-18　柱塞套

② 柱塞偶件的滑动性试验

如图 5-19（a）所示，将柱塞与柱塞套保持与水平线成 60° 角，抽出柱塞 1/3 长度后松手，如能借其自身重力缓慢滑下，属于配合正常。若柱塞急剧滑下，则表示柱塞偶件已严重磨损，应予以更换。

③ 柱塞偶件的密封性试验

如图 5-19（b）所示，一手握住柱塞套，用两个手指堵住柱塞套顶上和侧面的进油孔，另一手拉出柱塞，应感觉有明显的吸力；放松柱塞后，能立即退回原位即为良好。

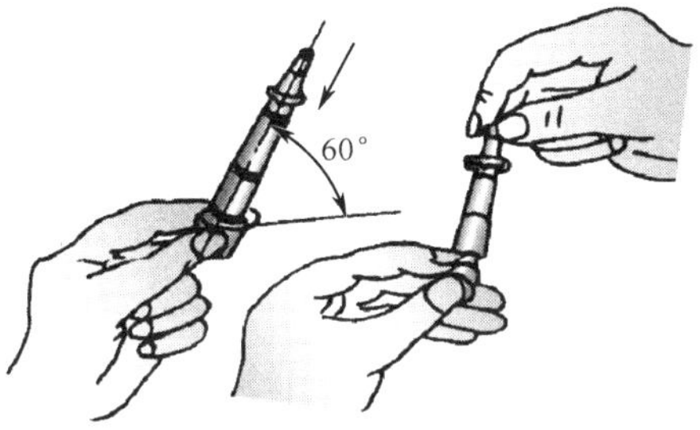

图 5-19 柱塞偶件检查

（2）出油阀的检修

① 外观检查。检查出油阀的外观，如发现密封面磨损严重或有较深的划痕，出油阀减压环带有严重磨损或拉伤，出油阀座变形或有裂纹时，应予以更换，如图 5-20 所示。

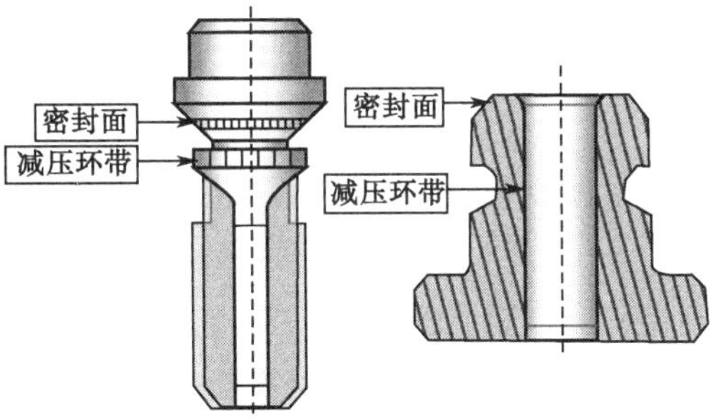

图 5-20 出油阀的检验

② 出油阀的滑动性试验。将出油阀及阀座在柴油中浸泡后，拿住阀座，并在垂直位置向上抽出阀体约 1/3，松开时阀体应能在自重下缓慢落座。将出油阀旋转任意角度进行多次试验，都能符合上述要求为良好。

③ 出油阀密封性试验。可按图 5-21 所示方法检查出油阀的密封性：用手指堵住油阀大端孔口，反复拉动出油阀，在出油阀向外拉动时，封堵的手指上无吸力或吸力微弱，则可判断出油阀配合表面已严重磨损，应予以更换。

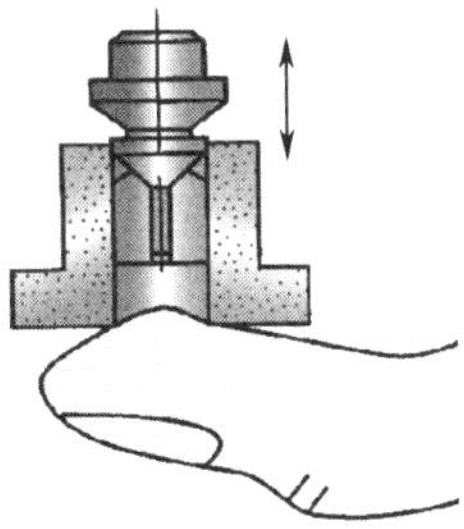

图 5-21 出油阀的密封性的检查方法

四、分配式喷油泵结构与原理

分配式喷油泵是具有一个分配转子（分配柱塞）和多个出油口的喷油泵。它广泛应用于轻型柴油汽车上。分配式喷油泵按结构可分为转子式（径向压缩式）和单柱塞分配式（轴向压缩式）两大类，其中单柱塞分配式喷油泵（简称 VE 型分配泵）应用较广泛。

下面以 VE 型分配泵为例进行讲解。

如图 5-22 所示，VE 型分配泵由驱动机构、二级滑片式输油泵、高压分配泵头和断油电磁阀等组成。此外，机械式调速器和液压式喷油提前器也安装在分配泵体内。

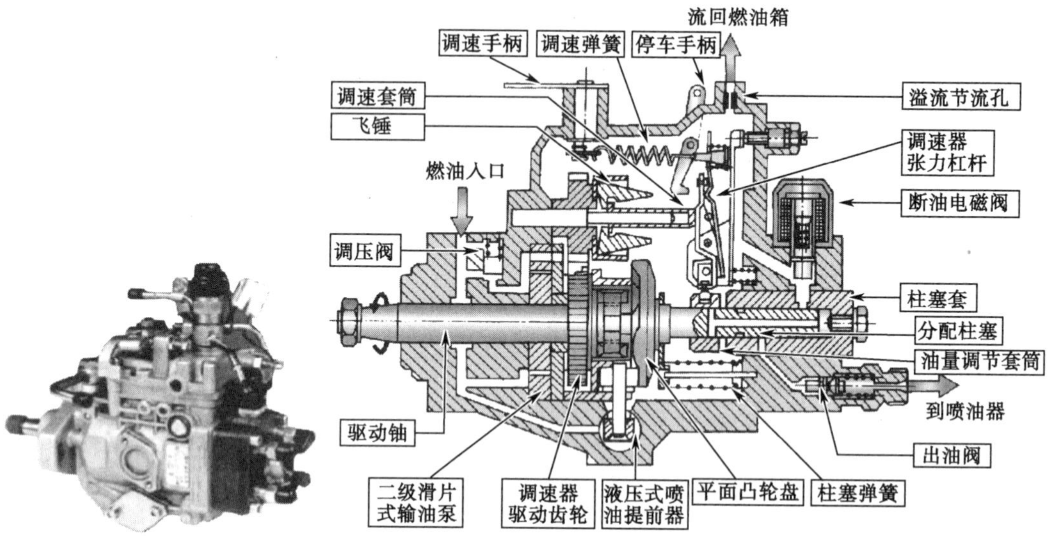

图 5-22　VE 型分配泵

（1）驱动机构

驱动机构由驱动轴、调速器驱动齿轮、滚轮及滚轮架、联轴器和平面凸轮盘等组成，如图 5-23 所示。

驱动轴由发动机曲轴驱动，驱动轴一方面带动滑片式输油泵旋转，同时通过调速器驱动齿轮带动调速器工作；另一方面通过联轴器带动平面凸轮盘转动，凸轮盘上有传动销带动柱塞一起旋转，同时在滚轮和柱塞弹簧的共同作用下，凸轮盘还带动分配柱塞在柱塞内做往复运动。旋转运动进行柴油分配，往复运动使柴油增压。

（2）滑片式输油泵

滑片式输油泵安装在 VE 泵入口，由驱动轴驱动，其作用是产生一定压力的燃油，充满整个泵腔。调压阀调节输油泵的压力，将输油泵的出油压力控制在一定的范围内。二级滑片式输油泵由转子、滑片、偏心环、进油槽、压油槽等组成，如图 5-24 所示。

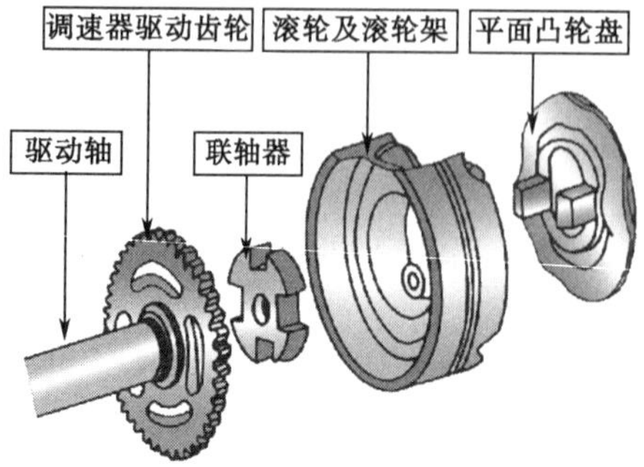

图 5-23　驱动机构

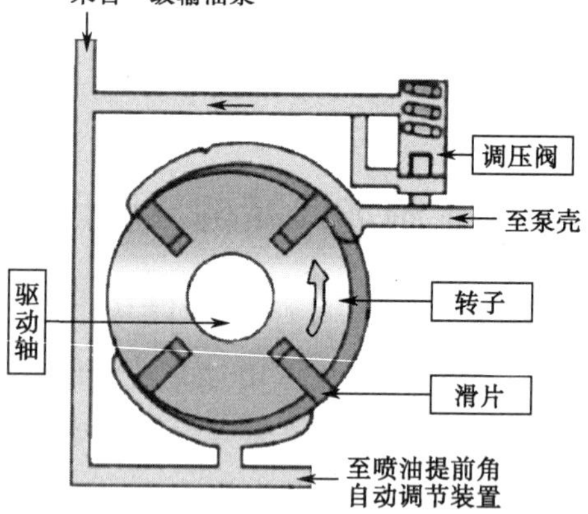

图 5-24　二级滑片式输油泵

（3）高压分配泵

高压分配泵的作用是产生高压，并按一定的顺序将高压油分配到各缸。高压分配泵由柱塞、柱塞弹簧、油量调节套筒和出油阀偶件等组成，如图 5-25 所示。

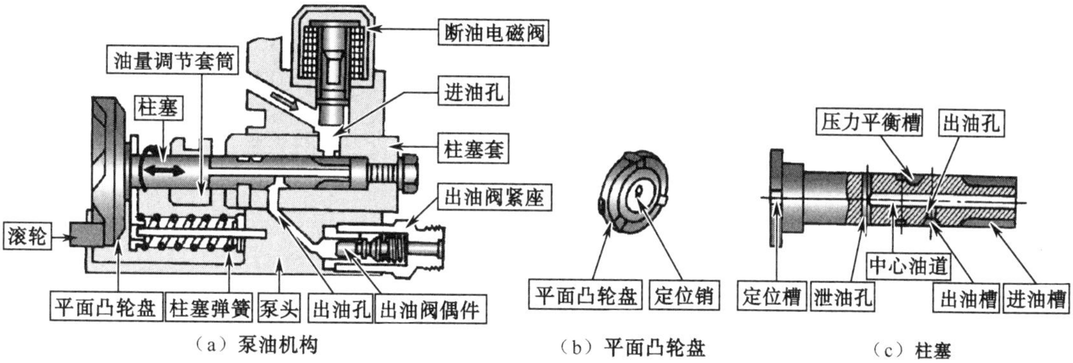

图 5-25　VE 型高压分配泵泵油机构

VE 型分配泵的工作原理如图 5-26 所示。

① 进油过程。进油过程如图 5-26（a）所示。当平面凸轮盘的下凹部分转到与滚轮接触时，柱塞弹簧将柱塞由右向左推移，在柱塞接近下止点位置时，柱塞上部的进油槽与柱塞套上的进油孔相通，泄油孔被油量调节套筒封闭。柴油经断油电磁阀下部的油道流入柱塞右端的高压油腔内，并充满中心油道。

② 泵油过程。当平面凸轮盘的下凹部分向凸起部分转动时，柱塞在旋转的同时，也由左向右运动，此时，进油槽与泵体进油道隔绝，泄油孔仍被封死，这时柱塞腔内的柴油开始增压。同时，燃油分配孔与柱塞套上的出油孔相通，高压柴油泵出。经过的路径为：中心油孔→燃油分配孔→出油孔→分配油道→出油阀→喷油器→汽缸。

平面凸轮盘每转一周，柱塞上的燃油分配孔依次与各缸分配油道接通一次，即向各缸喷油一次。

③ 供油结束。柱塞在平面凸轮盘作用下继续右移，当柱塞的泄油孔露出油量调节套筒，并与泵腔相通时，高压油立即从中心油孔和泄油孔流进喷油泵体内腔，油压急剧下降，供油结束。

④ 压力平衡过程。在柱塞上加工有压力平衡槽，它始终与泵腔相通，当供油结束，在某一汽缸供油停止之后，柱塞上的压力平衡槽便与该缸分配油道相通，使之与泵腔油压平衡，从而使各缸分配油道内的压力在燃油喷射前均衡一致，保证各缸喷油量均匀。

（4）断油电磁阀

VE 型分配泵采用电磁阀控制停油，电磁阀安装在柱塞套筒进油孔的上方。电磁式断油阀电路及其工作原理如图 5-27 所示。

发动机启动时，将启动开关旋至“ST”位置，从蓄电池来的电流直接流过电磁线圈，产生的磁力压缩回位弹簧，将阀门吸起，使进油孔打开。

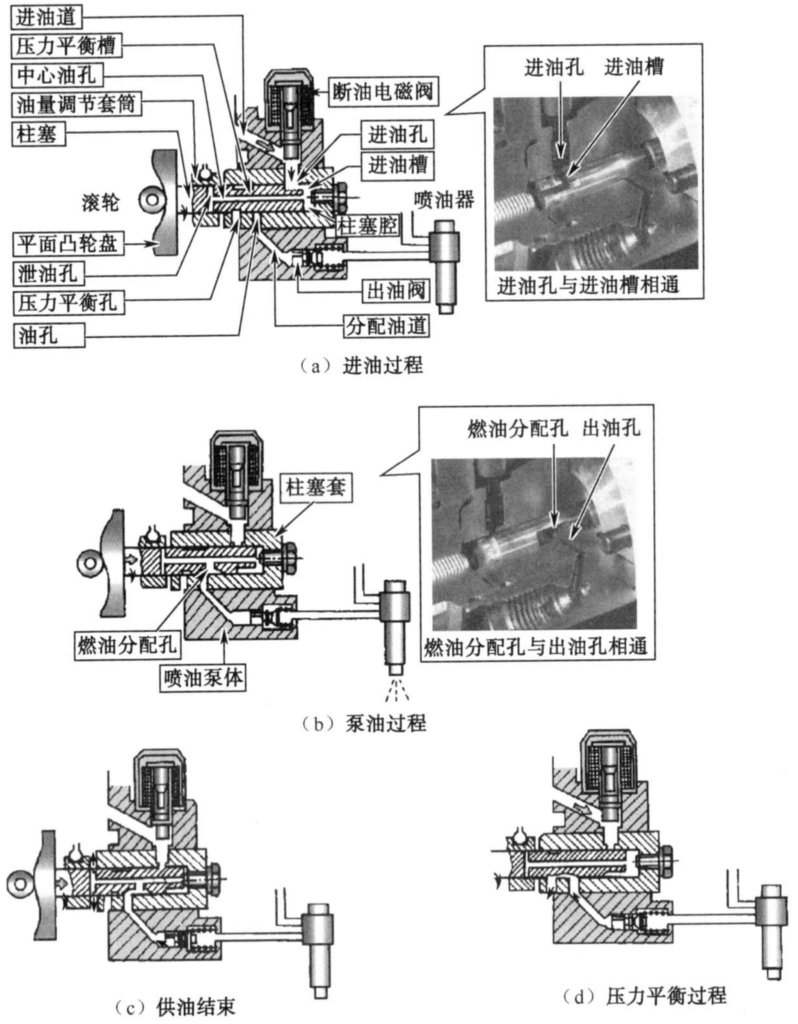

图 5-26 VE 型分配泵的工作原理

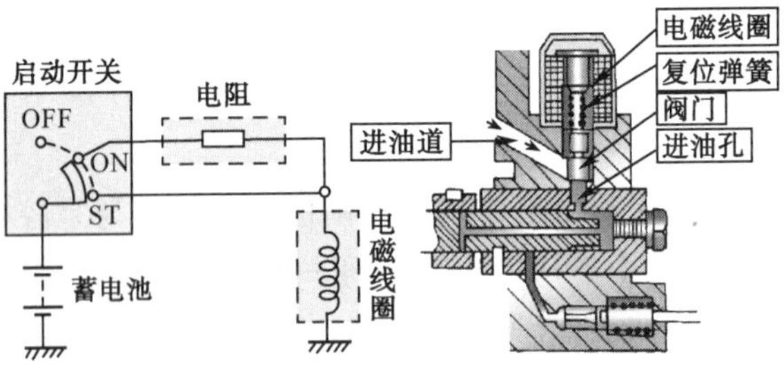

图 5-27 电磁式断油阀电路及其工作原理

发动机启动之后，将启动开关旋至“ON”位置，此时，电路串入了电阻，电流减小，但由于油压的作用，阀门仍然保持开启。

当发动机停止运转时，将启动开关旋至“OFF”位置，电路断开，阀门在回位弹簧的作用下落座，切断油路，停止供油。

（5）喷油提前器

VE 型分配泵的喷油提前器属于液压式，其结构如图 5-28 所示。滚轮架上装有滚轮，其数目与汽缸数相同。滚轮架通过传力销与活塞连接。活塞移动时，拨动滚轮架绕其轴线转动（滚轮架不受驱动轴转动的影响），活塞右端与喷油泵体内腔相通，其压力相当于二级滑片式输油泵的出口压力。其工作过程如下。

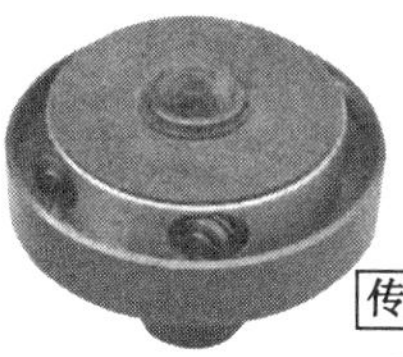

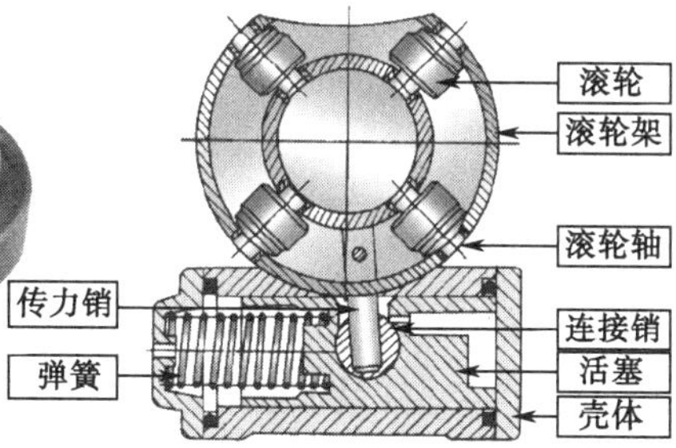

图 5-28 液压式喷油提前器及结构

① 发动机不工作时，活塞在最右端。

② 在某一转速下稳定运转时，作用在活塞左、右两端的力相等，活塞处于某一平衡位置。

③ 当发动机转速升高时，二级滑片式输油泵的出口压力增大，作用于活塞右端的力随之增加，推动活塞向左移动，并通过连接销和传力销带动滚轮架绕其轴线转动一定的角度，直到活塞两端的力重新达到平衡为止。滚轮架的转动方向与平面凸轮盘的旋转方向正好相反，使平面凸轮提前一定角度与滚轮接触，供油相应提前。反之，当发动机转速降低时，作用于活塞右端的力减小，活塞右移，使滚轮架逆时针转动某一个角度，供油提前角减小。

五、输油泵结构与检修

1．输油泵结构与原理

（1）作用

输油泵的作用是使柴油产生一定的压力，用以克服柴油通过滤油器的阻力，保证连续不断地向喷油泵输送充足的柴油。

（2）分类

根据输油泵结构可分为活塞式、膜片式和滑片式等，活塞式输油泵与膜片式输油泵如图 5-29 所示。

活塞式输油泵一般与柱塞式喷油泵配套使用，而膜片式和滑片式输油泵分别为分配式喷油泵的一级和二级输油泵。膜片式输油泵的结构原理与汽油机的相似，在此不再叙述。

（2）活塞式输油泵

活塞式输油泵装在喷油泵的侧面，依靠喷油泵凸轮轴上的偏心轮来驱动。其结构如图 5-30

所示。当喷油泵凸轮轴旋转时，在偏心轮和输油泵活塞弹簧的共同作用下，输油泵活塞在输油泵体的活塞腔内做往复运动。其工作原理如下。

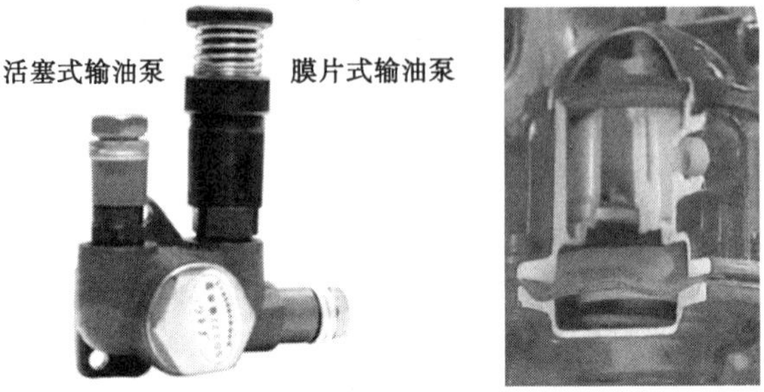

图 5-29　活塞式输油泵与膜片式输油泵

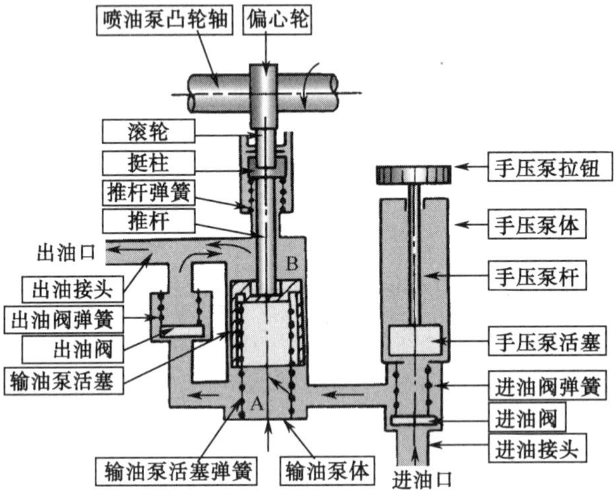

图 5-30　活塞式输油泵结构

① 进油和泵油。当输油泵活塞由下向上运动时，A 腔容积增大产生真空度，使进油阀开启，柴油经进油口被吸入 A 腔；与此同时，B 腔容积缩小，其中的柴油压力升高，出油阀关闭，燃油被送往滤清器。

当输油泵活塞由上向下运动时，A 腔容积减小，油压升高，进油阀关闭，出油阀开启；与此同时，B 腔容积增大，柴油就从 A 腔流入 B 腔。

② 供油量调节。若柴油机负荷减小，需要的柴油量减少时，或者柴油滤清器堵塞，油道阻力增加时，会使输油泵 B 腔油压增高。当此油压与输油泵活塞弹簧的弹力相平衡时，活塞往 B 腔的运动便停止，活塞的移动行程减小，造成输油泵的输出油量减少，实现了输油量的自动调节，而输油压力则基本稳定。

③ 手压泵工作原理 。当柴油机燃料供给系统中有空气进入时，柴油机便无法启动和正常运转，这时可利用手压泵拉钮排出空气。方法是：先将燃油滤清器和喷油泵的放气螺钉旋松，再将手压泵拉钮旋开，上下反复拉动手压泵拉钮，使柴油自进油口吸入，经出油阀压出，并充满燃油滤清器和喷油泵前的所有低压油路，将其中的空气排空。空气排出完毕，应

重新拧紧放气螺钉，旋进手压泵拉钮。

2. 输油泵性能的检查

（1）输油泵吸油能力的检查

活塞式输油泵供油量试验如图 5-31 所示。将输油泵装在喷油泵上，用直径为 8 ~ 10mm，长为 2m 的胶管接至输油泵进油口，从 1m 以下的燃油箱中试验输油泵的吸油能力。当喷油泵转速为 200r/min 时，输油泵在 18s 内吸出油为合格；若喷油泵转动 36s 以上而输油泵尚未供油，则需要修理输油泵。

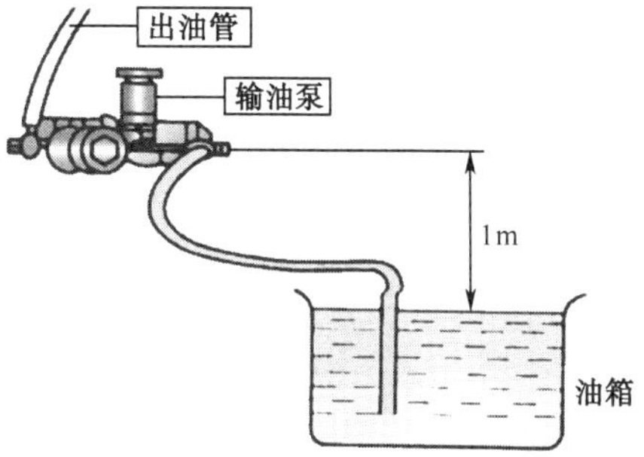

图 5-31 活塞式输油泵供油量试验

（2）输油泵压油能力的检查

① 随车检查。拆下输油泵出油管，用手油泵压油，若油柱粗、无气泡、出油急，且能窜至 50cm 以上为良好。

② 仪器检查。将输油泵随喷油泵一起固定在喷油泵试验台上，将进油管与试验台油箱连接，将出油口与试验台低压表和流量表连接，转动喷油泵，观察怠速出油压力（应为 147kPa）和额定转速时的流量（应为 2500ml/min）。

③ 油泵性能的检查。拆下输油泵手油泵，先将手油泵活塞按到底不放，再用食指将手油泵口堵住，然后松开手油泵手柄，看手柄是否会被吸住。若手柄及活塞在其复位弹簧的作用下回位，则表明手油泵密封性能不良，应予以更换。

④ 进、出油止回阀密封性性能试验。用塑料管将进油口与油桶连接，以较慢的速度压手油泵，看塑料管内的油柱上升情况。若油柱一上一下来回升降，则进油止回阀不密封，应拆下来在平板上用金相砂纸研磨或更换。

继续以较慢的速度压手油泵，待出油口有油压出后，将手柄在最低位置锁住，看出油口的油平面是否会下降。若有明显的下降，则出油止回阀不密封。其修理方法同进油止回阀。

⑤ 手油泵与喷油泵配合能力的检查。上述检查完成后，应将输油泵固定在喷油泵上，其出油口直接与喷油泵进油口连接，用喷油泵凸轮驱动内泵活塞进行泵油试验。如果输油泵输出油压能将喷油泵溢油阀顶开，并且在怠速、大负荷状态时均有充裕的回油压出即可。

任务二 电控共轨式柴油供给系统的结构与原理

一、电控共轨式柴油供给系统组成及特点

图 5-32 所示为博世公司的第一代高压电控共轨式燃油系统，其主要由燃油箱、滤清器、油泵、溢流阀、压力传感器、燃油轨、喷油器、ECU 等组成。

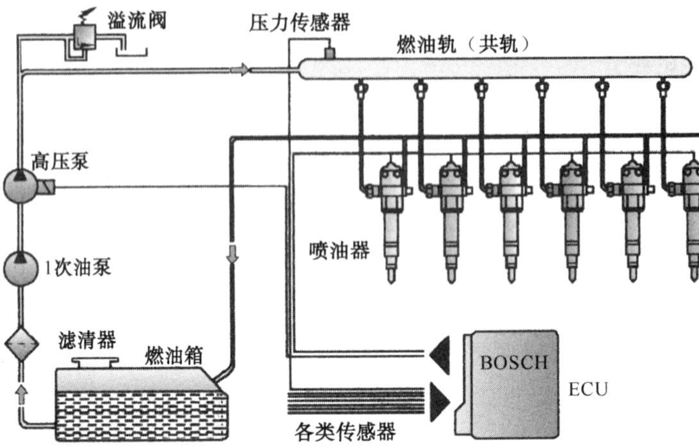

图 5-32　博世公司的第一代高压电控共轨式燃油系统

电控共轨系统的特点如下。

① 自由调节喷油压力（共轨压力）。利用共轨压力传感器测量共轨内的燃油压力，从而调整供油泵的供油量、控制共轨压力。共轨压力又称喷油压力。此外，还可以根据发动机转速、喷油量的大小与设定的最佳值（指令值）始终一致地进行反馈控制。

② 自由调节喷油量。以发动机的转速及油门开度信息等为基础，由计算机计算出最佳喷油量，通过控制喷油器电磁阀的通电、断电时刻直接控制喷油参数。

③ 自由调节喷油率形状。根据发动机用途的需要，设置并控制喷油率形状，如预喷射、后喷射、多段喷射等。

④ 自由调节喷油时间。根据发动机的转速和负荷等参数，计算出最佳喷油时间并控制电控喷油器在适当的时刻开启或关闭等，从而准确控制喷油时间。

1. 电控喷油器

博世电控共轨式喷油器的结构如图 5-33 所示。

喷油器可分为孔式喷油嘴，液压伺服系统和电磁阀等功能组件。

燃油从高压接头经一进油通道送往喷油嘴，经进油节流孔送入控制室。控制室通过由电磁阀打开的回油节流孔与回油孔连接。

回油节流孔在关闭状态时，作用在控制活塞上的液压力大于作用在喷油嘴针阀承压面上的压力，因此喷油嘴针阀被压在座面上，从而没有燃油进入燃烧室。

电磁阀动作时，打开回油节流孔，控制室内的压力下降，当作用在控制活塞上的液压力低于作用在喷油嘴针阀承压面上的压力时，喷油嘴针阀立即开启，燃油通过喷油孔喷入燃烧室，如图 5-33（a）所示。由于电磁阀不能直接产生迅速关闭针阀所需的力，因此，经过一个液力放大系统实现针阀的这种间接控制。在这个过程中，除喷入燃烧室的燃油量之外，还有附加的控制油量经控制室的节流孔进入回油通道。

在发动机和供油泵工作时，喷油器的功能可分为喷油器关闭（以存有的高压）、喷油器打开（喷油开始）、喷油器关闭（喷油结束）3 个工作状态。

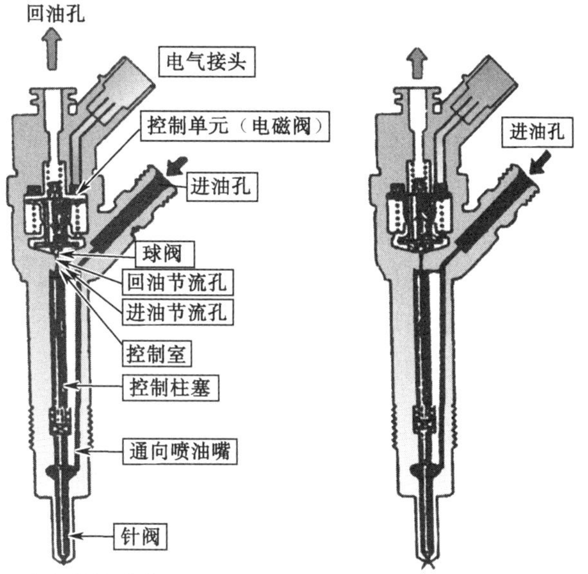

（a）喷油器关闭状态（不喷油）（b）喷油器开启状态（喷油）

图 5-33 博世电控共轨式喷油器的结构

（1）喷油器关闭（静止状态）

电磁阀在静止状态时不受控制，因此是关闭的，如图 5-33（a）所示。

回油节流孔关闭时，电枢的钢球通过阀弹簧压在回油节流孔的座面上。控制室内建立共轨的高压，同样的压力也存在于喷油嘴的内腔容积中。共轨压力在控制柱塞端面上施加的力及喷油器调压弹簧的力大于作用在针阀承压面上的液压力时，针阀处于关闭状态。

（2）喷油器开启（喷油开始）

喷油器一般处于关闭状态。当电磁阀通电后，在吸动电流的作用下迅速开启，如图 5-33（b）所示。当电磁铁的作用力大于弹簧的作用力时回油节流孔开启，在极短时间内，升高的吸动电流成为较小的电磁阀保持电流。随着回油节流孔的打开，燃油从控制室流入上面的空腔，并经回油通道回流到油箱。控制室内的压力下降，于是控制室内的压力小于喷油嘴内腔容积中的压力。控制室中减小了的作用力引起作用在控制柱塞上的作用力减小，从而针阀开启，开始喷油。

针阀开启速度决定于进、回油节流孔之间的流量差。控制柱塞达到上限位置，并定位在进、回油节流孔之间。此时，喷油嘴完全打开，燃油以最佳的喷油定时、喷油量和喷油率喷入燃烧室。

（3）喷油器关闭（喷油结束）

如果不控制电磁阀，则电枢在弹簧力的作用下向下压，钢球关闭回油节流孔。

电枢设计成两部分组合式，电枢板经一拨杆向下引动，但它可用复位弹簧向下回弹，从而没有向下的力作用在电枢和钢球上。

回油节流孔关闭，进油节流孔的进油使控制室中建立起与共轨中相同的压力。这种升高了的压力使作用在控制柱塞上端的压力增加。这个来自控制室的作用力和弹簧力超过了针阀下方的液压力，于是针阀关闭。

针阀关闭的速度决定于进油节流孔的流量。

2. 供油泵

供油泵的主要作用是将低压燃油加压成高压燃油，并储存在共轨内，等待 ECU 的喷油指令，博世公司电控燃油系统的高压部分如图 5-34 所示。供油压力可以通过压力限制器进行设定。所以，在共轨系统中可以自由地控制喷油压力。

博世公司电控共轨系统中采用的供油泵结构如图 5-35 所示。

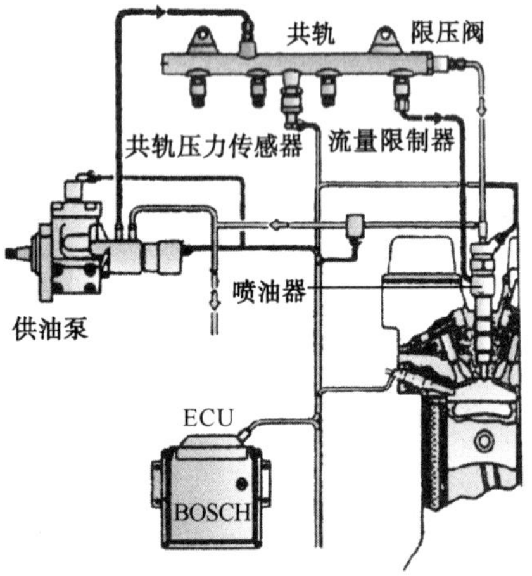

图 5-34　博世公司电控燃油系统的高压部分

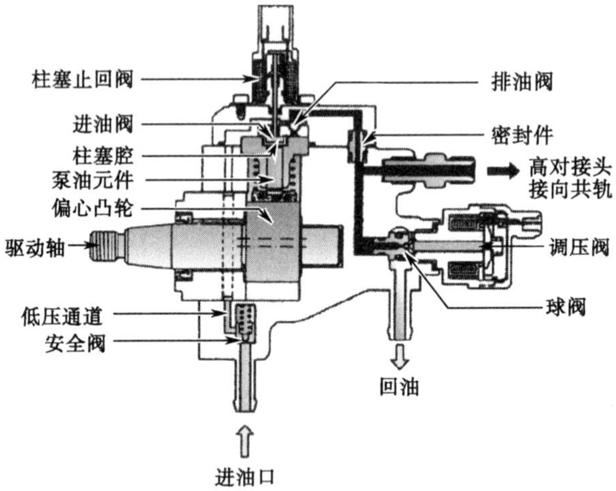

图 5-35　博世公司电控共轨中采用的供油泵结构图

供油泵是低压和高压部分之间的接口，它的作用是在车辆所有工作范围和整个使用寿命期间准备足够的、已被压缩了的燃油。除了供给高压燃油之外，它的作用还在于保证在快速启动过程中压力迅速上升所需要的燃油储备、持续产生高压燃油存储器（共轨）所需的系统压力。

3. ECU

ECU 的基本功能是结合实时工况和外界条件，始终使发动机控制在最佳燃烧状态。

以 6HK1-TC 柴油机电控共轨燃油系统为例，ECU 按照预先设计的程序计算各种传感器送来的信息，其线路图如图 5-36 所示。经过处理以后，把各个参数限制在允许的电压电平上，再发送给各相关的执行机构，执行各种预定的控制功能。

微处理器（ECU）根据输入数据和存储在 MAP 的中的数据，计算喷油时间、喷油量、喷油率和喷油定时等，并将这些参数转换为与发动机运行匹配的随时间变化的电量。由于发动机的工作是高速变化的，而且要求计算精度高，处理速度快，因此 ECU 的性能应当随发动机技术的发展而发展，微处理器的内存越来越大，信息处理能力越来越高。

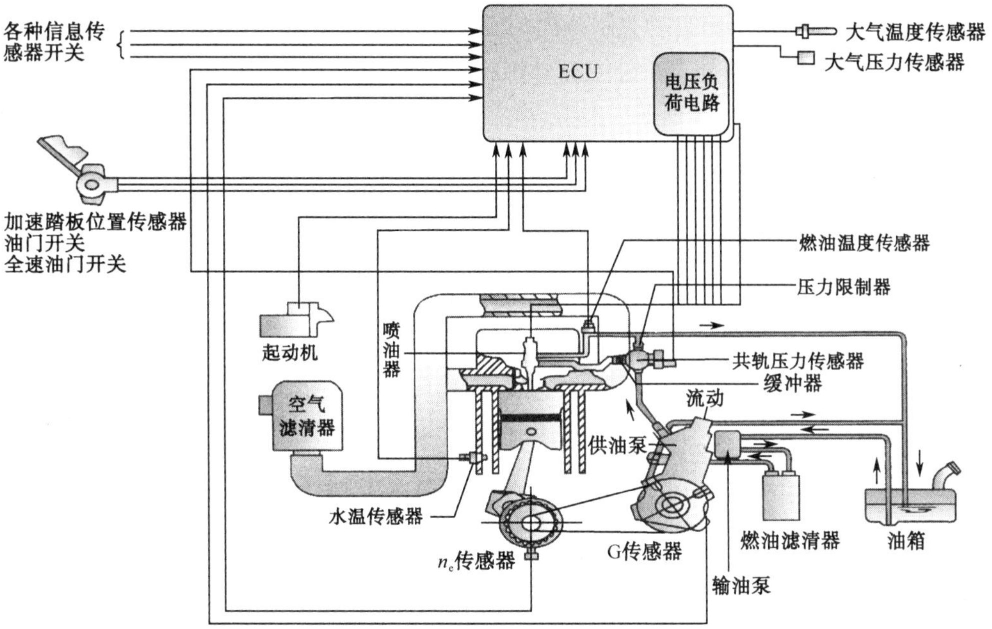

图 5-36 6HK1-TC 柴油机电控共轨燃油系统的线路图

4. 特种传感器

（1）共轨压力传感器

共轨压力传感器如图 5-37 所示。

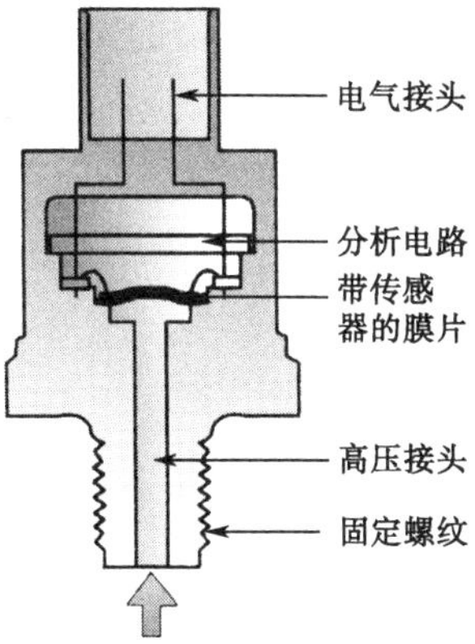

图 5-37 共轨压力传感器

共轨压力传感器的作用是指以足够的精度，在相应较短的时间内，测定共轨中的实时压力，并向 ECU 提供电信号。

燃油经一个小孔流向共轨压力传感器，传感器的膜片将孔的末端封住。高压燃油经压力室的小孔流向膜片。膜片上装有半导体型敏感元件，可将压力转换为电信号。通过连接导线将产生的电信号传送到一个向 ECU 提供测量信号的求值电路。

共轨压力传感器的工作原理：当膜片形状改变时，膜片上涂层的电阻发生变化。这样，由系统压力引起膜片形状变化（150MPa 时变化量约 1mm），促使电阻值改变，并在用 5V 供电的电阻电桥中产生电压变化。电压在 0 ~ 70mV 之间变化（具体数值由压力而定），经求值电路放大到 0.5 ~ 4.5V。精确测量共轨中的压力是电控共轨系统正常工作的必要条件。为此，压力传感器在测量压力时允许偏差值很小。在主要工作范围内，测量精度约为最大值的 2%。共轨压力传感器失效时，具有应急行驶功能的调压阀以固定的预定值进行控制。

（2）流量限制器

流量限制器的作用是防止喷油器可能出现的持续喷油现象。为此，由共轨流出的油量超过最大流量时，流量限制器将自动关闭流向相应喷油器的进油口，停止继续喷油。

流量限制器有一个金属外壳，外壳有外螺纹，以便拧在共轨上，另一端的外螺纹用来拧入喷油器的进油管，如图 5-38 所示。外壳两端有孔，以便与共轨或喷油器进油管建立液压联系。流量限制器内部有一个活塞，一根弹簧将此活塞向共轨方向压紧。活塞对外壳壁部密封。活塞上的纵向孔连接进油孔和出油孔。纵向孔直径在末端是缩小的，这种缩小的作用就像流量精确规定的节流孔效果一样。

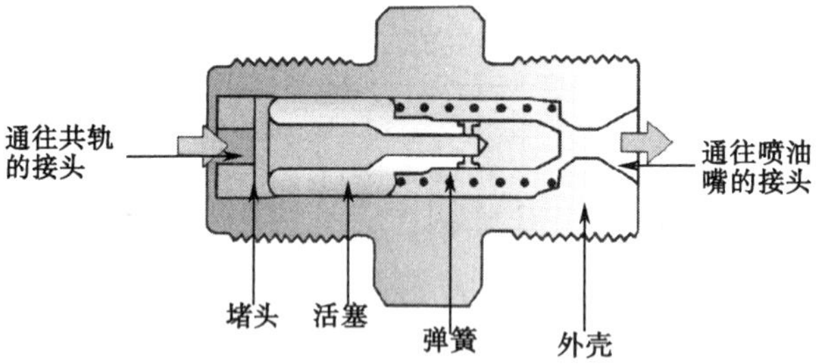

图 5-38 流量限制器

流量限制器正常工作时，活塞处在静止位置，即靠在共轨端的限位体上。一次喷油后，喷油器端的压力略有下降，从而活塞向喷油器方向运动。活塞压出的容积补偿了喷油器喷出的容积。在喷油终了时，活塞停止运动，不关闭密封座面，弹簧将活塞压回到静止位置。燃油经节流孔流出。弹簧和节流孔尺寸是如此设计的：使得在最大喷油量（包括一个安全储备量）时活塞仍能抵达共轨端的限位体位置。此静止位置一直保持到下一次喷油。

流量限制器的保护性工作原理如图 5-39 所示。两种工作状态如下。

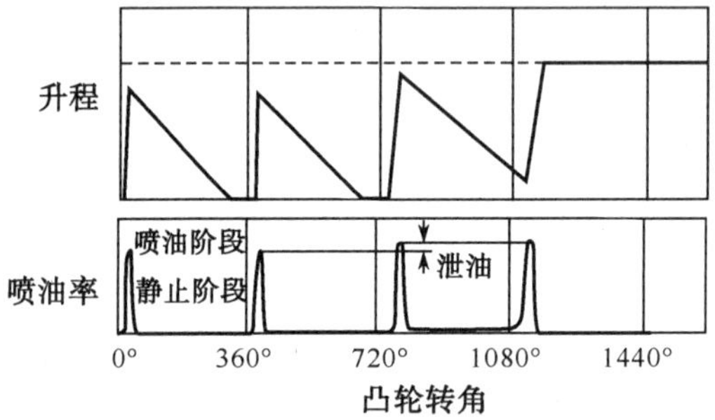

图 5-39 流量限制器的保护性工作原理

① 泄油量过大时，由于喷出的油量过大，活塞从静止位置被压到出油端的密封座面上。然后，活塞在此位置一直保持到发动机停机时靠在喷油器端的限位体上，从而关闭通往喷油器的进油口。

② 泄油量过小时，由于产生泄油，活塞不再能达到静止位置。经过几次喷油后，活塞移动到出油端的密封座面上。即在此处，活塞停留到发动机停机时靠在喷油器端的限位体上，从而将通往喷油器的进油口关闭。

（3）调压阀

调压阀的作用是根据发动机的负荷状况调整和保持共轨中的压力。当共轨压力过高时，调压阀打开，一部分燃油经集油管流回油箱；当共轨压力过低时，调压阀关闭，高压端对低压端密封。

博世公司电控共轨系统中的调压阀（图 5-40）有一个固定凸缘，通过该凸缘将其固定在供油泵或共轨上。电枢将一钢球压入密封座，使高压端对低压端密封。为此，一方面弹簧将电枢往下压，另一方面电磁铁对电枢作用一个力。为进行润滑和散热，整个电枢周围有燃油流过。

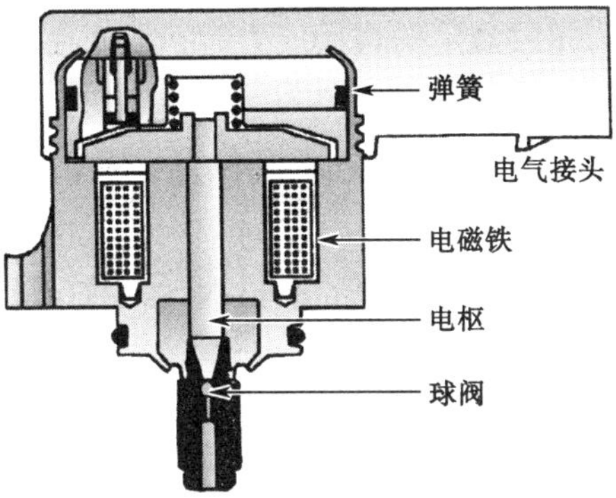

图 5-40 博世公司电控共轨中的调压阀

调压阀有两个调节回路：一个是低速电子调节回路，用于调整共轨中可变化的平均压力值；另一个是高速机械液压式调节回路，用以补偿高频压力波动。

调压阀的工作原理如下。

① 调压阀不工作时，共轨或供油泵出口处的压力高于调压阀进口处的压力。由于无电流的电磁铁不产生作用力，当燃油压力大于弹簧力时，调压阀打开，根据输油量的不同，保持打开程度大一些或小一些。弹簧的设计负荷约为 10MPa。

② 调压阀工作时，如果要提升高压回路中的压力，除了弹簧力之外，还需要再建立一个磁力。控制调压阀，直至磁力和弹簧力与高压压力之间达到平衡时才被关闭。然后调压阀停留在某个开启位置，保持压力不变。当供油泵改变，燃油经喷油器从高压部分流出时，通过不同的开度予以补偿。电磁铁的作用力与控制电流成正比。控制电流的变化通过脉宽调制来实现，调制频率为 1kHz 时，可以避免电枢的干扰运动和共轨中的压力波动。

（4）限压阀

限压阀的作用相当于安全阀，它的基本作用是限制共轨中的压力。当共轨中燃油压力过高时，打开放油孔卸压。共轨内允许的短时间最高压力为 150MPa。

博世公司电控共轨系统中的限压阀由外壳（有外螺纹，以便拧装在共轨上）、通往油箱的回油管接头、活塞和弹簧等构件组成，如图 5-41 所示。

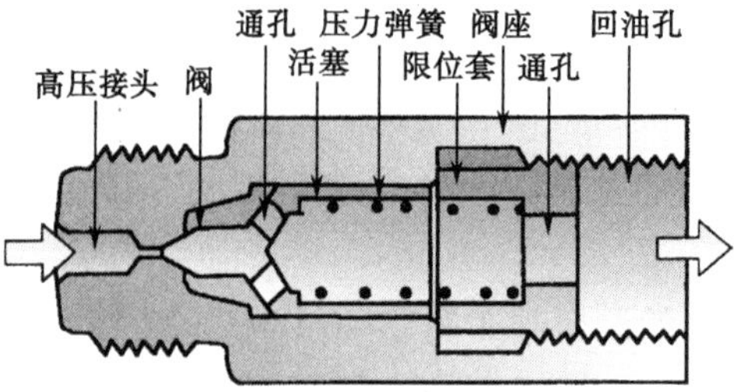

图 5-41　限压阀示意图

外壳在通往共轨的连接端有一个小孔，一般工况下，此孔被外壳内部密封座面上的锥形活塞头部关闭。在标准工作压力（135MPa）下，弹簧将活塞紧压在座面上。此时，共轨呈关闭状态。当共轨中的燃油压力超过规定的最大压力时，活塞在高压燃油压力的作用下压缩弹簧，高压燃油从共轨中流出。燃油经过通道流入活塞中央的孔，然后经集油管流回油箱。随着阀的开启，燃油从共轨中流出，共轨中的压力降低。

任务三　柴油机燃料供给系统故障的诊断

柴油机供给系统常见故障有启动困难、动力不足、转速不稳等。下面介绍柴油机供给系统常见故障的维修思路。

一、启动困难，排气管不冒烟

对于该故障，可观察喷油泵放气螺钉处，根据油流出的情况来判定是低压油路还是高压油路故障。

1．故障现象及原因

（1）放气螺钉处无油流出

若放气螺钉处无油流出，说明是低压油路存在故障，故障原因有以下几方面。

① 燃油箱内无油或存油不足。

② 燃油箱盖空气孔堵塞或开关未打开。

③ 燃油箱内上油管堵塞或焊接处脱焊。

④ 燃油箱至输油泵间油管堵塞。

⑤ 柴油滤清器滤芯堵塞。

⑥ 输油泵油阀黏滞，密封不严、弹簧折断或滤网堵塞。

⑦ 输油泵活塞损坏或胶圈失效，弹簧折断。

（2）放气螺钉处流处的柴油呈泡沫状

若放气螺钉处流出的柴油呈泡沫状，说明低压油路存在故障，故障原因有以下两方面。

① 燃油箱内上油管破裂或松动。

② 燃油箱至输油泵间油管有破裂处或接头松动。

（3）放气螺钉处出油正常，但各缸喷油器无油喷出

若放气螺钉处出油正常，但各缸喷油器无油喷出，说明高压油路存在故障，故障原因有以下几方面。

① 喷油泵故障。柱塞与柱塞套间隙过大或二者黏滞；滚轮传动部件与柱塞间隙过大；出油阀黏滞或其弹簧折断；油量调节叉或可调齿扇固定螺钉松动或脱落，使柱塞滞留在不供油位置上；供油齿杆卡滞，使柱塞不能转动或转动量过小；限压阀密封不良或其弹簧折断；联轴节主动盘或被动盘连接键损坏；调速器操纵臂处于不供油位置；出油阀密封不良。

② 喷油器故障。针阀积炭或卡死而不能开启；喷油孔堵塞；喷油压力调整过高；高压油管破裂或其接头松动。

③ 高压油管中有空气。

2. 维修思路

（1）低压油路的维修

① 先检查燃油箱内是否存油充足，开关是否打开，燃油箱盖通气阀是否畅通。

② 用手油泵泵油。若拉出手油泵拉钮时，明显感到有吸力，松手后又自行回位，表明燃油箱至输油泵间的油路堵塞。

③ 若提拉手油泵拉钮时无吸力，压下时感到阻力大，表明细滤器堵塞。

④ 旋松喷油泵放气螺塞后再泵油，若流出的柴油中夹有气泡，表明燃油箱至输油泵段有漏气处，应检查各接头是否松动或油管有无破裂。

⑤ 若放气螺塞处排出纯柴油，表明故障在高压油路。

（2）高压油路的维修

① 启动柴油机，确认喷油泵运转正常，高压油管各接头密封良好。

② 喷油泵运转时，触试各高压油管是否脉动正常。若有喷油脉动，表明故障在喷油器；若无脉动或脉动甚弱，表明故障在喷油泵。

③ 检查喷油泵各连接机构工作是否可靠；拆下喷油泵上高压油管，用手油泵泵油，检查出油阀密封是否良好。

④ 将齿杆置于最大供油位置，用旋具撬动喷油泵柱塞弹簧座，做喷油动作，检查高压油路中有无空气。当柴油从出油阀喷出不带气泡时，旋紧高压油管，再撬动几次，使喷油器喷油。

二、启动困难，排气管冒白烟

1. 故障现象

接通启动机后，柴油机不易启动，排气管排出水蒸气状的白色烟雾。

2. 故障原因

（1）燃油中有水。
（2）汽缸垫冲坏或汽缸盖螺栓不紧固而使冷却水进入燃烧室。
（3）汽缸体或汽缸盖冷却水套存在破裂处。

3. 维修思路

（1）柴油机若在低温（特别是冬季）启动时排气管排出白烟，但在温度升高后排烟正常，这是正常现象。

（2）如果排出白烟时用手接近排气管消声器出口处，发现手上留有水珠，说明有水进入燃烧室。

首先应检查燃油中是否有水，可将燃油箱和柴油滤清器的放油塞打开，放出水和沉淀物。然后检查汽缸体、汽缸盖有无裂缝，汽缸盖螺栓有无松动，汽缸垫有无冲坏。

三、启动困难，排气管冒黑烟

1. 故障现象

柴油机不易启动，排气管处排出大黑烟。

2. 故障原因

（1）喷油泵联轴节上的固定螺钉松动或喷油时间过早。
（2）喷油泵柱塞磨损严重。
（3）喷油泵滚轮或凸轮磨损严重。
（4）喷油泵滚轮传动部件上的调整螺钉松动。
（5）喷油器针阀黏滞不能关闭。
（6）喷油器针阀与阀座接触不良或泄漏。
（7）喷油器喷油压力调整螺钉松动使喷油压力过低。
（8）喷油泵柱塞偶件磨损的情况下，又调大了供油量。
（9）汽缸压力过低。
（10）空气滤清器及进气通道堵塞。

3. 维修思路

（1）首先检查进、排气通道是否畅通，如空气滤清器有无堵塞、进气胶管是否凹瘪或其内孔是否被脱层堵塞、排气制动阀是否全部打开。

（2）若发动机有敲击声并冒黑烟，说明喷油过早，应重新调整喷油正时。通常这种情况多由喷油泵联轴节螺栓、轴键损坏或从动盘错位所致。

（3）检查喷油器雾化情况，若喷油压力、喷油锥角及射程等均符合标准，则应检查其针阀是否卡滞，针阀与座密封是否良好，喷油压力调整弹簧是否过软或断裂，喷油器座孔密封垫是否有积炭等。

（4）若供油系均正常，发动机仍冒黑烟而且不能启动，则应检查发动机的汽缸压力。

四、发动机动力不足，排烟少

1. 故障现象

发动机动力不足，但运转均匀排烟少。急加速时转速提不高，排气有少量黑烟。

2. 故障原因

（1）加速踏板拉杆行程不能保证供给最大供油量。

（2）调速器调速弹簧过软、折断或由于调整不当而使喷油泵不能保证最大供油量。

（3）喷油泵供油拉杆（或齿杆）行程达不到最大供油位置。

（4）喷油泵可调齿圈固定螺钉松动。

（5）喷油泵出油阀密封不良。

（6）喷油泵柱塞偶件磨损严重、黏滞或弹簧折断。

（7）喷油泵滚轮传动部件黏滞，滚轮或凸轮磨损严重。

（8）喷油器泄漏，喷油量减少。

（9）输油泵、油管堵塞等因素使其供油量减少。

（10）柴油滤清器堵塞。

（11）空气滤清器、排气管、消声器堵塞。

（12）柴油黏度过大。

（13）油路中有空气。

3. 维修思路

根据此种故障现象可以断定，发动机转速提不高是因为达不到最大供油量。首先将供油系中的空气排除，然后检查加速踏板拉杆的行程，可将加速踏板踩到底，用手扳动调速器操纵臂，若还能向加油方向推动，说明加速踏板拉杆不能使喷油泵达到最大供油量，应予以调整，再检查供油量。

五、发动机动力不足，排白烟

1. 故障现象

（1）排灰白色的烟雾。

（2）排水汽和白烟。
（3）发动机刚启动时排白烟，温度升高后变成排黑烟。

2. 故障原因

（1）喷油时间过迟。
（2）汽缸垫水道孔冲穿而与汽缸相通。
（3）汽缸破裂漏水。
（4）汽缸压力过低。
（5）燃油内有水。

3. 维修思路

（1）发动机动力不足且排气管排灰白色烟雾，一般是喷油时间过迟。处于这种情况，发动机不但高速运转不均匀，加速不灵敏，而且温度过高，排灰白烟。如果是新装配的发动机，是因装配调整不当。如果突然发生上述情况，多为喷油泵联轴节螺栓松动造成。

（2）若排气管排水蒸气烟雾时，将手靠近排气管消声器口处，如白烟掠过手面上有水珠，说明汽缸中进水。此时，先检查柴油。若柴油中无水，说明汽缸中进水，采用单缸断油试验检查喷油器喷嘴上有无水迹。若发现有水，即应查明进水原因是汽缸破裂还是汽缸垫冲坏。

（3）发动机刚启动时冒白烟，温度升高后冒黑烟，说明汽缸压力不足，虽尚能维持发动机启动，但启动时因温度过低，使许多柴油挥发成蒸气，未经燃烧便排出，所以呈白烟。待发动机温度升高后，虽压燃条件充分，但燃油仍不能完全燃烧，所以呈黑烟排出。

六、发动机动力不足，排黑烟

1. 故障现象

发动机动力不足，运转不均匀并排出黑烟，加速时出现敲击声。

2. 故障原因

（1）个别缸分泵出油阀关闭不严，柱塞黏滞。柱塞弹簧折断，调节齿圈松动，凸轮或滚轮体过量磨损，滚轮体调整螺钉调整不当或松动。
（2）个别缸喷油器针阀关闭不严，调压弹簧压力过低或折断。
（3）汽缸压力过低。

3. 维修思路

（1）采用逐缸断油法试验。当某缸停油后，若发动机转速明显降低，黑烟减少，敲击声变弱或消失，说明该缸供油过多；若发动机转速变化较小，黑烟消失，则该缸喷油器喷雾质量差；若转速无变化，则该缸不工作，这时应先检查该缸分泵故障，再拆检喷油器。

（2）检查各缸喷油正时是否一致。

（3）若以上检查均正常，则应测量故障缸汽缸压力（有时敲击声是由曲柄连杆机构间隙过大引起的）。

七、发动机动力不足，转速提不高（游车）

1．故障现象

发动机动力不足，运转中出现有规律的忽快忽慢，转速提不高。

2．故障原因

（1）调速器故障：外壳松动，飞块销，座架磨损松旷，飞块过重或收张距离不一致，润滑油太脏或太少，调速弹簧变形或断裂。

（2）喷油泵故障：供油齿杆卡滞，齿杆与调节齿圈配合间隙过大，凸轮轴轴向间隙过大，柱塞套安装不当，调节齿圈松动。

（3）个别喷油器针阀烧结。

3．维修思路

（1）检查供油齿杆的松紧度，若不能前后移动自如或移动范围较小，应将齿杆与调速器连接处拆解做进一步检查；若移动灵活，则故障在调速器；若仍只能小范围移动，则可能有个别柱塞有转动阻滞、咬死、弹簧折断等现象，应逐个检查排除。

（2）若齿杆移动灵活，应检查调速器各连接处是否松旷，调速弹簧是否变形。

（3）拆检喷油器，看针阀是否打开。

八、发动机超速

飞车是指柴油转速失去控制，突然超过允许的最高转速，并伴有巨大声响的现象。飞车是很危险的，若不能及时采取有效的措施予以制止，则会酿成毁机事故。

1．故障现象

发动机转速升高或突然升高，以致超过允许的最高转速并伴随有巨大的声响。

2．故障原因

（1）喷油泵故障：供油齿杆与调速器脱离连接；加速踏板或供油齿杆卡滞；柱塞弹簧折断或柱塞卡在大油量位置；调节齿圈松脱；凸轮轴轴向间隙过大。

（2）调速器故障：调速调整螺钉或最大供油量调整不当；调速器内润滑油过多，黏度太大或太脏，致使飞块难以张开；调速器杠杆、销子脱落或飞块销轴断裂；飞块甩脱；飞块质量不等或滑套轴承损坏；调速弹簧折断或弹力下降；全速调速器飞球歪斜，传动盘松旷，推力锥盘与滑套配合表面不光滑。

（3）额外燃油进入燃烧室，其来源有以下几点。

① 汽缸蹿油。

② 油浴式空气滤清器内油面过高，被吸入燃烧室。

③ 增压器、低温启动装置密封不良，机油漏入汽缸。

④ 多次启动不着火，汽缸内存油过多。

3．维修思路

发现飞车前兆，应立即设法熄火，故障排除前不允许再次启动。紧急熄火方法有以下几种。

（1）迅速收回加速踏板。

（2）有减压装置的，迅速将减压手柄拉到减压位置。

（3）堵塞进气管，切断空气供给。

（4）快速放松高压油管接头。

4．诊断步骤

① 若收回加速踏板时，踏板抬不起来，发动机达到最高转速时不再升高，可检查供油齿杆是否卡滞。

② 抬起加速踏板时，若转速随之下降，则故障在调速器。

③ 上述检查正常，可调整调速弹簧张力来限制最高转速。

④ 若抬起加速踏板，发动机转速仍高，则故障在喷油泵。

⑤ 若供油系统良好，则应检查有无额外燃油或机油进入汽缸。

情境六 冷却、润滑系统结构与检修

任务一 冷却系统结构与检修

一、冷却系统结构

1. 冷却系统的作用

冷却系统的作用是对在高温下工作的发动机零件进行冷却，保证发动机在适宜的温度范围内工作。冷却系统除了要防止发动机过热外，还要防止冬季发动机过冷。发动机的正常工作温度以水温 80 ~ 95℃为最佳。

2. 冷却系统的类型

按发动机冷却所用的介质来分，可分为水冷式和风冷式，如图 6-1 所示。

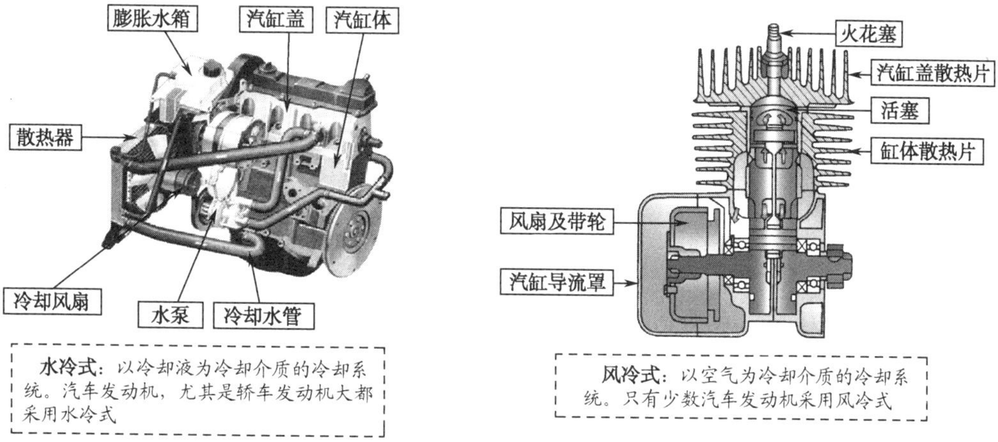

图 6-1　发动机冷却方式

二、冷却系统的组成与工作原理

1. 冷却系统的组成

汽车发动机的冷却系统均为强制循环水冷系统，即利用水泵提高冷却液的压力，强制冷却液在发动机中循环流动。这种系统的组成包括水泵、散热器、风扇、节温器、膨胀水箱、发动机机体和汽缸盖水套及其他附加装置等，如图 6-2 所示。

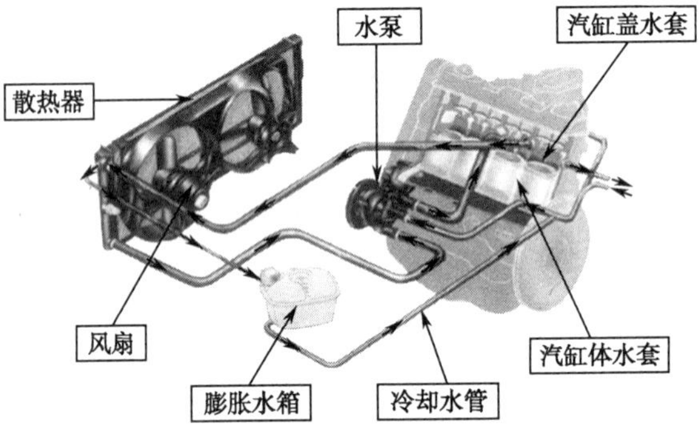

图 6-2　发动机水冷系统的组成

2. 工作原理

水泵将冷却液从机外吸入并增压，使之经分水管进入发动机的机体水套。冷却液从汽缸壁吸热而升温。然后向上流入汽缸盖水套，继续吸收热量，受热升温后的冷却液经出水管流入散热器。汽车在行驶时，外部气流由前向后从散热器中高速流过；散热器后部有风扇的强力抽吸。受热后的冷却液在散热器中自上到下流动，把热量散失到大气中，从而得到冷却。冷却液流到散热器的底部后，又在水泵的作用下，再次流向汽缸体、汽缸盖水套，如此循环，使发动机在高温下工作的零件得到适当的冷却。

三、冷却系统主要部件的构造与工作原理

1. 水泵

（1）作用与结构

水泵的作用是对冷却水加压，使冷却水在冷却系统内循环流动。汽车发动机广泛采用离心式水泵。其基本结构由水泵壳体、水泵轴、叶轮及进、出水管等组成，如图 6-3 所示。

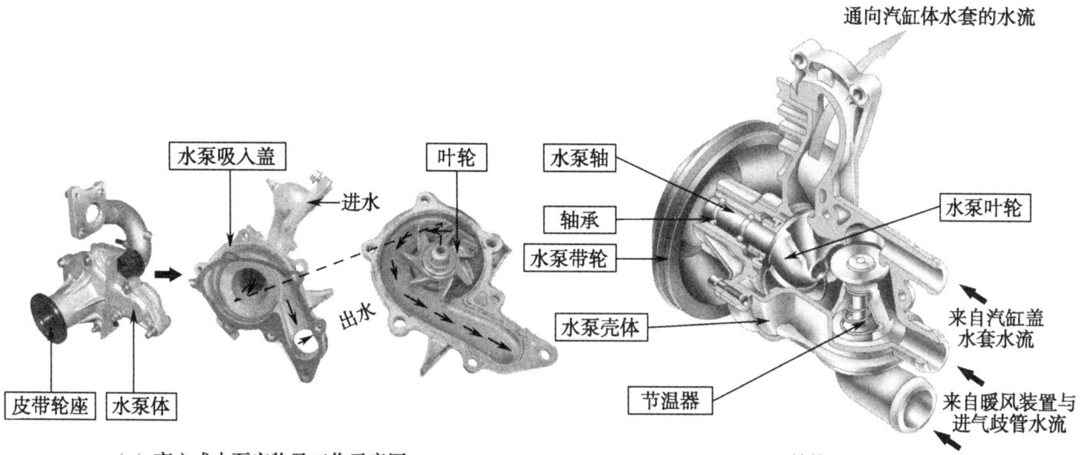

（a）离心式水泵实物及工作示意图 （b）结构图

图 6-3 水泵

（2）工作原理

当水泵叶轮按图 6-3（a）所示方向旋转时，水泵中的冷却液被叶轮带动一起旋转，并在离心力的作用下甩向水泵壳体的边缘，然后经外壳上与叶轮成切线方向的出水管被压送到发动机水套内。同时，叶轮中心处压力降低，散热器内冷却液经过进水管吸入泵腔，使整个冷却系统内的冷却液循环流动。

水泵一般由曲轴通过 V 形带驱动。有些发动机的水泵由凸轮轴直接驱动。

2. 节温器

（1）作用与结构

节温器的作用是根据发动机的工作温度自动控制冷却液的流量和循环路线。

汽车发动机装用的节温器基本是蜡式节温器，主要由主阀门、副阀门、推杆、节温器壳体和石蜡等组成，如图 6-4 所示。

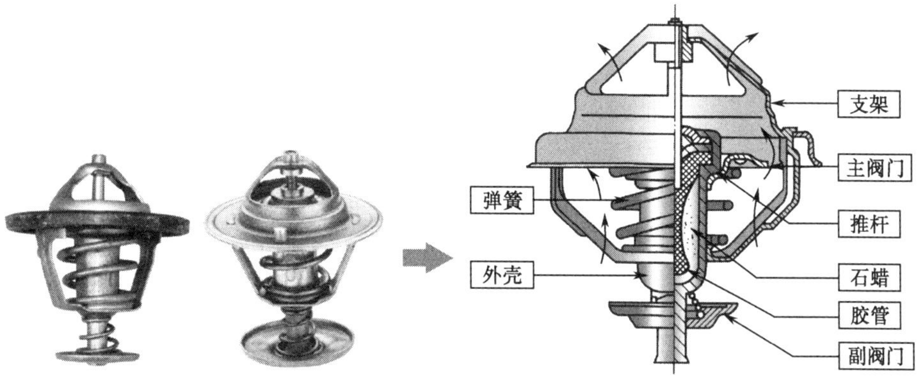

（a）实物 （b）构造

图 6-4 蜡式节温器

（2）工作原理

温度低时，石蜡呈固态，主阀门被主阀门弹簧压紧在阀座上，处于关闭状态。此时，副阀门开启，冷却液进行小循环。

温度升高时，石蜡逐渐熔化成液体，体积膨胀，迫使胶管收缩对推杆端部产生向上的推力，由于推杆固定在支架上，推杆对胶管、节温器壳体产生向下的反推力。当冷却液温度升高到一定值时，反推力克服弹簧的弹力使胶管、节温器壳体向下运动，主阀门开始开启，同时副阀门开始关闭。当水温超过一定值时，主阀门完全打开，而副阀门也正好关闭小循环水路，此时来自汽缸水套的冷却水全部经过散热器进行大循环。

蜡式节温器的工作原理如图 6-5 所示，发动机水冷系统大、小循环路线示意图如图 6-6 所示。

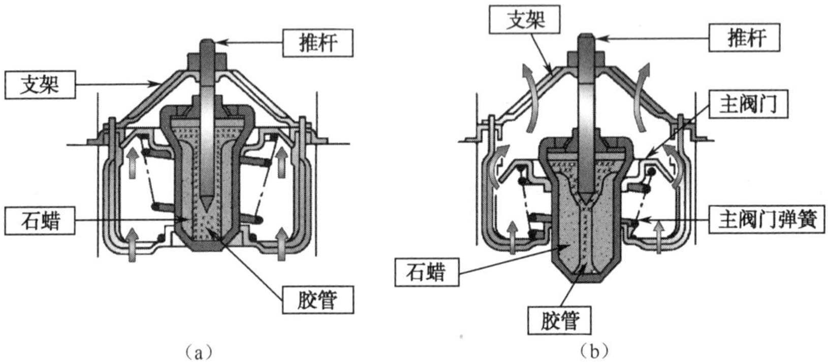

图 6-5　蜡式节温器的工作原理

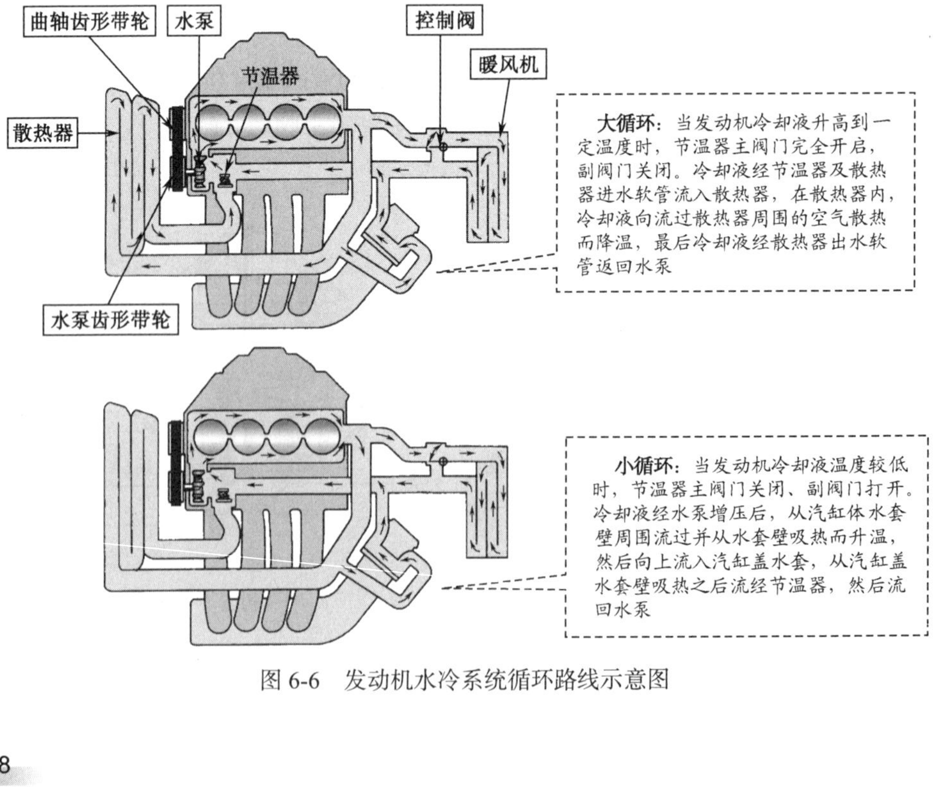

图 6-6　发动机水冷系统循环路线示意图

当发动机冷却液温度处于大、小循环的温度范围内时，节温器主阀门和副阀门部分开启，冷却液大、小循环都同时存在，以调节发动机的温度，使之稳定在最适宜的工作范围内。

3．散热器

（1）散热器的作用

散热器的作用是将冷却液在机体内吸收的热量传给外界空气，冷却液温度降低。

（2）散热器的种类

按照散热器中冷却液流动的方向分为纵流式、横流式两类，如图 6-7 所示。大多数新型轿车均采用横流式散热器。

（a）纵流式　　（b）横流式

图 6-7　散热器的种类

（3）散热器的构造

散热器由上水室、下水室、散热器芯、散热器盖、放水开关等组成，如图 6-8 所示。

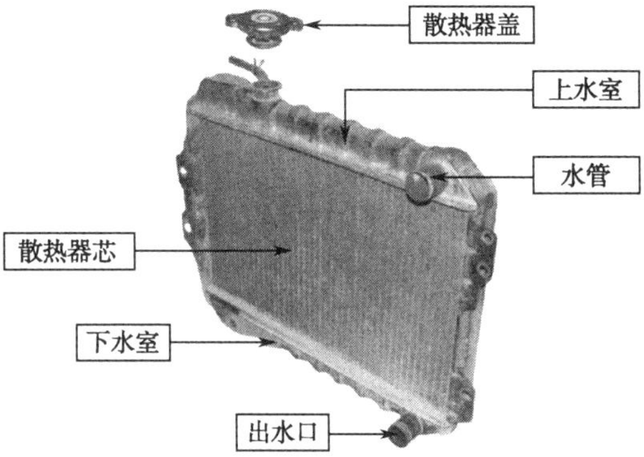

图 6-8　散热器

① 散热器芯。散热器芯由许多冷却管和散热片组成。散热器芯的结构有管片式、管带式、板式三类，如图 6-9 所示。

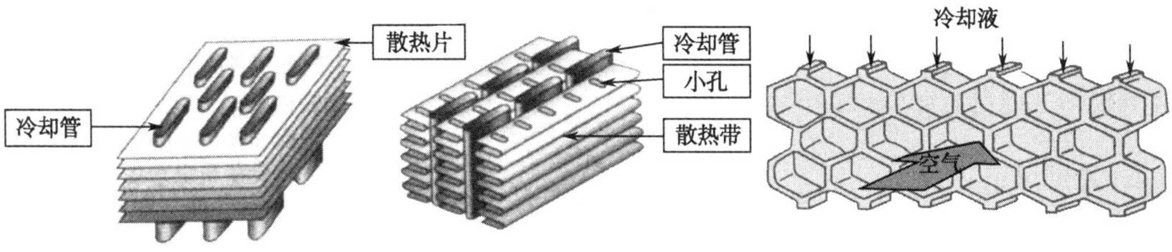

（a）管片式　　（b）管带式　　（c）板式

图 6-9　不同结构形式的散热器芯

② 散热器盖。散热器盖的作用是密封水冷系统并调节系统的工作压力。散热器盖结构如图 6-10 所示。

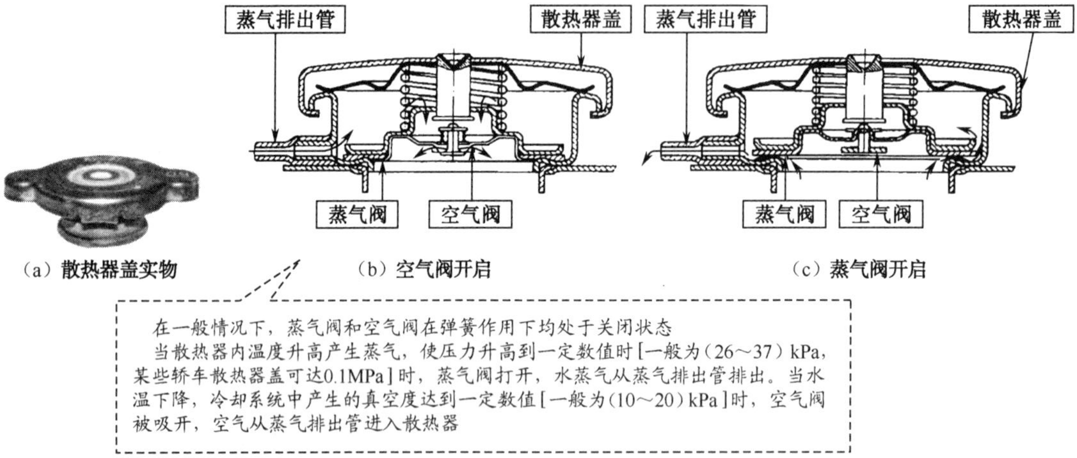

图 6-10　散热器盖结构

③ 补偿水桶。补偿水桶也称储液罐、膨胀箱、副水箱。如图 6-11 所示，补偿水桶由塑料制造并用软管与散热器加冷却液口上的溢流管连接。当冷却液受热膨胀时，部分冷却液流入补偿水桶；而当冷却液降温时，部分冷却液又被吸回散热器，所以冷却液不会溢失。

在补偿水桶的外表面上刻有两条标记线：“低”线和“高”线，补偿水桶内的液面应位于两条标记线之间。若液面低于“低”线时，应向桶内补充冷却液。在向桶内添加冷却液时，液面不应超过“高”线。

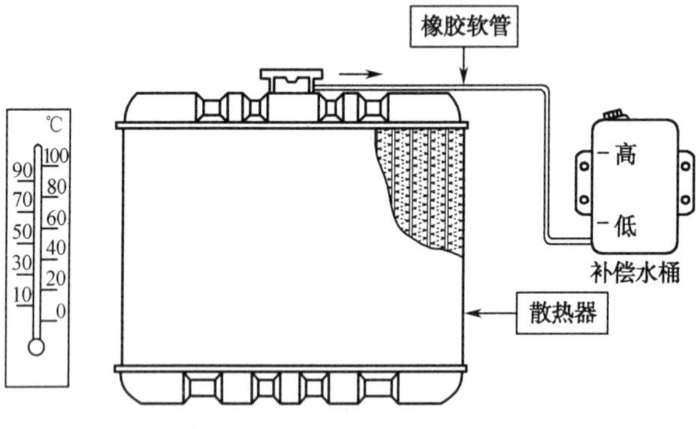

图 6-11　补偿水桶

④ 百叶窗。有些货车和大客车发动机在散热器前面装有百叶窗，其作用是通过改变吹过散热器的空气流量来调节发动机的冷却强度，以保证发动机在正常温度范围内工作。百叶窗可由驾驶员通过驾驶室内的手柄来操纵其开闭，也可由感温器自动控制。

4. 冷却风扇

冷却风扇的作用是当风扇旋转时吸进空气使其通过散热器，以增强散热器的散热能力，加快冷却液的冷却速度。

冷却风扇置于散热器后面。风扇的转速与发动机在各种工况下的运行有很大关系。在现代轿车中，常采用各种措施来控制风扇的转速，如采用硅油液力离合器、电动风扇等。

① 硅油液力离合器。在风扇和风扇带轮之间布置一个硅油离合器，利用流经散热器的空气温度来控制风扇转速的变化。

② 电动风扇。电动风扇由电动机驱动，如图 6-12 所示，其工作状态通过温度传感器受冷却液温度控制，而不受发动机转速的影响。

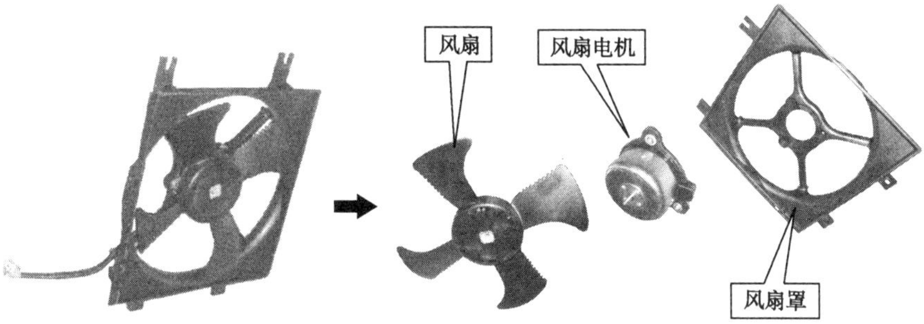

（a）实物图　（b）分解图

图 6-12　电动风扇

四、冷却系统的主要部件检修

1．水泵的检修

水泵常见的损伤有泵壳体渗漏及破裂、叶轮松脱或损伤、水封损坏、水泵轴与轴承磨损等。

（1）泵壳的检修

检查泵壳和带轮有无损伤。泵壳裂纹可进行焊接或更换。壳体与盖结合面变形大于 0.05mm 时，应予以修平。轴承座孔磨损可采用镶套法修复或更换。

（2）水泵轴的检修

水泵轴弯曲度大于 0.05mm 时，应冷压校直；水泵轴与轴承内径的配合间隙，应不大于 0.03mm。轴端螺纹损坏应予以更换。

（3）水泵叶轮的检修

检查水泵叶轮的叶片有无破损，如有破损应焊修或更换。

（4）水封的检修

水泵泄水孔漏水，则为水封密封不严。水封是水泵中的易损件，一般在拆修水泵时，都应更换新水封。

（5）水泵装合后的检验

水泵装合后，用手转动带轮，泵轴应转动自由，叶轮与泵壳应无碰擦感觉；堵住水泵进水孔，将水灌入水泵腔中，转动水泵轴，泄水孔应无漏水现象。

2. 节温器的检查

把节温器放在盛有水的器皿中，然后加热，检查主阀门开始打开和完全开启时的温度，以及全开时主阀门升程，如图 6-13 所示。

例如，捷达两阀电喷系列轿车所用节温器主阀在 86℃时，节温器开始打开；当水温达 102℃时，节温器主阀应全部开启，其开启行程应不少于 7mm。

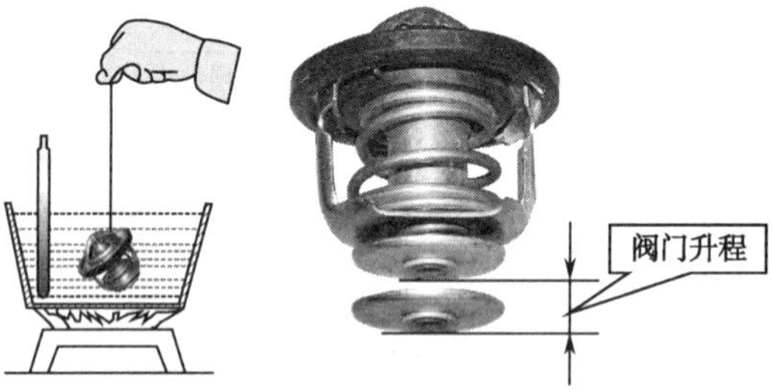

图 6-13　节温器阀门开闭温度和升程的检测

3. 散热器的检修

（1）散热器的清洗

散热器在使用过程中，会因腐蚀和积垢等原因影响冷却效果。清洗时最好采用循环法，即先用酸性溶液洗涤，再用碱性溶液冲洗中和。

（2）散热器的密封性检测

连接散热器压力检测器，如图 6-14 所示。在散热器内充入 0.1MPa 以上压力的压缩空气，观察压力检测器的压力下降值，若 2min 内压力下降超过 0.015MPa，则散热器及冷却水道等有渗漏。

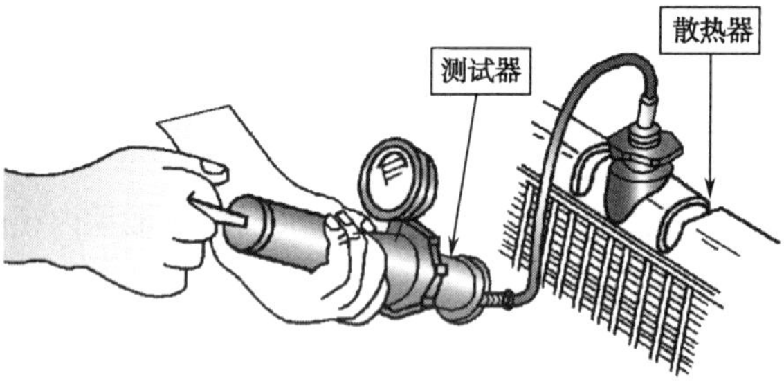

图 6-14　散热器渗漏的检查

（3）散热器盖阀门密封性检测

检查散热器盖的密封衬垫，如图 6-15 所示，如果弯曲或变形则需更换。将散热器盖旋装在压力检测器上，如图 6-16 所示，用手推压力测试器，直至压力阀打开为止。压力阀在压力为 0.026M ~ 0.037MPa 时打开，若压力低于 0.026MPa 时，应更换散热器盖。

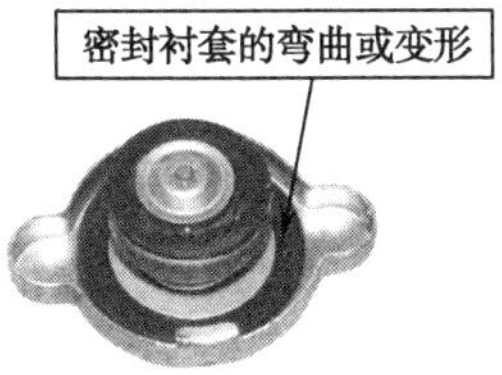

图 6-15 检查散热器盖的密封衬垫

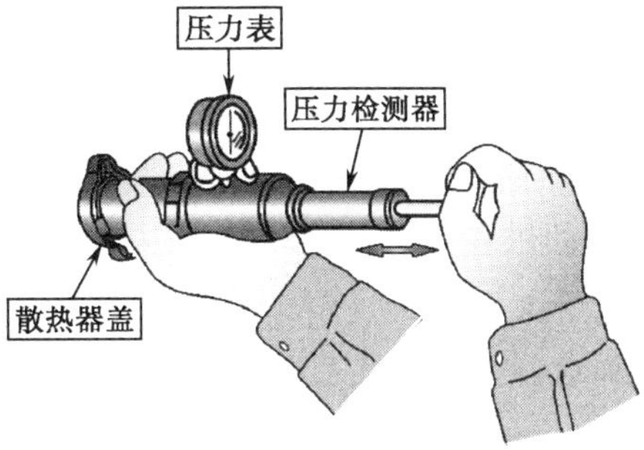

图 6-16 散热器盖压力阀密封性的检查

4. 冷却风扇的检修

以捷达轿车为例检查散热器风扇及热敏开关。

捷达轿车散热器风扇是受冷却液温度控制的热敏开关控制。风扇一挡时，接通温度为 92 ~ 97℃，断开温度为 84 ~ 91℃；风扇二挡时，接通温度为 99 ~ 105℃，断开温度为 91 ~ 98℃。

当冷却液已达到风扇转动温度但风扇没有旋转时，应首先检查熔丝是否熔断。如果熔丝良好，应再拔下热敏开关插头，将两个插片短路，此时若风扇仍不转，表明电动风扇损坏，应更换。若两个插片接通后风扇转动，表明热敏开关损坏，应更换热敏开关。

五、冷却液常见故障诊断与排除

冷却系统的常见故障主要表现为发动机温度过高、过低及冷却液消耗量异常等。

1. 发动机温度过高

对于水冷式发动机，如果冷却液量充足并且冷却系统不漏冷却液，在正常使用条件下仍然容易出现过热甚至“开锅”现象，说明该冷却系统工作不正常，应进行认真的检查与调整。

（1）故障原因

① 百叶窗关闭或开度不足，使流经散热器的通风量受到影响。与此相关的故障还有散热器通风不良，如泥浆或絮状物进入散热片等。

② 散热器风扇皮带打滑或风扇叶损坏、角度不当等。与此相关的故障还有风罩脱落、损坏等。

③ 散热器回液管被吸瘪变形，严重影响了冷却系统工作时的回液量。橡胶管使用过久或安装了质量不良的冷却液管，最容易造成散热器回液不畅的故障。

④ 散热器芯管堵塞或散热片倒伏过多，使冷却液流通不畅或风道不畅。与之相关联的故障是发动机液套内及散热器内水垢过多。

⑤ 节温器损坏，使大循环时阀门不能按规定的温度打开或开度不够，这是一种最常见的冷却系统故障，可将节温器拆下进一步试验。如果冷却液温度能够迅速下降，说明节温器已经失效或工作不稳定。

⑥ 电子控制风扇的温度控制开关工作不良，从而使风扇不能旋转或风扇电动机启动过晚。

⑦ 风冷式冷却系统中的轴流鼓风机转速过低，或者风道不畅及空气分流不良，导致发动机冷却效果下降。

⑧ 如果发动机装有排气制动装置，因控制装置工作不良导致排气不畅，也会使发动机的温度过高。

⑨ 风扇离合器不能正常工作，使散热器的冷却效率大大降低。

除此之外，汽油机点火时间过迟和柴油机喷油时刻过缓也会影响冷却系统的温度，并且伴随着其他故障现象，应视具体情况进行诊断与排除。

（2）诊断与排除方法

先检查百叶窗是否关闭和开度不足。若开度足够，再检查风扇皮带松紧度。用大拇指以一定的压力压下皮带，其挠度应为 10~15mm。若压下的距离过大，说明风扇皮带太松，应松开发电机活动支架进行调整。若皮带不松仍然打滑，说明皮带及皮带轮磨损或沾有油污。应予以更换。若风扇转动正常，但发动机仍过热，则应检查风扇工作时的扇风量及风扇离合器是否工作正常。方法是在发动机运转时，将一张薄纸敷在散热器前面，若能够被牢牢地吸住，说明风量足够；否则，应检查风扇离合器、风扇叶片方向是否正确，或者风扇叶片有无变形、折断或角度是否正确。如果叶片已经变形，可用专用工具夹住叶片头部适当折弯矫正，以减少叶片涡流，必要时应更换新风扇。

若风扇运转正常，可以检查水泵的工作效能。检查时用手握住汽缸盖通散热器的回液管（注意避免烫伤）。然后将发动机由怠速加到高速，如果回液软管内冷却液的流速随着发动机转速的增加而增加，说明水泵工作正常；否则，说明水泵工作不良，应进行检修。如果水泵工作良好，可用检测散热器和发动机液套部位的温度。如果散热器温度低，而发动机温度很高，说明冷却液循环不良，可能是节温器大循环阀门打不开，应更换节温器。

若上述各部分均工作正常，再检查散热器和发动机各部位温度是否均匀。如果散热器冷热不均，说明其中冷却液管有堵塞或散热片倒伏过多。如果是发动机前端的温度低于后端，则表明分液管已经损坏或堵塞，应予以更换。

当然，属于冷却系统之外的故障时，则应根据具体情况采用相应的诊断与排除方法，这里不再赘述。

若非上述原因，则可能是冷却液套内积垢过多，应予以清洗。

2. 发动机冷却液温度过低

水冷式发动机冷却液温度过低主要表现在冷却液温度上升缓慢(冬季)，并且发动机温度在未达到正常工作温度之前便不再继续增长。

（1）故障原因

① 百叶窗不能关闭或汽车的保温防护措施过差，使发动机温度难以得到提高。

② 节温器损坏，使小循环阀门不能按要求打开，大循环阀门一直处于不打开状态。破坏了发动机原有的设计要求。这也是冷却系统中一种最常见的故障，此时应测试节温器的工作性能。

③ 电子控制风扇的温度控制开关工作不良，从而使风扇在发动机未达到正常工作温度时过早旋转。

④ 风扇离合器不能正常工作，造成发动机在冷却状态时启动后，风扇高速旋转使冷却风量过大。

（2）诊断与排除方法

① 冬季启动发动机后冷却系统温度难以提高时，应先检查保温防护措施是否可靠，百叶窗及操纵装置是否动作灵活、关闭可靠。如果达不到这些要求，应先进行妥善处理后再进行下一步的检修。

② 如果装有风扇离合器，应根据冷却系统的实际温度观察风扇的转速是否过高；如果使用的是电子控制风扇，则应根据发动机的温度判定其是否应该停止转动，如不符合要求，应进一步检查风扇温度控制开关及继电器等零件的可靠性。

③检查发动机上部及散热器上部的温度，如果两者温度一致并且都很低，说明节温器损坏，即小循环阀门卡住而大循环阀门常开，或者是在以往的修理中节温器已经被拆除。

3．冷却液消耗量异常

如果在发动机正常使用过程中发现冷却液消耗量异常，应及时补充并检查消耗的原因，否则，可能造成其他装置的磨损。

（1）故障原因

① 发动机冷却系统有外渗漏，会造成冷却液不断减少并需要定期补充。冷却系统某些部位的外渗漏，有时会随着发动机热量蒸发带走，如汽缸体、汽缸盖和散热器及水泵的进、出液口等部位。一般在冷状态下检查时比较容易发现具体渗漏部位。

② 发动机冷却系统有内渗漏，如汽缸垫损坏、汽缸水封漏冷却液、汽缸体有裂纹等，使冷却液渗到汽缸或润滑系统等其他部位。

③ 散热器盖封闭不严或上面的蒸气阀门、空气阀门失效，使冷却液温度提高后无压力限制而蒸发过快。

④ 冷却系统水垢过多或堵塞，使系统循环不良而造成经常性冷却液温度过热，冷却液蒸发量因此而增大。

（2）诊断与排除方法

① 先检查冷却系统各个部件及连接部分有无渗漏，热状态下不易查出的渗漏可以在冷状态下检查。检查渗漏时，注意不要忽视对辅助装置渗漏的检查，如车身上的暖风装置发生渗漏时，可能从其他部位排放到车外。

② 检查散热器是否密封，蒸气阀门、空气阀门是否密封良好。如无渗漏，再检查散热器内冷却液量是否充足。如冷却液不足并且需要定时补充，则说明故障在散热器盖。若冷却液不足不是因渗漏所致，应进行全面检修。

③ 若冷却系统外部不渗漏冷却液，而冷却液仍然消耗过快，则应检查冷却系统内部有无渗漏冷却液。拔出机油尺，检查机油油面高度，如果油面升高并且颜色浑浊，则说明机油

中有冷却液渗入，应进一步查清渗漏冷却液部位。

④ 若上述各项均正常，则可能是散热器与冷却液套水垢太厚，可用与同一车型对比的方法确定冷却液的加注量是否偏少。如果冷却液容量比规定的容量少得多，应用清洗剂清洗冷却系统。

任务二　润滑系统的结构与维修

一、润滑系统结构

1．润滑系统的作用

发动机工作时，连续不断地将机油送至运动零件表面，减小零件的摩擦和磨损；机油流经各零件表面时，还会带走摩擦产生的热量；清洗零件表面时，还要带走磨屑和其他异物；在零件表面形成油膜，防止腐蚀生锈；同时也提高零件的密封性，有利于防止漏气或漏油，即润滑系统具有润滑、冷却、清洁、密封、防腐、防锈的功能。

2．润滑的方式

发动机的润滑方式有压力润滑、飞溅润滑和润滑脂润滑三种。

（1）压力润滑

压力润滑是指以一定的压力把机油加入摩擦表面的润滑方式。这种方式主要用于曲轴各轴颈与轴承之间、凸轮轴颈与轴承之间、摇臂轴与摇臂之间等部位的润滑。

（2）飞溅润滑

飞溅润滑是指利用发动机工作时运动件溅起来的油滴或油雾润滑摩擦表面的润滑方式。该方式主要用来润滑负荷较轻的汽缸壁面和凸轮、挺柱、活塞销等零件的工作表面。

（3）润滑脂润滑

对于一些分散的、负荷较小的部位，采用定期加注润滑脂的方式进行润滑，如水泵、发电机、启动机等的润滑就采用这种方式。

3．润滑系统的组成及油路

润滑系统由机油泵、机油滤清器、集滤器、机油散热器和冷却器、油底壳等组成。此外，润滑系统还包括机油压力表、温度表和机油管道等。

现代汽车发动机润滑系统的油路大致相同，润滑系统的组成及油路如图 6-17 所示。在此系统中，曲轴的主轴颈、曲柄销、凸轮轴颈及中间轴（分电器和机油泵的传动轴颈）均采用压力润滑，其余部分则用飞溅润滑或润滑脂润滑。

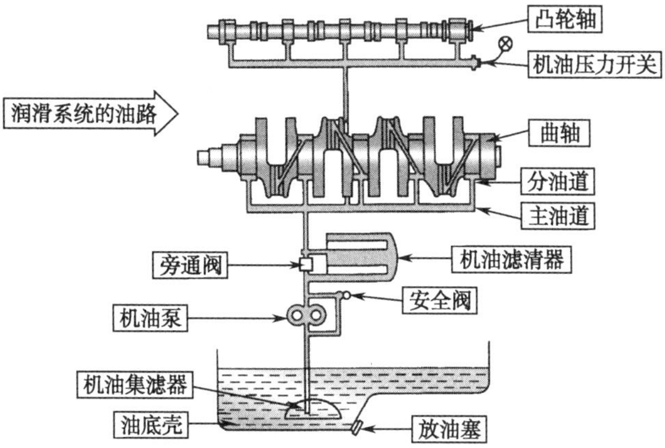

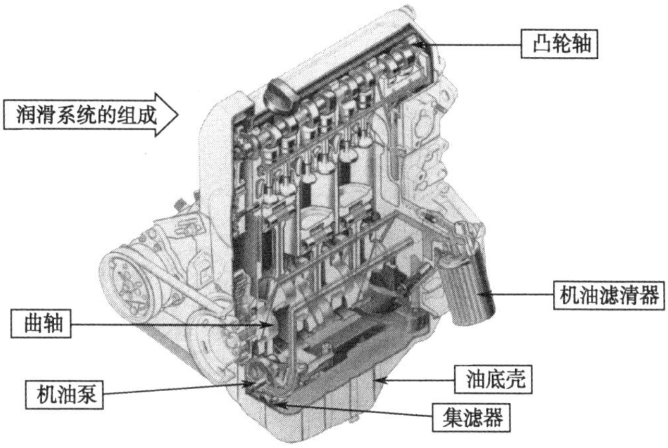

图 6-17 润滑系统的组成及油路

当发动机工作时，机油从油底壳经集滤器被机油泵送入机油滤清器。如果油压太高，则机油经机油泵上的安全阀返回油底壳。全部机油经滤清器滤清之后进入发动机主油道。滤清器盖上设有旁通阀，当滤清器堵塞时，机油不经过滤清器滤清由旁通阀直接进入主油道。机油经主油道进入 5 条分油道，分别润滑 5 个主轴承。然后，机油经曲轴上的斜油道，从主轴承流向连杆轴承，润滑连杆轴颈。主油道的另一条分油道直通凸轮轴轴承润滑油道，此油道也有 5 个分油道，分别向 5 个凸轮轴轴承供油。在凸轮轴轴承润滑油道的后端，也就是整个压力润滑油路的终端装有最低机油压力报警开关。当发动机启动之后，机油压力较低，最低油压报警开关触点闭合，油压指示灯亮。当机油压力超过一定值时，最低油压报警开关触点断开，指示灯熄灭。

二、润滑系统的主要零部件

1. 机油泵

机油泵的功用是提高润滑系统的机油压力，使机油在润滑系统内循环流动，保证发动机在任何转速下都能把机油送达各运动件的摩擦表面。

机油泵按其结构可分为齿轮式和转子式两类。齿轮式机油泵又分为内啮合齿轮式和外啮合齿轮式两种。

（1）外啮合齿轮式机油泵

外啮合齿轮式机油泵结构如图 6-18 所示。其工作原理为：机油泵体内有一对外啮合齿轮（主动齿轮和从动齿轮），主动齿轮受发动机驱动，齿轮与机油泵体和泵盖形成了进油腔、过渡油腔和出油腔。当主动齿轮带动被动齿轮旋转时，进油腔的容积由于油液逐渐被带走，腔内产生一定真空度，润滑油从油底壳被吸入进油腔。随后被轮齿带到过渡油腔，再进入出油腔，出油腔由于油液逐渐增多，压力升高，因此润滑油经出油口被输出。

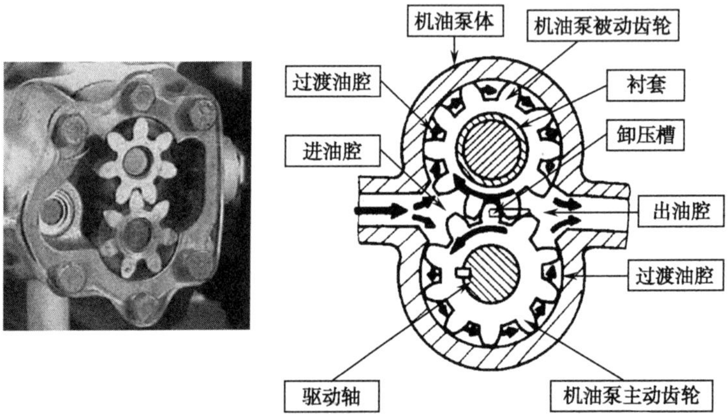

图 6-18　外啮合齿轮式机油泵结构

（2）内啮合齿轮式机油泵

内啮合齿轮式机油泵结构如图 6-19 所示。其工作原理与外啮合齿轮式机油泵相似。内啮合齿轮泵由曲轴直接驱动，无需中间传动机构，所以零件数量少、体积小、成本低，但泵油效率较低。

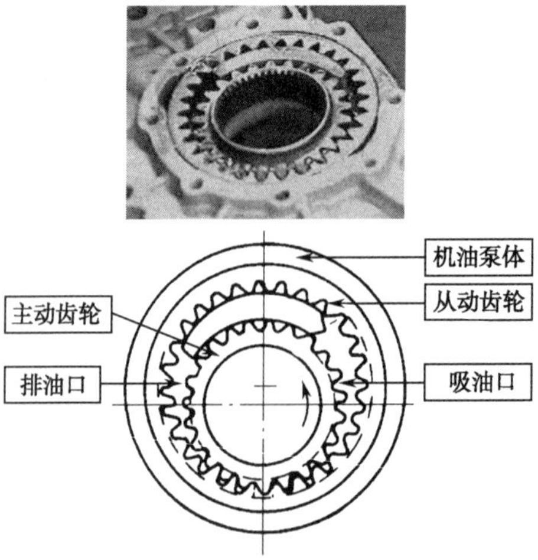

图 6-19　内啮合齿轮式机油泵结构

（3）转子式机油泵

转子式机油泵主要由内外转子、泵壳及泵盖等零件组成，如图 6-20 所示。外转子比内转子多一个齿，内转子固定在机油泵传动轴上，外转子自由地安装在泵体内，并与内转子啮合转动。

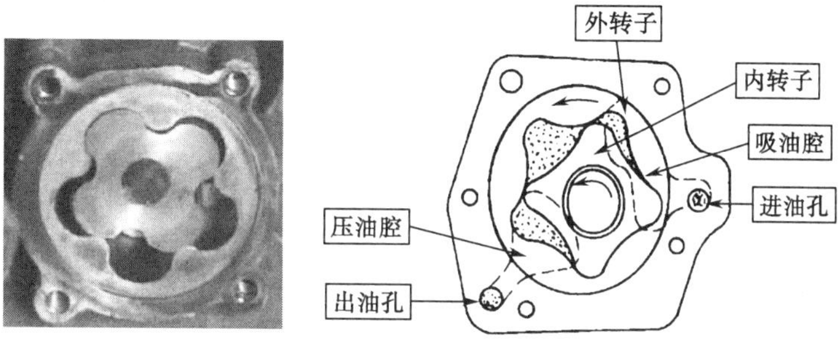

图 6-20 转子式机油泵

2. 机油滤清器

（1）作用

机油滤清器的作用是滤除机油中的金属磨屑、机械杂质和机油氧化物，保持机油的清洁。

（2）分类

① 机油滤清器按过滤能力可分为集滤器、粗滤器和细滤器三种，如图 6-21 所示。

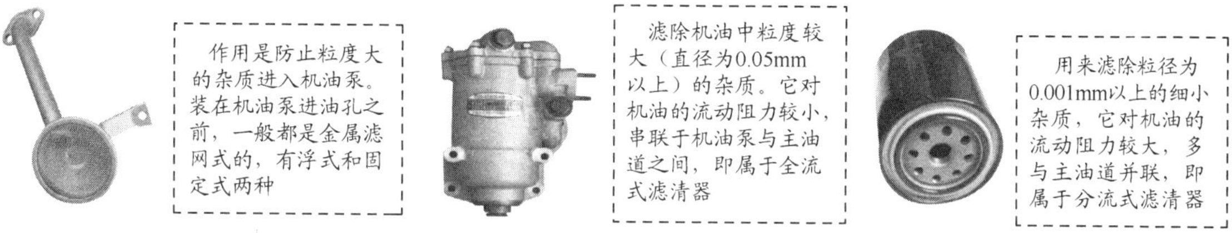

（a）集滤器 （b）粗滤器 （c）细滤器

图 6-21 不同过滤能力的机油滤清器

② 机油滤清器按滤清方式可分为过滤式和离心式两种，过滤式按滤芯材料又分为金属片缝隙滤清器和纸质滤清器两种，如图 6-22 所示。

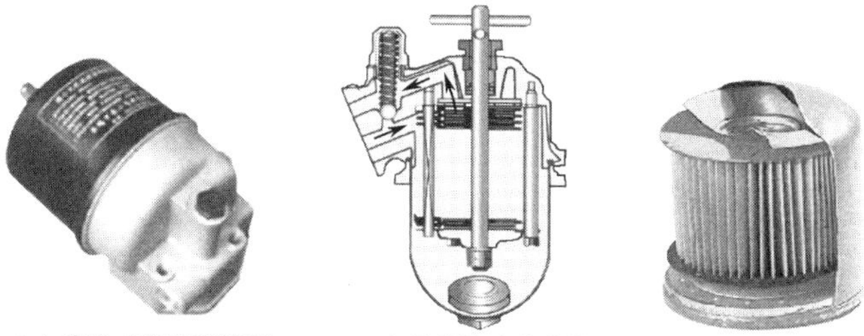

（a）离心式机油滤清器 （b）金属片缝隙滤清器 （c）纸质滤清器

图 6-22 不同滤清方式的机油滤清器

③ 机油滤清器按与油道连接方式可分为全流式和分流式两种，如图 6-23 所示。

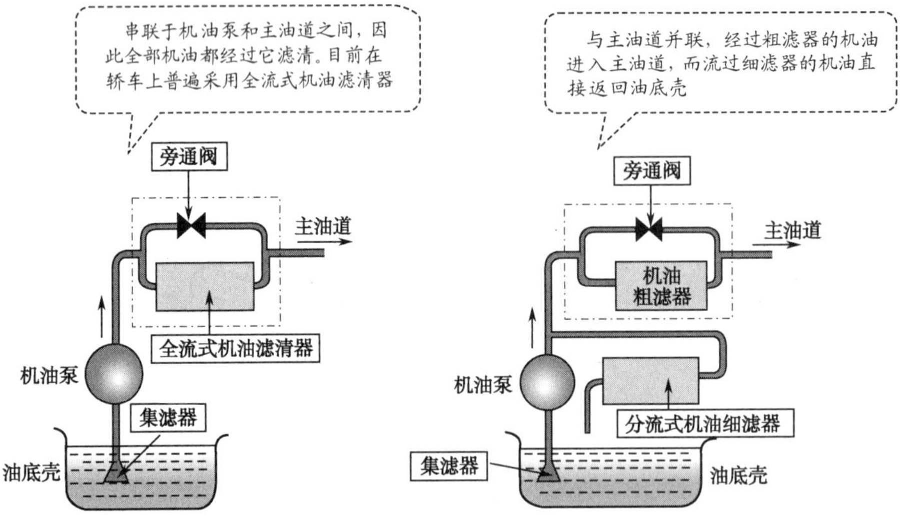

（a）全流式　　（b）分流式

图 6-23　全流式与分流式机油滤清器

3．机油散热器与机油冷却器

一些负荷较大的发动机装有专门的机油散热装置，对机油进行强制冷却，使机油保持在最佳温度范围内工作。这些装置有机油散热器和机油冷却器两种，如图 6-24 所示。

它和冷却水散热器结构基本相同，但采用横流式结构，一般安装在冷却水散热器的前面。机油散热器油路与主油道并联，利用冷却风扇的风力使机油冷却

（a）机油散热器

它是一种水冷式机油散热器，一般串联在机油粗滤器前，利用发动机冷却水来控制机油油温。当油温较高时靠冷却液降温，而在启动暖机，油温较低时，则可从冷却液中吸热，迅速提高机油温度

（b）机油冷却器

图 6-24　机油散热器和机油冷却器

4．机油标尺

机油标尺用来检查油底壳中的机油的存量。它是一根插在汽缸体油平面检查孔内的扁平杆。捷达轿车机油标尺位置图如图 6-25 所示。标尺的一端刻有刻度线，在发动机停止工作，全部机油都流回油底壳时，先拔出机油尺，擦干后重新插入曲轴箱内，再拔出机油尺，察看机油的油迹，油面高度应在油标尺的上、下限刻度之间。

5. 安全阀

为了防止油压过高，在润滑油路中设置安全阀或限压阀。一般安全阀装在机油泵或机体的主油道上，如图 6-26 所示。当安全阀安装在机油泵上时，如果油压达到规定值，安全阀开启，多余的机油返回机油泵进口；如果安全阀安装在主油道上，则当油压达到规定值时，多余的机油经过安全阀流回油底壳。

图 6-25 捷达轿车机油标尺位置图

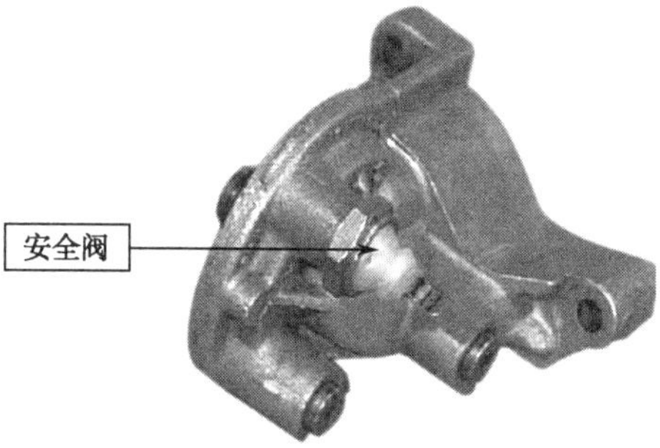

图 6-26 安全阀安装位置

6. 曲轴箱通风装置

曲轴箱通风装置的作用是及时地将进入曲轴箱内的混合气和废气抽出，同时使新鲜空气进入曲轴箱，形成不断的对流。曲轴箱的通风方式一般有两种：一种是自然通风，另一种是强制通风。

（1）自然通风

自然通风是指从曲轴箱抽出的气体直接导入大气的通风方式。柴油机多采用这种通风方式。

（2）强制通风

强制通风是指从曲轴箱抽出的气体导入发动机的进气管，吸入汽缸再燃烧的通风方式。强制式曲轴箱通风系统又称 PCV 系统，汽油机一般都采用这种通风方式。

三、润滑系统的检修

1. 机油泵的检修

（1）齿轮式机油泵的检修

① 直观检查泵体与泵盖，若有裂纹应进行焊修或更换新件。

② 检测主、从动齿啮合间隙，如图 6-27 所示，可用塞尺在互呈 120° 处分三点测量，啮合间隙一般为 0.05 ~ 0.25mm，各点测量误差不应超过 0.1mm，不符合规定应成对更换齿轮。

③ 检测齿轮与泵体之间的间隙（即齿顶间隙），用塞尺测量，如图 6-28 所示。如果齿轮与泵体之间的间隙超过 0.3mm，应予以更换新件。

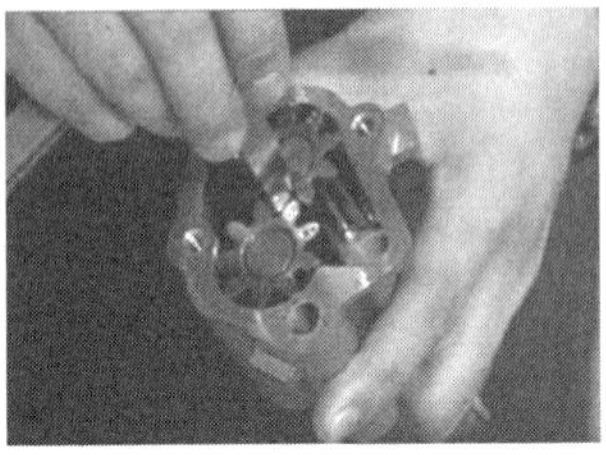

图 6-27 检测主、从动齿啮合间隙

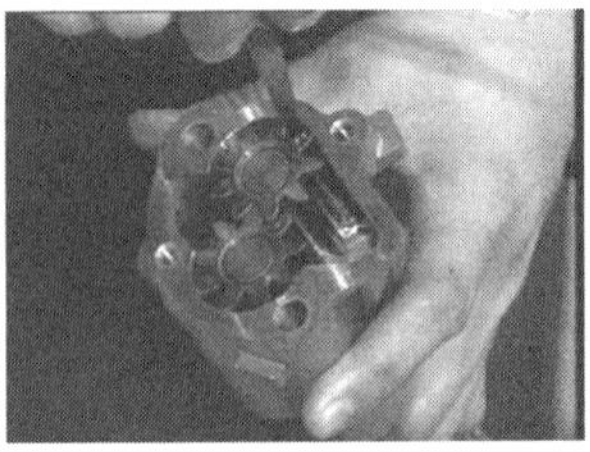

图 6-28 检测齿轮与泵体之间的间隙

④ 检查齿轮与泵盖之间的端面间隙，将钢尺直边紧靠在带齿轮的泵体端面上，将塞尺插入缝隙进行测量，如图 6-29 所示。齿轮与泵盖之间的端面间隙一般为 0.05 ~ 0.25mm，如果间隙不符合要求，可增减垫片或磨削泵壳与泵盖结合面。

（2）转子式机油泵的检修

① 检测内外转子之间的齿顶间隙。用塞尺测量驱动转子与从动转子之间的齿顶间隙，如图 6-30 所示。如果超过极限值，则应更换整套转子。

图 6-29 检测齿轮与泵盖之间的端面间隙

图 6-30 检测内外转子之间的齿顶间隙

② 检测外转子与泵体之间的间隙。用塞尺测量从动转子与壳体之间的间隙，如图 6-31 所示。如果超过极限值，则应更换整套转子，必要时更换油泵组件。

③ 检测端面间隙。用塞尺和精密的平尺测量转子与端盖之间的间隙，如图 6-32 所示。如果超过极限值，则应更换整套转子，必要时应更换油泵组件。

图 6-31 检测外转子与泵体之间的间隙

图 6-32 检测端面间隙

④ 装复机油泵。安装转子时注意，内外转子标记应对齐，并使安装标记朝向泵体，如

图 6-33 所示。

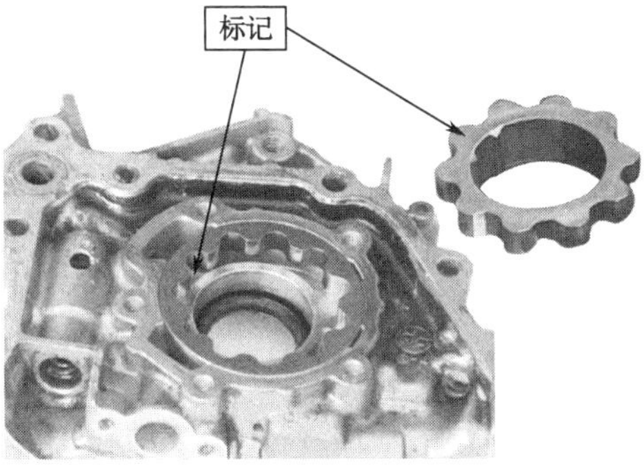

图 6-33 装机油泵时标记对齐朝上

2. 机油滤清器的检修

（1）集滤器的检修

集滤器的损坏形式有油管和滤网堵塞、浮子破损下沉等。油管和滤网堵塞应用柴油或煤油清洗后用压缩空气吹干，浮子有破损应进行焊修。

（2）粗滤器的检修

一般汽车每行驶 12000km 左右，应拆洗壳体，更换一次滤芯。检查各密封圈，若有老化、损坏应更换。无特殊情况，不必拆卸和调整旁通阀。将滤清器安装到汽缸体上时，应先在滤清器内充满机油。

（3）细滤器的检修

对于可拆式纸质滤芯式机油细滤器，其检修方法与机油粗滤器相同。现将离心式机油细滤器的检修方法介绍如下。

在发动机的机油压力高于 0.1MPa 时，运转 10s 以上（机油压力较低时机油不会进入细滤器），然后立即熄火。熄火后 2～3min，若在发动机旁听不到细滤器转子转动的“嗡嗡”声，则说明细滤器工作不正常。若机油压力正常，细滤器的进油单向阀也未堵塞，则为细滤器故障。此时应拆卸细滤器，如图 6-34 所示，拧开压紧螺母，取下外罩，将转子转到喷嘴对准挡油板的缺口时，取出转子。清除转子内壁上的污物，清洗转子并疏通喷嘴（注意不能用金属丝疏通，应用压缩空气吹通），经调整或换件后再组装。

图 6-34 拆卸机油滤清器

3. 机油散热器与机油冷却器的检修

（1）机油散热器的检修

机油散热器常见的故障是管道阻塞不通、管道破裂、散热片重叠变形、限压阀调整不当等。机油散热器拆下后，用煤油灌入散热管道进行清理，并用压缩空气吹通。散热管如有损坏，可参照冷却系统散热器修理方法进行。散热片重叠变形应予以拨正，并用压缩空气吹净散热片间积垢。

（2）机油冷却器的检修

① 清洗。拆下冷却器，将冷却器置于 10%～15%氢氧化钠溶液内，加热，浸煮 0.5h 左右取出冷却器，用清水冲洗出水箱内的水垢。水管内的水垢严重时，也可拆下上、下水室后，用通条逐个通除水管内的水垢，然后再焊好上、下水室。

② 修理。冷却器表面有裂纹可用锡焊焊补。冷却器个别水管有裂纹不便焊补时，可拆下上、下水室，焊堵漏水水管的两端。冷却器水管也可采用接管法、换管法、拼修法进行修理。

四、润滑系统常见的故障维修

1. 发动机在运转过程中机油压力过高时故障的维修

（1）故障原因

① 机油黏度过大，限压阀卡住或调整不当。

② 润滑系统主油道堵塞。

③ 机油滤清器芯堵塞，旁通阀不开启。

④ 机油压力表或与油压传感器工作不良。

⑤ 曲轴主轴承，连杆轴承间隙过小。

⑥ 曲轴箱机油加注过多，机油太脏。

（2）维修思路

发动机机油压力过高时，应立即熄火停车检查，方法如下。

① 首先检查机油油量。拔出量油尺，检视油面是否过高，察看机油黏度是否过大。

② 检查机油滤清器芯是否堵塞，旁通阀弹簧是否过硬，润滑油道是否堵塞，机油泵限压阀是否卡死。

③ 检查机油压力高压开关是否失效。

2. 机油耗油多故障的维修

（1）故障原因

① 机油渗漏，汽缸衬垫和各部油封损坏。

② 机油进入燃烧室燃烧，判定如下。

a. 汽缸磨损严重，活塞与汽缸配合间隙过大，活塞环失去弹性或断裂，开口间隙重合等，机油窜入燃烧室。

b. 气门油封老化、失效，致使机油通过气门导管和气门之间流入燃烧室，或者气门杆磨损间隙增大。

c. 曲轴箱通风阀黏结失效，失去通风量的控制作用，致使曲轴箱中过多的机油蒸气通过曲轴箱通风管进入进气管和燃烧室。

（2）维修思路

① 检查机油是否渗漏，若发现机油外部渗漏，确定其渗漏位置并更换渗漏处的衬垫或油封。

② 测量汽缸压缩力，诊断机油进入燃烧室而燃烧的具体部位，如果压缩力正常，说明是气门油封或气门的导管间隙过大所致，应更换气门油封，必要时更换气门和导管。汽缸压缩力不足，排气管冒蓝烟，说明汽缸或活塞环过度磨损，应检查汽缸和活塞环的技术状况，根据其磨损的具体情况，更换活塞环或对发动机进行大修。

3. 外部机油泄漏故障的维修

对于外部机油泄漏故障，可参照表6-1所示中的故障原因及相应的维修思路。

表6-1 外部机油泄漏故障的维修表

故障	故障原因	维修思路
外部机油泄漏	（1）燃油泵衬垫断裂或安装不到位	（1）更换衬垫
	（2）缸盖罩RTV密封胶断裂或涂抹不到位	（2）更换密封胶；检查缸盖罩密封胶凸缘和缸盖密封胶表面是否变形或破裂
	（3）机油滤清器盖泄漏或脱落	（3）更换盖
	（4）机油滤清器衬垫断裂或安装不到位	（4）更换机油滤清器
	（5）油底壳侧衬垫断裂、安装不到位或RTV密封胶裂开	（5）更换衬垫或修理密封胶的开裂；检查油底壳衬垫凸缘是否变形
	（6）油底壳前油封断裂或安装不到位	（6）更换油封；检查正时齿轮室盖和油底壳油封凸缘
	（7）油底壳后油封断裂或安装不到位	（7）更换油封；检查油底壳后油封凸缘；检查后主轴承盖是否破裂、机油返回通道是否堵塞或油封槽是否变形
	（8）正时齿轮室盖油封断裂或安装不到位	（8）更换油封
	（9）由于PCV阀阻塞导致曲轴箱压力过大	（9）更换PCV阀
	（10）油底壳放油塞松动或螺纹刮伤	（10）根据需要进行修理并拧紧
	（11）后油道塞松动	（11）在油道塞上涂上适当的密封胶并拧紧
	（12）后凸轮轴塞松动或安装不到位	（12）按需要将凸轮轴塞安装到位或更换和密封
	（13）分电器底座衬垫损坏	（13）更换衬垫

情境七 进排气系统结构与检修

任务一 发动机进气控制系统

一、进气系统的功用与组成

进气系统由空气滤清器、进气管、谐振腔、进气歧管等组成。它的功用是尽可能多、尽可能均匀地向各缸供给可燃混合气或纯空气。

进气系统的路径有以下几种。

化油器式汽油机：空气经空气滤清器过滤后，进入化油器，在化油器内与汽油形成可燃混合气，进入进气歧管，然后经进气门进入汽缸。

直接喷射式汽油机：空气经空气滤清器过滤后，流过空气流量计，由进气道进入进气歧管，与喷油嘴喷出的汽油混合形成可燃混合气，经进气门进入汽缸。

直接喷射式柴油机：空气经空气滤清器过滤后，进入进气歧管，经进气门进入汽缸。

1. 空气滤清器

（1）功用

空气滤清器的作用主要是滤除空气中的杂质或灰尘，使进气洁净，减少汽缸磨损。另外，空气滤清器也有降低进气噪声的作用。

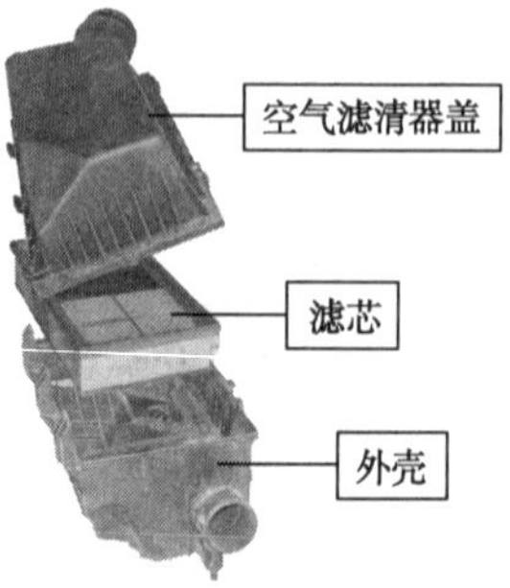

图 7-1 空气滤清器

（2）组成

空气滤清器一般由空气滤清器盖、外壳和滤芯等组成，如图 7-1 所示。

（3）分类

空气滤清器按结构的不同，可以分为油浴式、离心式、干式等，如图 7-2 所示。

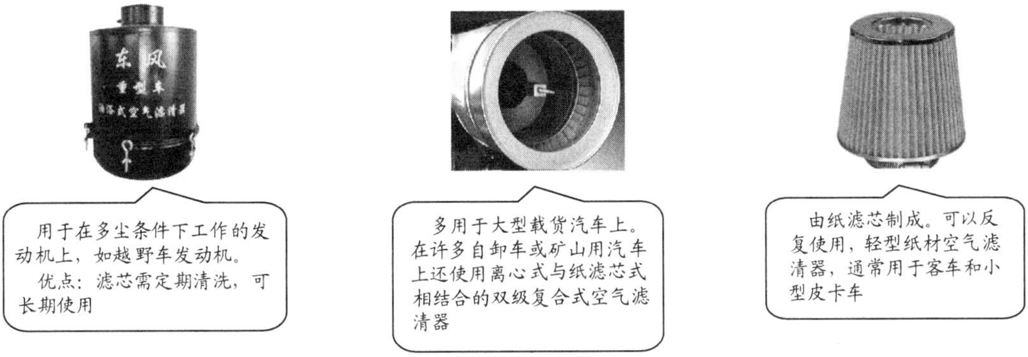

（a）**油浴式**　　（b）**离心式**　　（c）**干式**

图 7-2　各种空气滤清器

2．空气滤清器进气导流管

在现代轿车上，为了增强发动机的谐振进气效果，在空气滤清器前有一个空气滤清器进气导流管，如图 7-3 所示。空气滤清器进气导流管需要有较大的容积，但是导流管不能太粗，以保证空气在导流管内有一定的流速，因此，进气导流管只能做得很长。较长的进气导流管有利于实现从车外吸气。因为车外空气温度一般比发动机罩下的温度低 30℃左右，所以从车外吸入的空气密度可增大近 10%，燃油消耗率可降低 3%。

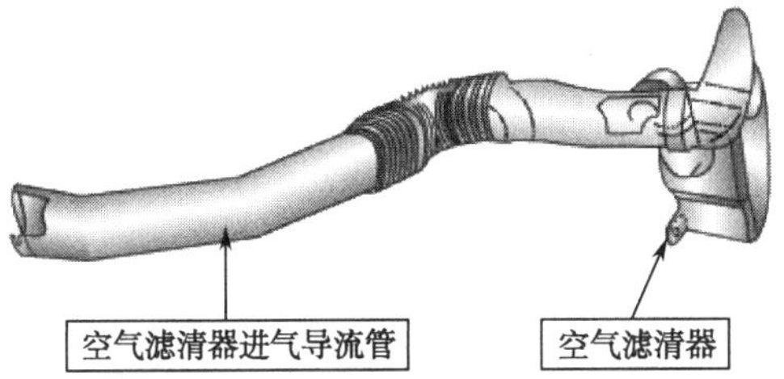

图 7-3　空气滤清器进气导流管

3．进气管

进气管位于空气滤清器与进气歧管之间，如图 7-4 所示。为了提高发动机的充气效率，通常按有效利用进气压力波的原理设计进气总管的长度、形状和结构。

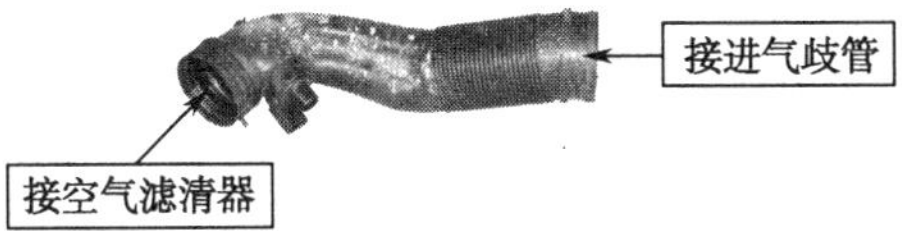

图 7-4　进气管

在电控燃油喷射式发动机中，进气管还装有空气流量计（或进气压力传感器），以便对进入汽缸的空气量进行计量。

4. 谐振腔

某些类型的发动机在进气道上使用了谐振腔。其作用是减少进气系统中产生的进气噪声。谐振腔实物如图 7-5 所示。

图 7-5　谐振腔

5. 进气歧管

进气歧管是一个由总管和若干歧管构成的整体管件，如图 7-6 所示。其作用是将进气均匀地分配到各个汽缸。

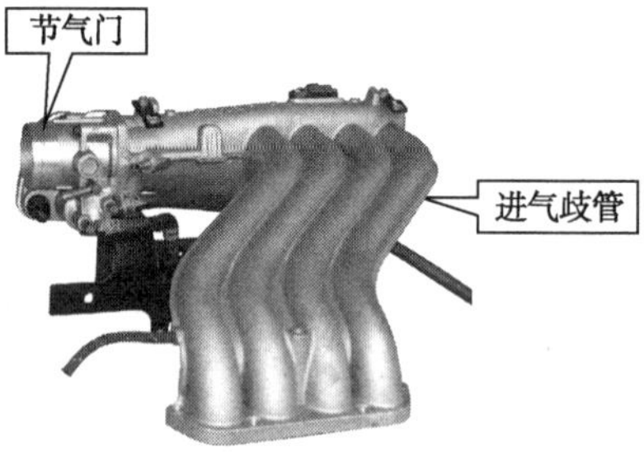

图 7-6　进气歧管

对于化油器式或节气门体汽油喷射式发动机，进气歧管指的是化油器或节气门体之后到汽缸盖进气道之前的进气管路。它的功用是将空气、燃油混合气由化油器或节气门体分配到各缸进气道。对于化油器式或节气门体燃油喷射式发动机进气歧管来说，需要进行适当的加热，以防汽油在管壁上凝结。通常进气歧管利用发动机排气或循环冷却液进行加热。

对于气道燃油喷射式发动机或柴油机来说，进气歧管只是将洁净的空气分配到各缸进气道。进气歧管必须将空气—燃油混合气或洁净空气尽可能均匀地分配到各个汽缸，为此进气歧管内气体流道的长度应尽可能相等。为了减小气体流动阻力，提高进气能力，进气歧管的内壁应该光滑。气道燃油喷射式发动机的进气歧管无须加热。

二、谐振进气系统

由于进气过程具有间歇性和周期性，致使进气歧管内产生一定幅度的压力波。此压力波以当地声速在进气系统内传播和往复反射。如果利用一定长度和直径的进气歧管与一定容积的谐振室组成谐振进气系统（图 7-7），并使其固有频率与气门的进气周期调谐，那么在特定的转速下，就会在进气门关闭之前，在进气歧管内产生大幅度的压力波，使进气歧管的压力增高，从而增加进气量。这种效应称为进气波动效应。谐振进气系统的优点是没有运动件，工作可靠，成本低。但只能增加特定转速下的进气量和发动机转矩。

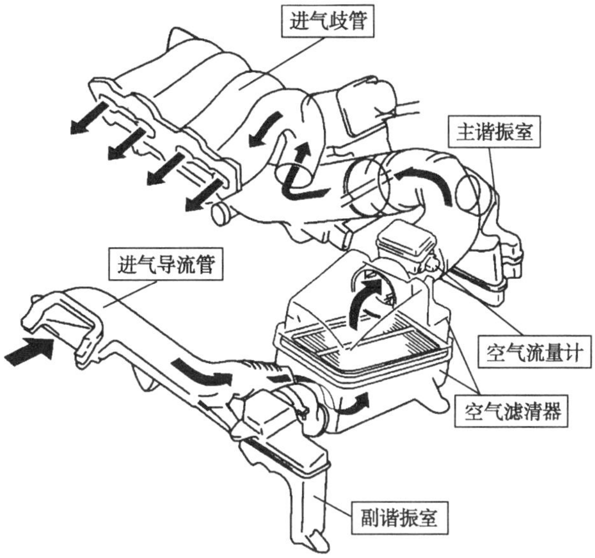

图 7-7 谐振进气系统

三、可变进气歧管

为了充分利用进气波动效应和尽量缩小发动机在高、低速运转时进气速度的差别，从而达到改善发动机经济性及动力性，特别是改善中、低速和中、小负荷时的经济性和动力性的目的，要求发动机在高转速、大负荷时装备粗短的进气歧管；而在中、低转速和中、小负荷时配用细长的进气歧管。可变进气歧管就是为适应这种要求而设计的，其工作示意图如图 7-8 所示。

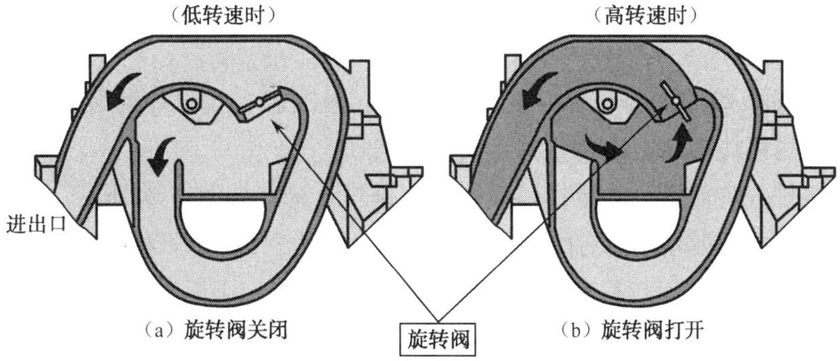

图 7-8 可变进气歧管工作示意图

任务二 发动机排放控制系统

一、汽车排放物的形成

汽车的排放污染物很多，这里重点介绍其中主要的有害成分 CO、HC 和 NOX 的形成。

1. 一氧化碳（CO）的形成

CO 是在碳的氧化反应过程中，因氧气不足而生成的产物。其生成量主要取决于空燃比（或过量空气系数α）和燃烧气体的温度。当使用$\lambda<1$ 的浓混合气时，因氧气相对不足，生成的 CO 较多。即使$\lambda>1$，如果混合气混合及分配不均匀也会产生少量的 CO。另外，如果燃烧后温度很高，生成的 CO_2 也会分解，生成 CO 和 O_2。所以，排气中总会有 CO 存在。

2. 碳氢化合物（HC）的形成

HC 是燃料没有燃烧或不完全燃烧的产物，也有一些是高温下分解的产物。实际上，排气中 HC 的形成原因比 CO 还要多，形成的机制也比较复杂。汽车排出的 HC 还有一部分是来自曲轴箱窜出的气体和燃料的蒸发。曲轴箱窜出的气体大部分是未燃烧的气体。燃料蒸发所形成的 HC 是由于燃料饱和蒸汽的扩散，且温度越高，蒸发量越大。

3. 氮氧化物(NOX)的形成

NOX 是由空气中的氮和氧在燃烧室高温高压作用下发生化学反应生成的。NOX 的生成量取决于燃烧的最高温度、高温持续时间、混合气浓度等。柴油机压缩比高，因而 NOX 是主要有害排放物。

二、排气系统的功用与组成

排气系统由排气歧管、排气管、排气消声器、谐振腔、排气净化装置、排气尾管等组成。它的功用是尽可能多地把燃烧后的废气排出汽缸。

根据发动机排气管数可分为单排气系统和双排气系统，如图 7-9 所示。直列形发动机一般采用单排气系统；V 形发动机有的采用单排气系统，也有的采用双排气系统。

直列形发动机：在排气行程期间，汽缸中的废气经排气门进入排气歧管，再由排气歧管进入排气管、催化转换器和消声器，最后由排气尾管排到大气中。这种排气系统称为单排气系统。

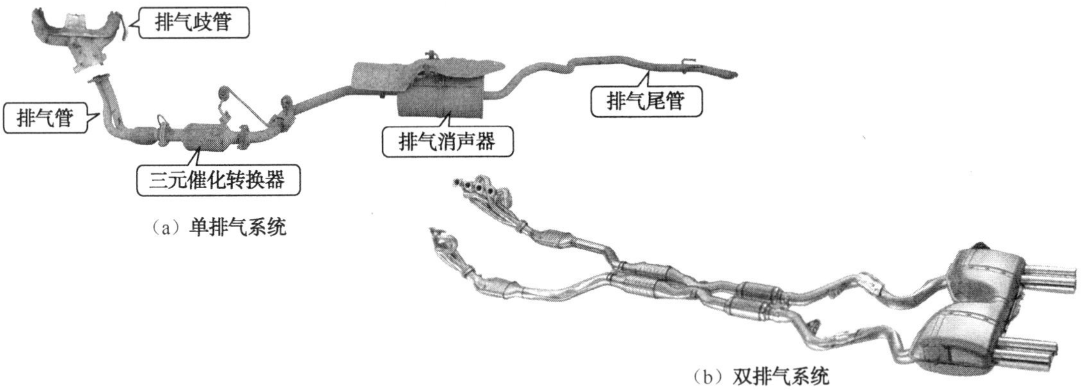

（a）单排气系统

（b）双排气系统

图 7-9　排气系统

V 形发动机：V 形发动机有两个排气歧管，在大多数装配 V 形发动机的汽车上仍采用单排气系统，即通过一个叉形管将两个排气歧管连接到一个排气管上。来自两个排气歧管的废气经同一个排气管、同一个消声器和同一个排气尾管排出。但有些 V 形发动机采用两个单排气系统，即每个排气歧管各自都连接一个排气管、催化转换器、消声器和排气尾管。这种布置形式称为双排气系统。双排气系统降低了排气系统内的压力，使发动机排气更为顺畅，汽缸中残余的废气较少，因而可以充入更多的空气—燃油混合气或洁净的空气，发动机的功率和转矩都相应地有所提高。

1. 排气歧管

排气歧管与发动机缸盖相连，废气从排气门出来直接进入排气歧管。排气歧管由铸铁管或钢管制成，可以承受温度的快速升高和爆炸。排气歧管实物如图 7-10 示。

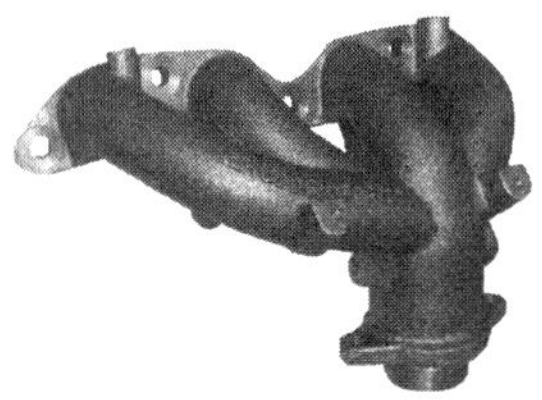

图 7-10　排气歧管

2. 排气管

排气系统收集从每个燃烧室出来的高温气体，然后将其送至汽车尾部排放掉。排气管是位于排气歧管和消声器或催化转换器之间的一根连接管。排气管可以是单管也可以是双管。

3. 三元催化转换器

三元催化转换器安装在排气管中部，其功能是利用转换器中的三元催化剂，将发动机排出的废气中的有害气体转变为无害气体。

三元催化转换器一般为整体不可拆卸式，其实物图及内部结构如图 7-11 所示。目前，三元催化转换器内装用的三元催化剂一般为铂（或钯）与铑贵重金属的混合物。

根据催化剂载体的结构特点，三元催化转换器可分为颗粒型和蜂巢型两种，前者将催化剂沉积在颗粒状氧化铝载体表面，后者将催化剂沉积在蜂巢状氧化铝载体表面，氧化铝表面有形状复杂的表层，可增大催化剂与废气的实际接触面积。

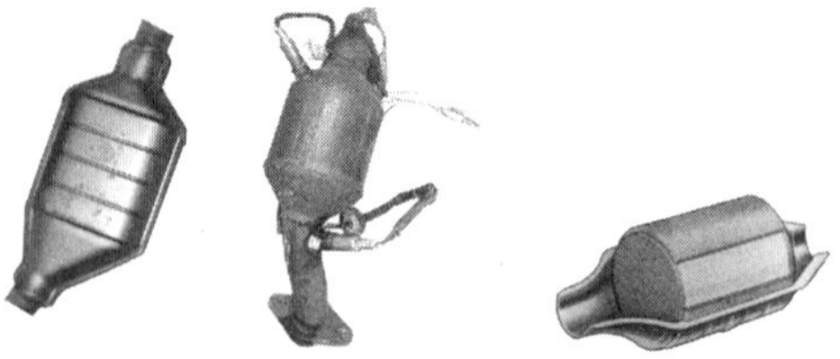

（a）实物图　（b）内部结构

图 7-11　三元催化转换器

4．排气消声器

排气消声器的作用是抑制发动机的排气噪声。

排气消声器的工作原理：通过多次地变动排气气流方向，或者重复地使气流通过收缩又扩大的断面，或者将气流分割成许多小的支流并沿着不平滑的平面流动等方法，以消耗废气中的能量，衰减排气气流的压力波，降低噪声。排气消声器实物如图 7-12 所示。

5．谐振腔

谐振腔是另一种消声器。排气系统发出的大多数噪声都是由其振动造成的，这些振动导致了较高的噪声。谐振腔的作用是吸收额外的声振动。谐振腔实物如图 7-13 所示。

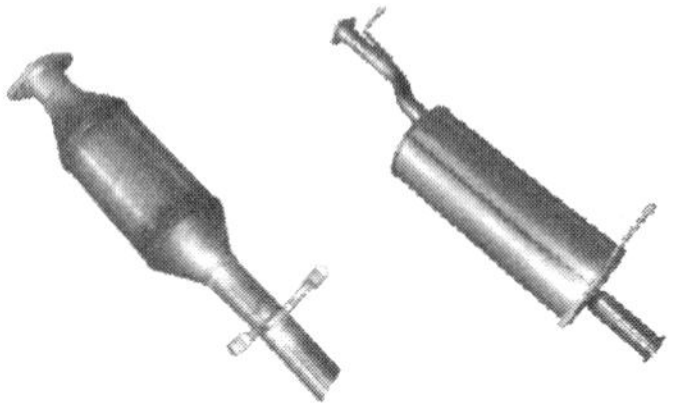

图 7-12　排气消声器

图 7-13　谐振腔

6．排气尾管

排气尾管的作用是将废气从消声器或谐振腔中输送到汽车尾部。尾管由一系列挂钩支撑，使排气系统在汽车行驶时可以弯曲和移动。

三、催化转换器

催化转换器是利用催化剂的作用将排气中的 CO、HC 和 NO_X 转换为对人体无害的气体的一种排气净化装置，也称为催化净化转换器。金属铂、钯或铑均可作催化剂。在化学反应过程中，催化剂只促进反应的进行，不是反应物的一部分。

催化转换器有氧化催化转换器和三元催化转换器，如图 7-14 所示。氧化催化转换器只将排气中的 CO 和 HC 氧化为二氧化碳和水，因此这种催化转换器也称为二元催化转换器。必须向氧化催化转换器供给二次空气作为氧化剂，才能使其有效地工作；三元催化转换器可同时减少 CO、HC 和 NO_X 的排放，它以排气中的 CO 和 HC 作为还原剂，把 NO_X 还原为氮和氧，而 CO 和 HC 在还原反应中被氧化为二氧化碳和水，三元催化转换器装置如图 7-15 所示。

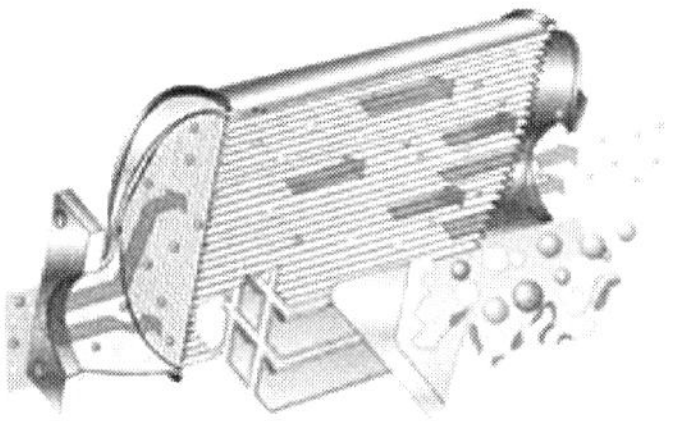

（a）氧化催化转换器

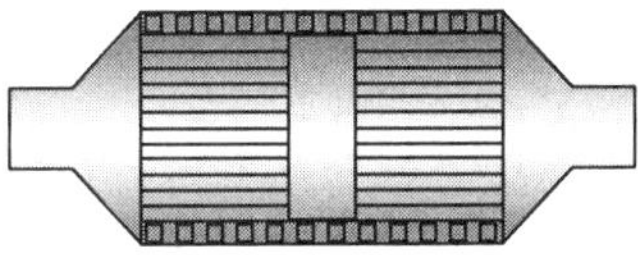

（b）三元催化转换器

图 7-14 催化转换器

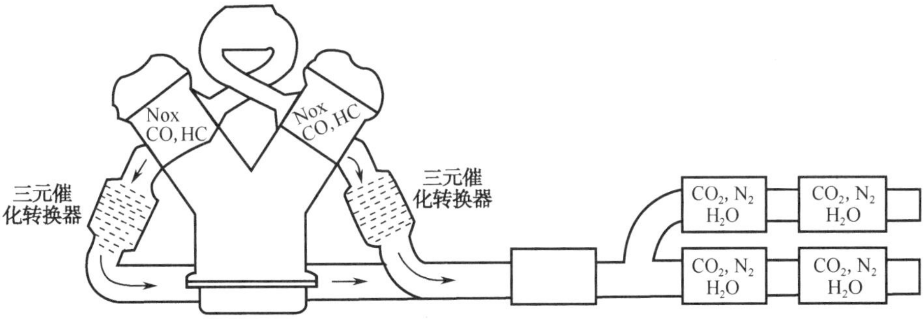

图 7-15 三元催化转换器装置示意图

当同时采用两种转换器时，通常把两者放在同一个转换器外壳内，而且三元催化转换器置于氧化催化转换器前面。排气经过三元催化转换器之后，部分未被氧化的 CO 和 HC 继续在氧化催化转换器中与供入的二次空气进行氧化反应。

四、废气再循环（EGR）系统

废气再循环是指把发动机排出的部分废气回送到进气歧管，并与新鲜混合气一起再次进入汽缸，废气再循环（EGR）控制系统如图 7-16 所示。由于废气中含有大量的 CO_2，而 CO_2 不能燃烧却能吸收大量的热，使汽缸中混合气的燃烧温度降低，从而减少了 NO_X 的生成量。废气再循环是净化排气中 NO_X 的主要方法。在新鲜的混合气中掺入废气之后，混合气的热值降低，致使发动机的有效功率下降。为了做到既能减少 NO_X 的排放，又能保持发动机的动力性，必须根据发动机运转的工况对再循环的废气量加以控制。NO_X 的生成量随发动机负荷的增大而增多，因此，再循环的废气量也应随负荷而增加。在暖机期间或怠速时，NO_X 生成量不多，为了保持发动机运转的稳定性，不进行排气再循环。在全负荷或高转速下工作时，为了使发动机有足够的动力性，也不进行废气再循环。

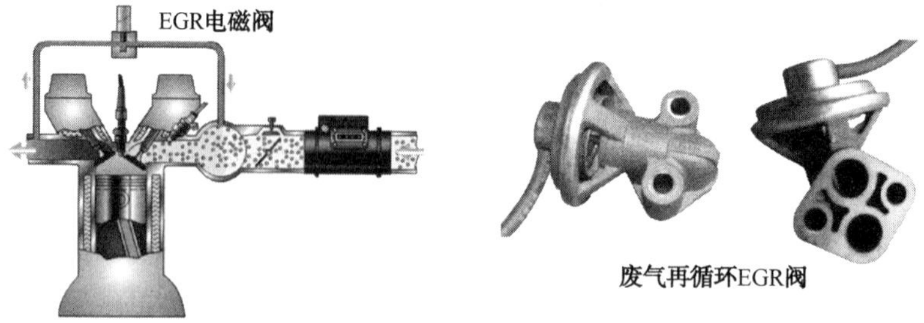

图 7-16　废气再循环 EGR 控制系统

五、强制式曲轴箱通风系统

强制式曲轴箱通风系统又称为 PCV 系统。在发动机工作时，会有部分可燃混合气和燃烧产物经活塞环由汽缸窜入曲轴箱内。当发动机在低温下运行时，还可能有液态燃油漏入曲轴箱。这些物质如不及时清除，将加速机油变质并使机件受到腐蚀或锈蚀。又因为窜入曲轴箱内的气体中含有 HC 及其他污染物，所以不允许把这种气体排放到大气中。现代汽车发动机所采用的强制式曲轴箱通风系统就是防止曲轴箱气体排放到大气中的净化装置。

六、汽油蒸发排放（EVAP）控制系统

1．功用

收集汽油箱和浮子室（化油器式汽油机）内蒸发的汽油蒸气，并将汽油蒸气导入汽缸参加燃烧，从而防止汽油蒸气直接排入大气而造成污染。同时，还必须根据发动机工况，控制导入汽缸参加燃烧的汽油蒸气量。

EVAP 控制系统是为防止汽油箱内的汽油蒸气排入大气造成污染而设置的，在装有 EVAP 控制系统的汽车上，汽油箱盖上只设有空气阀，而不设蒸气放出阀。EVAP 控制系统如图 7-17 所示。

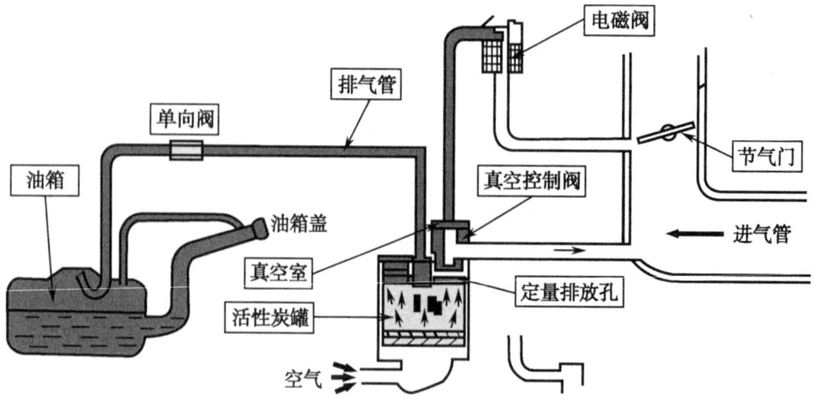

图 7-17　EVAP 控制系统示意图

2. 工作原理

活性炭罐与油箱之间设有排气管和单向阀，汽油箱内的汽油蒸气超过一定压力时，顶开单向阀经排气管进入活性炭罐，活性炭罐内的活性炭将燃油蒸气吸附在炭罐内。发动机工作时，活性炭罐内的汽油蒸气经定量排放孔、吸气管被吸入进气管。活性炭罐的上端设有一个真空控制阀，真空控制阀为一膜片阀，膜片上方为真空室，控制阀用来控制定量排放孔的开闭。真空控制阀与进气管之间的真空管路中设有受 ECU 控制的电磁阀，用以调节真空控制阀上方真空室的真空度，改变真空控制阀的开度，从而控制吸入进气管的汽油蒸气量。为防止活性炭罐内的燃油蒸气被吸入进气管后使混合气变浓，活性炭罐下方设有进气滤芯并与大气相通，使部分清洁空气与活性炭罐内的燃油蒸气一起被吸入进气管。

情境八 发动机启动、点火系统结构与检修

任务一 启动系统结构与检修

一、启动系统概述

1. 启动系统的作用

启动系统的功用是把来自蓄电池的能量转换并传送到用于转动发动机的启动机上，使发动机旋转并进入自行运转状态。在发动机进入工作状态后，启动系统的工作也就结束了。

2. 启动系统的组成

启动系统包括用于启动发动机的机械和电气部件。早期汽车的启动依靠人力。现代汽车的启动系统由启动机、蓄电池、点火开关、启动继电器和空挡启动开关等组成，如图 8-1 所示。

（1）启动机

启动机是将电能转换为机械能的装置（图 8-2），即将来自蓄电池的电能转换为能够使发动机曲轴旋转的机械能。

启动机的类型很多，大致可从启动机结构、控制方式、啮合方式和连接方式来分，具体的类型如图 8-3 所示。

（2）蓄电池

蓄电池为启动机提供启动时所必需的电流和电压。通常，蓄电池的电量不低于 75%才能保证启动机正常运转。在启动机运转时，蓄电池要向启动机提供几十安培的电流。

（3）点火开关、启动继电器

点火开关和启动继电器控制启动机的运行。

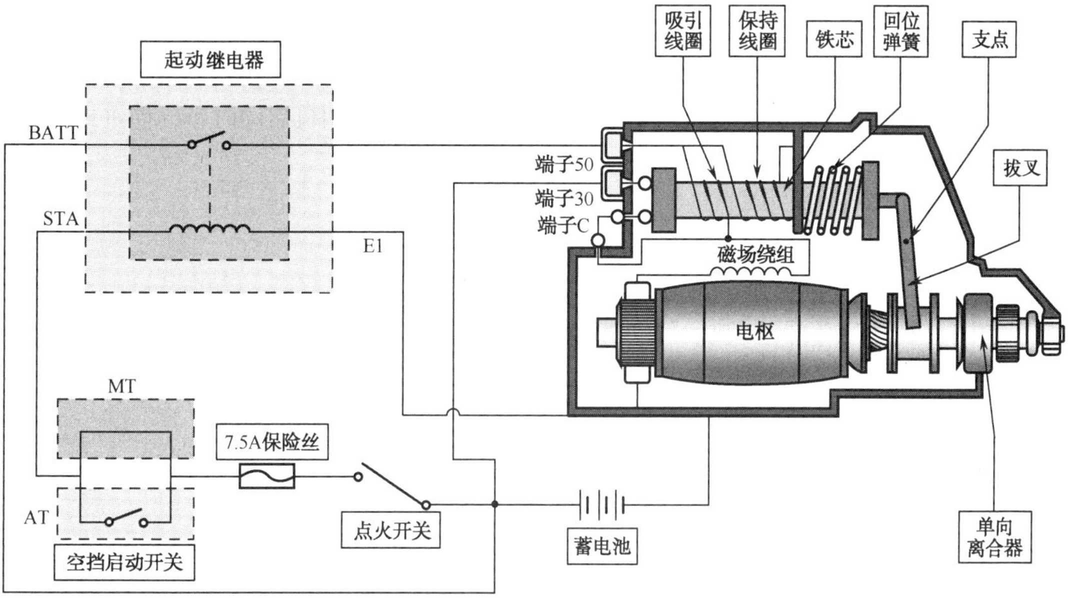

图 8-1 启动系统的组成

图 8-2 启动机

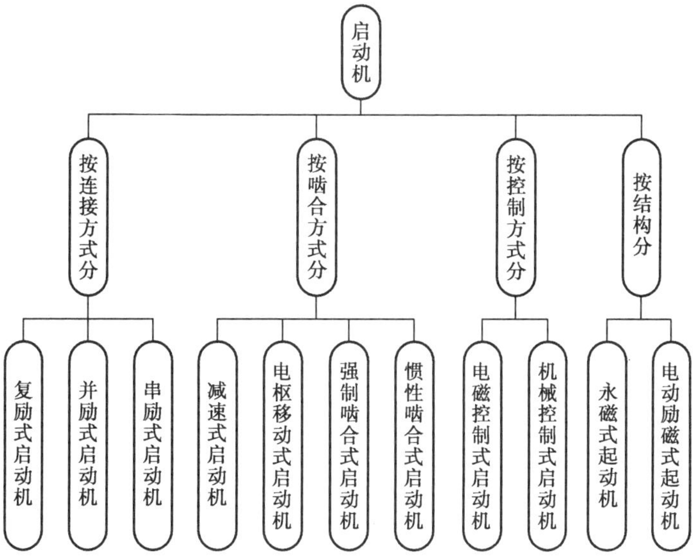

图 8-3 启动机的类型

（4）空挡启动开关

在配备自动变速器车辆的启动系统中设置了一个空档启动开关。当自动变速器换挡位于“P”挡或“N”挡位置时，启动机才能运行。这是为防止当发动机启动时车辆前进或后退可能引起事故。

二、启动机的结构与工作原理

启动机一般由直流式电动机、传动机构、控制装置三部分组成。图 8-4 所示的是启动机的组成分解图。

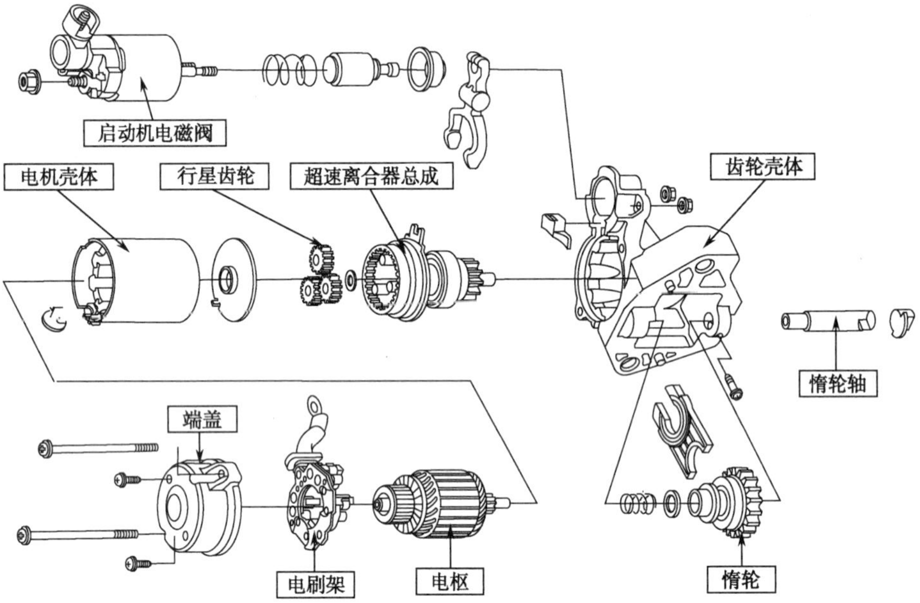

图 8-4　启动机的组成分解图

1. 电动机

电动机主要由电枢（转子）总成、磁极（定子）、电刷架总成和壳体器等组成。

（1）电枢（转子）总成

电枢总成是产生电磁转矩的核心部件，主要由电枢轴、电枢铁芯、电枢绕组和换向器组成，如图 8-5 所示。铁芯由许多相互绝缘的硅钢片叠装而成，其圆周表面上有槽，用来安放电枢绕组。

换向器是通入电刷的直流电流转换为电枢绕组中导体所需的交流电。它一般是由铜片和云母片相间叠压而成的。换向器上焊接有电枢绕组各线圈的端头。

（2）磁极（定子）总成

磁极总成的作用是产生磁场，由励磁线圈（绕组）和极靴（铁芯）组成，如图 8-6 所示。

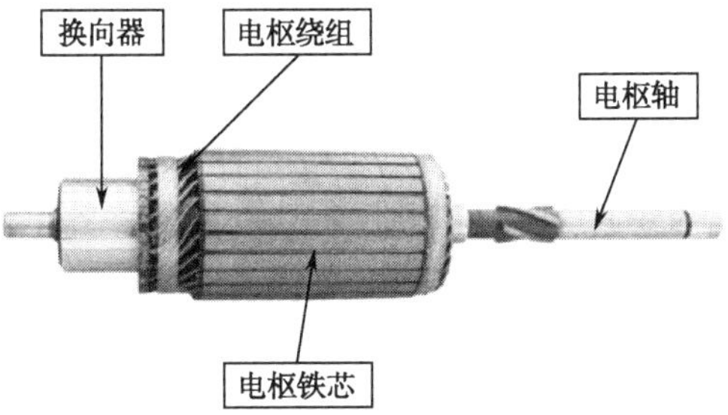

图 8-5 电枢总成

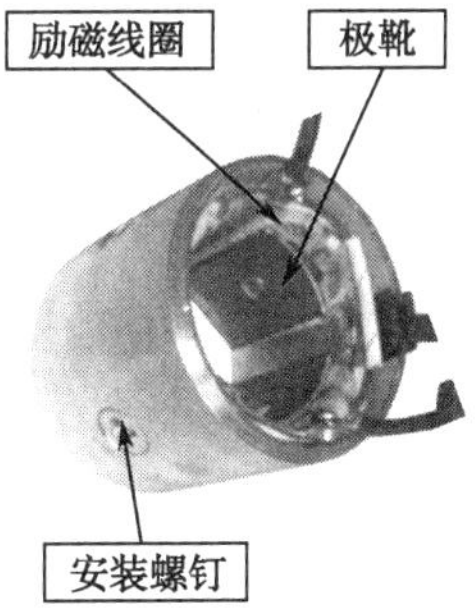

图 8-6 磁极总成结构

极靴用螺钉固定在壳体的内壁上，其上套有励磁绕组。一般情况下，磁极的数目为两队（4 个）。

励磁绕组有三种常见的连接方式，如图 8-7 所示。

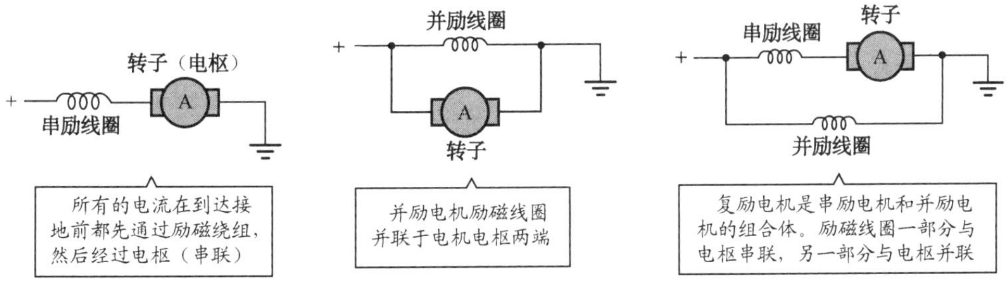

（a）串励电机结构电路　（b）并励电机结构电路　（c）复励电机结构电路

图 8-7 励磁绕组的连接方式

① 串励式结构：互相串联，所有电流在到达接地前都先通过励磁绕组，然后经过电枢。

② 并励式结构：先将励磁绕组串联后再与电枢并联，励磁线圈并联于电枢的两端。

③ 复励式结构：复励式同时具有串励式和并励式的工作特性，因为复励式结构中的一些励磁线圈与电枢串联，另一些（通常为一组）励磁线圈直接和蓄电池相连并与电枢并联。总之，无论以哪种方式连接，4 个励磁绕组所产生的磁场极性一定要是相互交错的。通常以励磁绕组的不同连接方式来给启动机分类。

（3）电刷架总成

电刷架总成是由电刷、电刷支架和电刷弹簧组成的，其作用是将电流引入电动机，如图 8-8 所示。电刷被安装在电刷支架上，依靠电刷弹簧压力压紧在换向器上。电刷弹簧的压力一般为 11.7 ~ 14.7N。

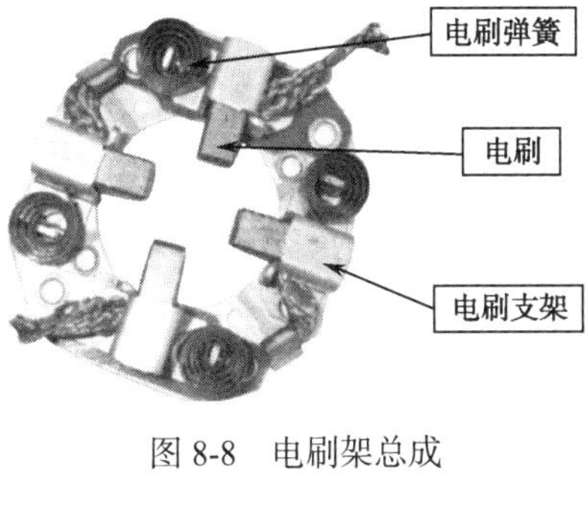

图 8-8 电刷架总成

（4）端盖与壳体

端盖分为前端盖和后端盖。后端盖一般用钢板压制而成，其上装有电刷架，前端盖用铸铁浇铸而成。它们分别装在机壳的两端，靠两个长螺栓与启动机壳体固定在一起。

启动机壳体用钢管制成，一端开有窗口，便于观察电刷和换向器，平时用防尘箍盖住。壳体上只有一个电流输入接线柱（与外壳绝缘），并在内部与磁场绕组的一端相接。

（5）电机的工作原理

电磁学的一个基本原理是每个通电导体的周围都存在磁场，磁场强度随电流强度增大而增强。

在启动电机内励磁线圈时产生了强大的磁场，电枢作为导体置于这个磁场当中，电枢与励磁线圈之间只有非常小的间隙。

两个磁场作用在一起，它们的磁力线要么“捆在一起”，要么在电枢绕组一侧的变强而导体另一侧的变弱。这样就使导体从磁场强度强的区域移动到磁场强度弱的区域，因此电枢开始旋转。转矩随着流过启动电机电流的增大而增大，其大小由启动电机内的磁场强度决定。磁场强度是按安—匝数计量，电流或线圈匝数增加，磁场强度就增加。启动电机的磁场是由两个或多个极靴和励磁绕组产生的。

2. 控制部分

（1）电磁开关

电磁开关主要由电磁线圈、活动铁芯、移动触点、回位弹簧和保持弹簧等组成，如图 8-9 所示。其中电磁线圈与电动机串联，保持线圈与电动机并联，直接搭铁。活动铁芯一端通过接触盘控制主电路的导通；另一端通过拨叉控制驱动齿轮与飞轮的啮合。在启动机电磁开关上有 3 个接线柱：点火线圈附加电阻短路接线柱（接点火线圈）、主接线柱（接蓄电池的启动电缆线）和启动接线柱（接点火开关启动挡 ST 或启动继电器）。

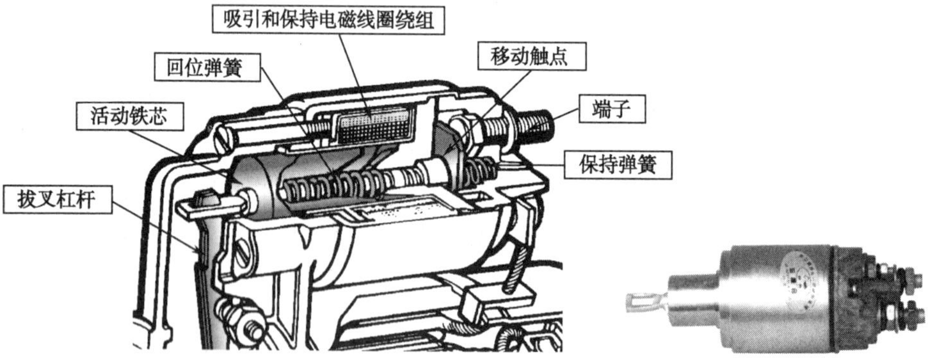

（a）电磁开关结构　　（b）电磁开关实物

图 8-9　电磁开关结构和实物图

当启动电路接通后，吸引和保持电磁线圈同时通电，保持电磁线圈的电流从启动机接线柱流入，经线圈后直接搭铁，吸引线圈的电流也从启动机接线柱流入，但经线圈后并未直接搭铁，而是流经电动机，最后再搭铁。两线圈通电后产生较强的电磁力，电磁力克服弹簧弹力使活动铁芯移动，铁芯带动拨叉拨动离合器，使启动机驱动齿轮与飞轮啮合。与此同时，铁芯推动接触盘移向两个主接线柱触点，在驱动齿轮与飞轮齿圈进入啮合后，接触盘将两个主触点接通，让电动机通电运转。

（2）启动继电器

启动继电器是启动系统控制电路的主要部件之一，常见的有单联式和组合式两种类型。

① 单联式启动继电器。单联式启动继电器的结构如图 8-10 所示。接线时 SW 接点火开关“启动”（Ⅱ）挡或启动按钮、E 搭铁、B 接蓄电池“+”极、S 接启动机电磁开关“启动机”接柱。

启动发动机时，点火开关旋到启动（Ⅱ）挡，继电器线圈 L 通电，触点 K 闭合，B 与 S 间电路接通，电磁开关吸引线圈和保持线圈通电，启动机工作。

发动机启动后，松开点火开关或启动按钮，线圈 L 断电，继电器触点 K 打开，切断通往电磁开关的电路，启动机停止工作。

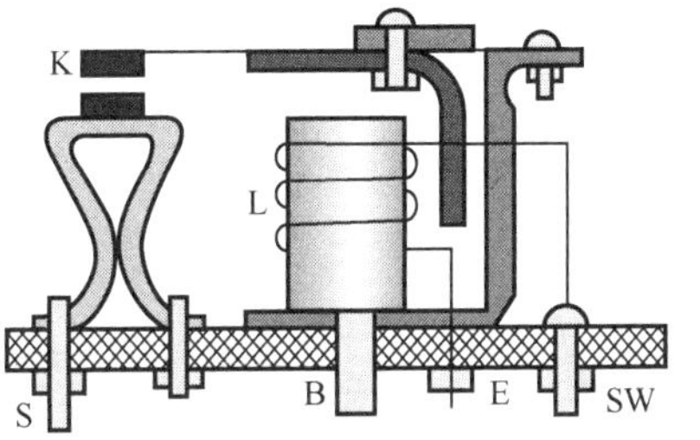

图 8-10 单联式启动继电器

② 组合式启动继电器。目前，很多汽车的启动系统多装用组合式启动继电器。它是将启动继电器和保护（充电指示灯）继电器组装在一起的双联式继电器，JD171 型组合式继电器如图 8-11 所示。启动继电器用来控制启动机电磁开关工作，触点 K1 常开，线圈 L1 承受蓄电池的端电压。保护（充电指示灯）继电器触点 K2 常闭，线圈 L2 在发电机中性点电压作用下，使启动机具有安全保护（自锁）功能。充电指示灯接在 L 接线柱与点火开关之间，可进行充电指示控制，监视充电系统工作状况。

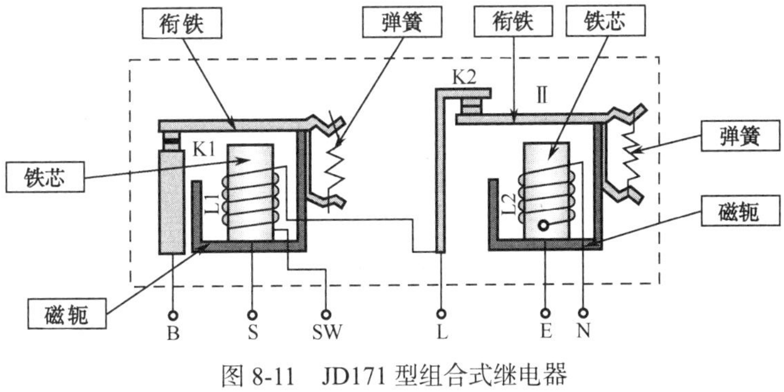

图 8-11 JD171 型组合式继电器

组合式启动继电器的作用：使启动机具有安全（自锁）保护功能，即在发动机启动后，即使未及时松开点火开关或启动按钮，启动机也能自动停止工作，还能防止发动机运转时带动启动机运转，导致启动机误工作；与点火开关或启动按钮配合，控制启动机电磁开关吸引线圈和保持线圈电流的通、断，避免因两线圈电流过大而烧损点火开关或启动按钮；控制充电指示灯工作。

3．传动机构

传动机构的主要作用是将启动机的扭矩传递给发动机飞轮，继而带动发动机启动。传动机构由拔叉、单项离合器、电机轴和驱动齿轮等组成，其中拔叉和单向离合器是主要装置。

（1）拔叉

拔叉使单向离合器轴向移动，使驱动齿轮与飞轮啮合。现在较为常见的是电磁式拔叉，即拔叉由电磁开关控制。

如图 8-12 所示，发动机启动时，驾驶员将点火开关旋到启动（Ⅱ）挡，线圈通电产生电磁力，将铁芯吸入，于是便带动拔叉转动，由拔叉下端推出单向离合器，使驱动齿轮啮入飞轮齿环。

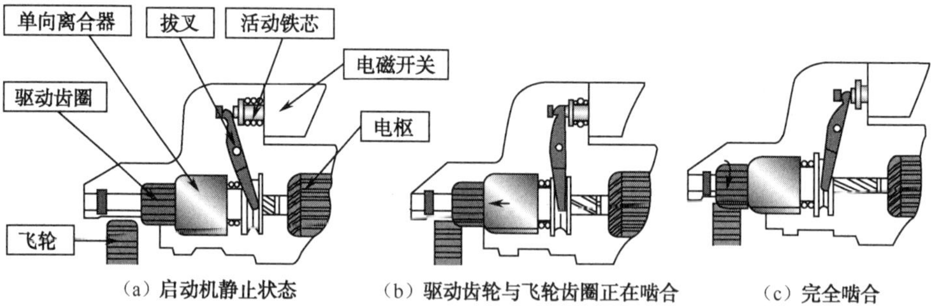

图 8-12　启动机传动机构工作示意图

发动机启动后，立即松开点火开关，点火开关自动回到点火（Ⅰ）挡，电磁开关线圈断电，电磁力消失，在复位弹簧的作用下，铁芯退出，拔叉回位，拔叉下端使驱动齿轮脱离飞轮齿环。

（2）单向离合器

在启动发动机时，单项离合器将启动机的转矩传给飞轮，继而带动曲轴旋转；在发动机启动后，它可以自动打滑，让飞轮不能带动启动机电枢轴转动，避免损坏启动机。

常见的启动机单项离合器的类型主要有滚柱式、弹簧式和摩擦片式三种。

① 滚柱式单向离合器。滚柱式单向离合器是现代汽车启动机使用最多的一种单向离合器，其结构如图 8-13 所示。其主要由主动部分、从动部分、主从动连接部分和操纵部分组成。

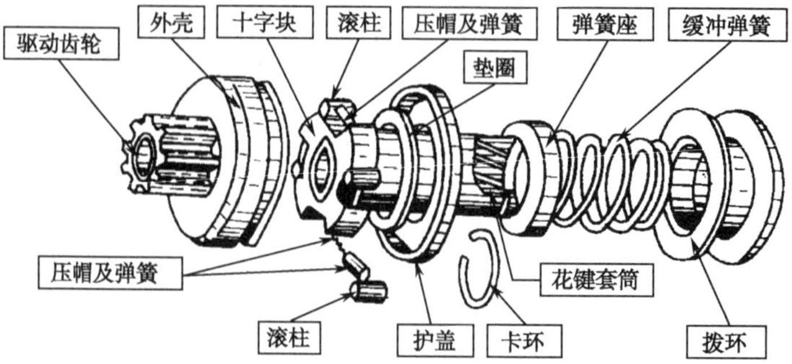

图 8-13　滚柱式单项离合器

滚柱式单向离合器的工作原理如图 8-14 所示。发动机启动时，拔叉推动单向离合器使其沿电枢轴花键移出，驱动齿轮啮入飞轮齿环。当启动机旋转时，十字块随电枢轴一同旋转，滚柱滚入楔形槽的窄处并被卡死，使主、从动部分连接为一体，于是电动机转矩传给外壳及驱动齿轮，带动飞轮使发动机启动。当发动机启动后，飞轮便带动驱动齿轮转动，而施加给驱动齿轮的力恰好与启动时的方向相反，且速度大于十字块转速，于是滚柱滚入楔形槽的宽处使主从动两部分分离而打滑。这样转矩就不能从驱动齿轮传给启动机电枢，从而防止了电枢超速飞散的危险。

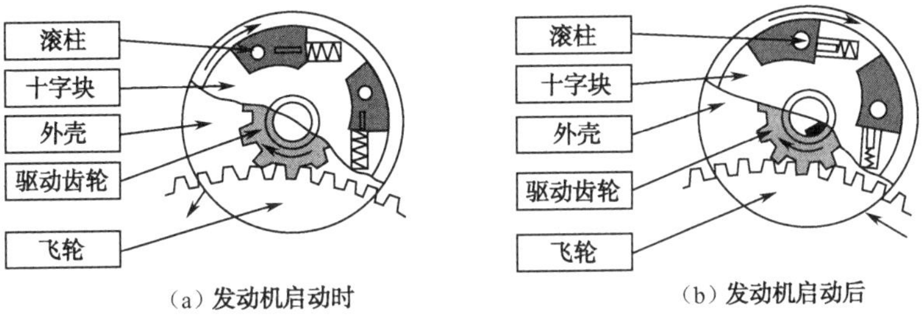

图 8-14　滚柱式单向离合器工作原理

② 弹簧式单向离合器。弹簧式啮合器结构如图 8-15 所示。

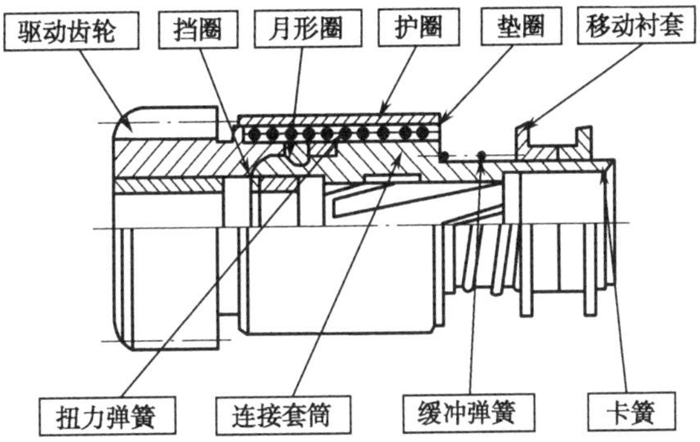

图 8-15　弹簧式啮合器结构

当启动机带动曲轴旋转时，扭力弹簧扭紧，抱紧驱动齿轮柄和连接套筒，于是电枢的转矩通过连接套筒、扭力弹簧、驱动齿轮传至飞轮齿圈，使发动机启动。发动机启动后，驱动齿轮的转速高于启动机电枢，则扭力弹簧放松，如此飞轮齿圈的转矩便不能传给电枢，即驱动齿轮只能在电枢轴上的光滑部分上空转而起单向分离的作用。

③ 摩擦片式单向离合器。大、中功率的启动机多采用摩擦片式单向离合器，它是通过摩擦片的压紧和放松来实现单向传力的。摩擦片式单向离合器的结构和工作原理如图 8-16 所示。

当启动机带动曲轴旋转时，内接合鼓沿螺旋线向右移动，将主、从动摩擦片压紧，利用摩擦力将电枢的转矩传给飞轮。发动机启动后，启动机驱动齿轮被飞轮带着转动，当其转速超过电枢转速时，内接合鼓则沿螺旋线向左退出，主、从动摩擦片松开而打滑，这时仅驱动齿轮随飞轮高速旋转，但不驱动启动机电枢，从而避免了电枢超速飞散的危险。

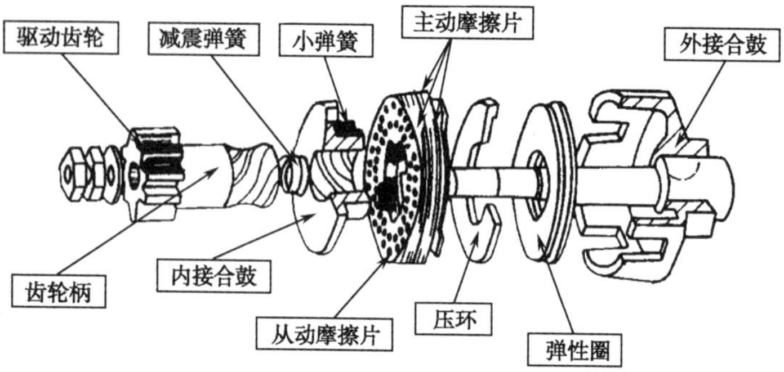

图 8-16　摩擦片式单向离合器的结构和工作原理

三、启动机性能测试与检修及常见故障诊断

1. 启动机性能测试

启动机性能测试步骤如下。

步骤 1： 拆下启动机。启动机总成拆卸如图 8-17 所示。

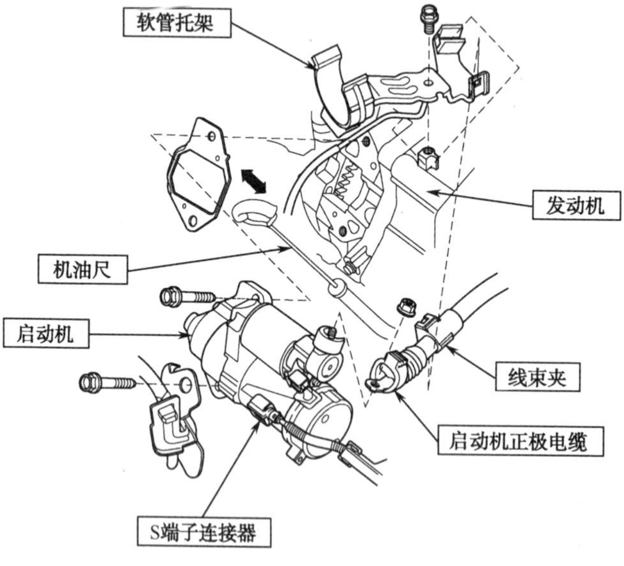

图 8-17　启动机总成拆卸

步骤 2： 将电机线束从端子 M 上断开。

步骤 3： 在该测试中，尽可能用粗的（仪表）导线（最好与车辆所用仪表一样）进行连接。

注意，为避免损坏启动机，禁止蓄电池连接超过 10s。

步骤 4： 连接蓄电池如图 8-18 所示。确保将启动机电机线束从端子 M 上断开。若启动机小齿轮移出，则能正常工作。

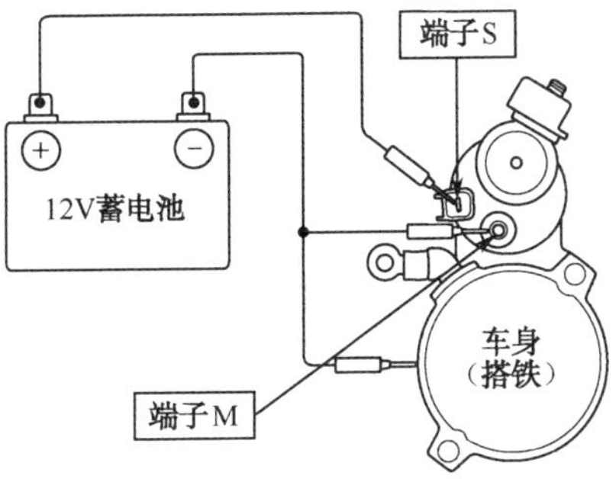

图 8-18 连接蓄电池

步骤 5： 将蓄电池从端子 M 上断开，如图 8-19 所示。若小齿轮不能缩回，则表明电磁阀的保持线圈工作正常。

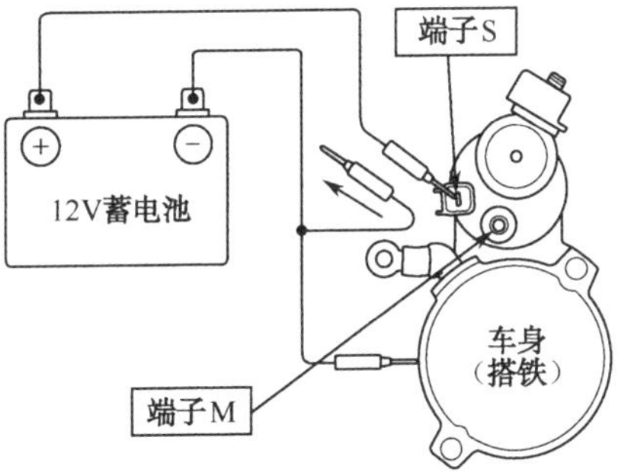

图 8-19 断开端子 M

步骤 6： 如图 8-20 所示，将蓄电池从启动机机体上断开。如果小齿轮立即缩回，则工作正常。

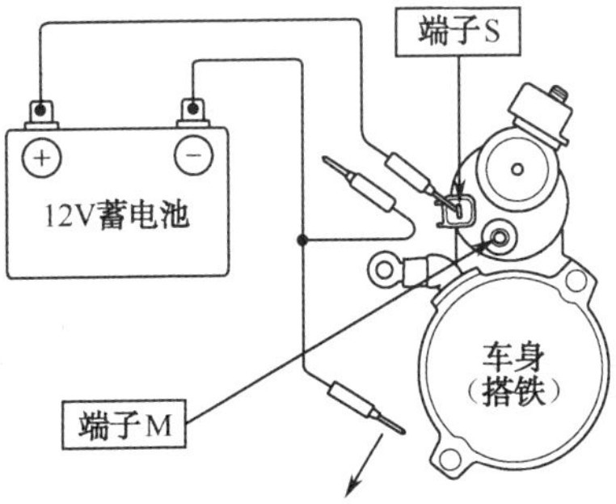

图 8-20 断开蓄电池

步骤 7： 将启动机牢固地夹在虎钳上。

步骤 8： 将电机线束重新连接到端子 M 上。

步骤 9： 如图 8-21 所示，将启动机连接到蓄电池上，并确认电机运转。

步骤 10： 蓄电池电压为 11.5V 时，若电流与规格相符，则启动机工作正常。

注意： 不同车型所要求的电流规格是不同的，应参考相关车型的维修手册。

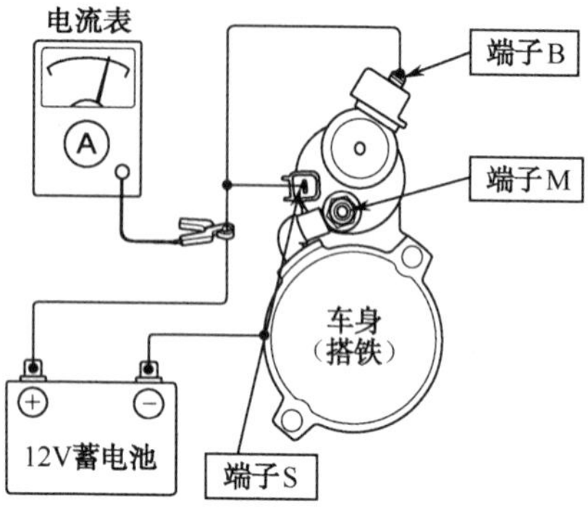

图 8-21　连接蓄电池

2．启动机大修

下面以 2009 款讴歌 TL 轿车为例，介绍启动机的大修方法。

（1）电刷架拆卸

电刷架的拆卸步骤如下。

步骤 1： 拆下启动机。

步骤 2： 将电机线束从端子 M 上断开并拆下端盖。

步骤 3： 用螺丝刀撬起每个电刷弹簧后，将电刷置于电刷架外的中间位置。松开弹簧使其保持在此处。

步骤 4： 拆下如图 8-22 所示的电刷架总成。

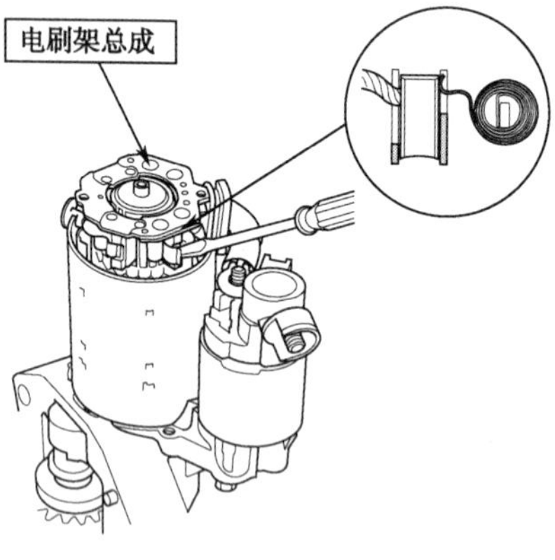

图 8-22　拆下电刷架总成

（2）电枢的检查与测试

步骤 1： 拆解启动机，如图 8-23 所示。

步骤 2： 使用永久磁铁接触电枢，检查电枢是否磨损或损坏。若有磨损或损坏，请更换电枢，电枢如图 8-24 所示。

步骤 3： 检查换向器表面，如图 8-25 所示。如果表面脏污或烧蚀，则用金钢砂布或车床重新修整表面至规定范围内，或者用金钢砂布或车床重新修整表面至规定范围内，或者用#500 或#600 的砂纸重新修复。

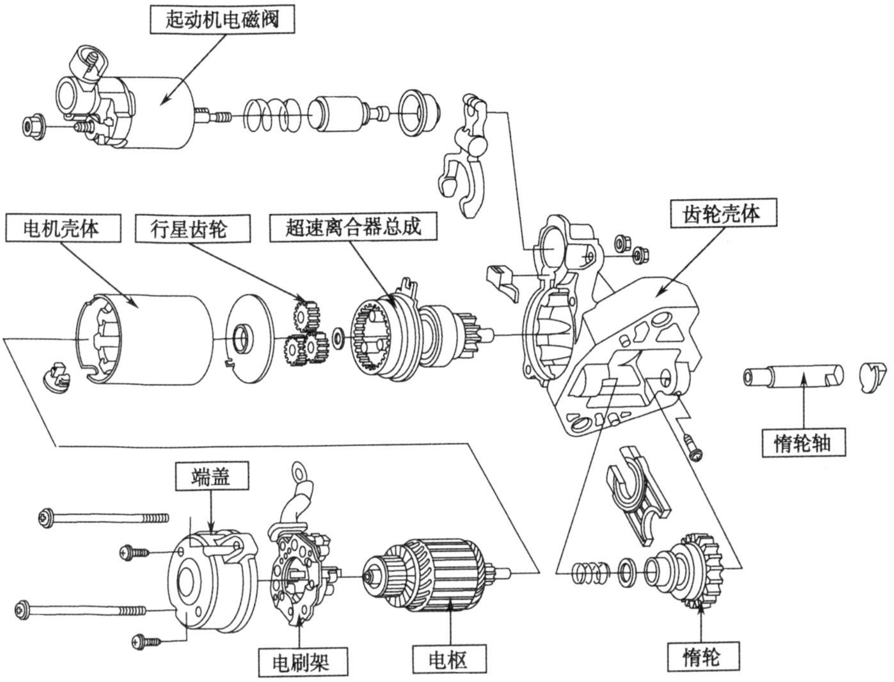

图 8-23 启动机拆解图

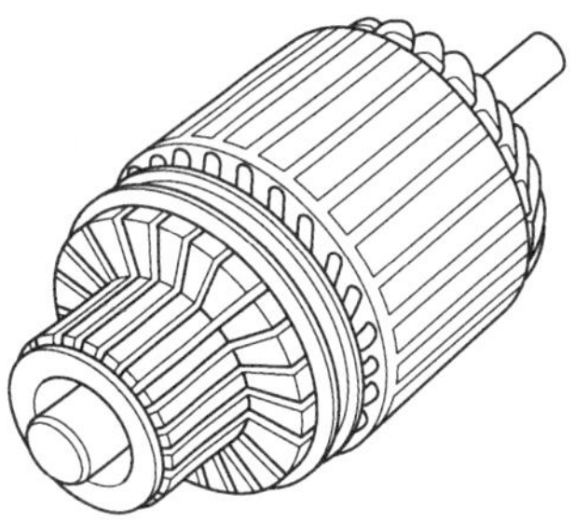

图 8-24 电枢

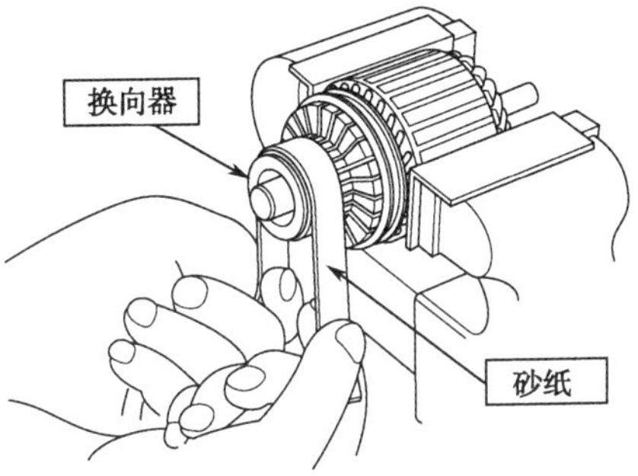

图 8-25 检查换向器

步骤 4：检查换向器直径，如图 8-26 所示。如果测得的直径在使用极限以下，则更换电枢。换向器直径规格：标准（新）为 28.9 ~ 29.0mm。使用极限为 280.mm。

步骤 5：测量换向器的跳动量，如图 8-27 所示。

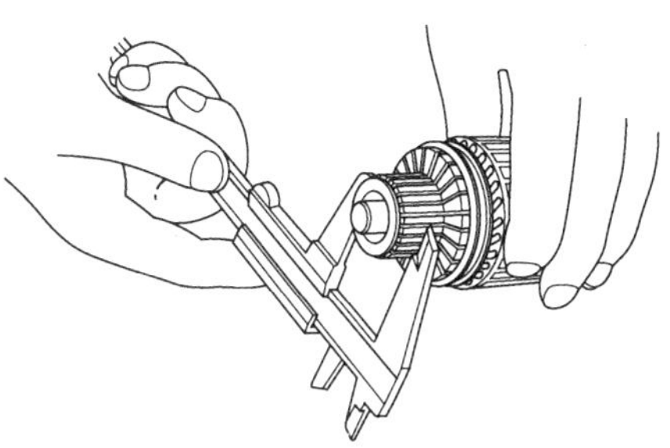

图 8-26 检查换向器直径

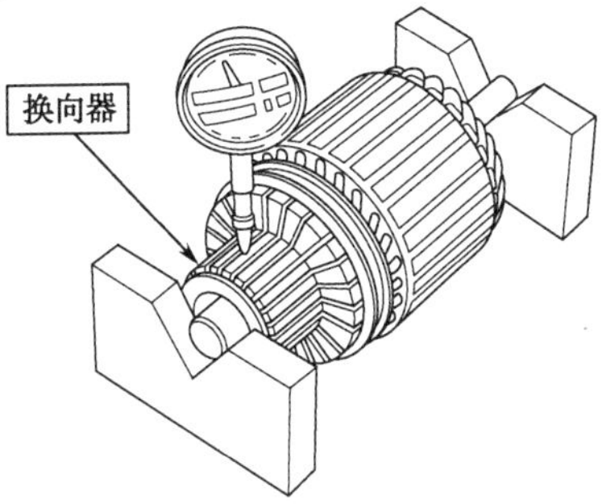

图 8-27 测量换向器跳动量

若换向器的跳动量在使用极限内，则检查换向器整流片之间的炭屑或黄铜碎片。

若换向器跳动量不在使用极限内，则更换电枢。换向器跳动量规格：标准（新）为最大0.02mm，使用极限为0.05mm。

步骤 6： 检查云母深度，如图 8-28 所示。若云母过高，则用钢锯条将云母凹槽切至适当的深度。凹槽不能太浅、太窄或呈 V 形，否则应更换。

换向器云母深度规格：标准（新）为 0.50 ~ 0.90mm，使用极限为 0.20mm。

步骤 7： 使用欧姆表，检查换向器整流片之间是否导通，如图 8-29 所示。如果任何整流片之间断路，则更换电枢。

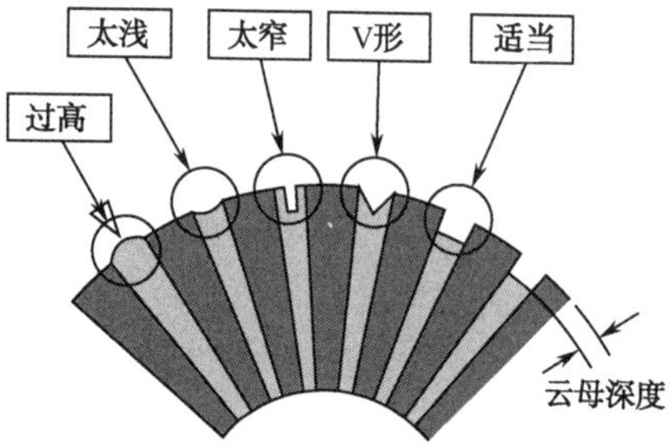

图 8-28　检查云母深度

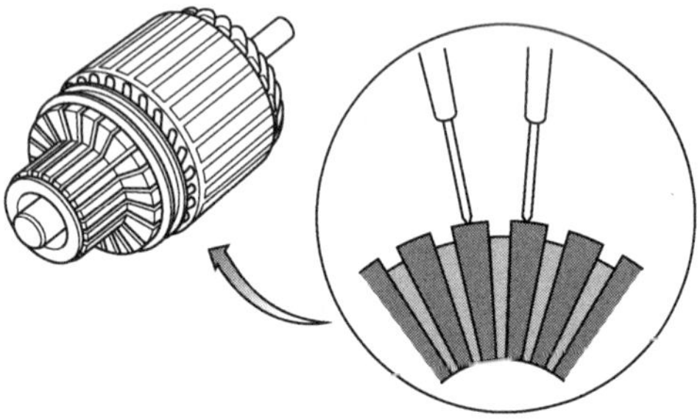

图 8-29　检查换向器整流片之间导通性

步骤 8： 将电枢放在一个电枢测试器上，如图 8-30 所示。将一钢锯条拿到电枢芯上方。如果电枢芯转动时，锯条被吸附或振动，则电枢短路，更换电枢。

步骤 9： 使用欧姆表检查换向器与电枢线圈芯之间及换向器与电枢轴之间是否导通，如图 8-31 所示。若导通，则更换电枢。

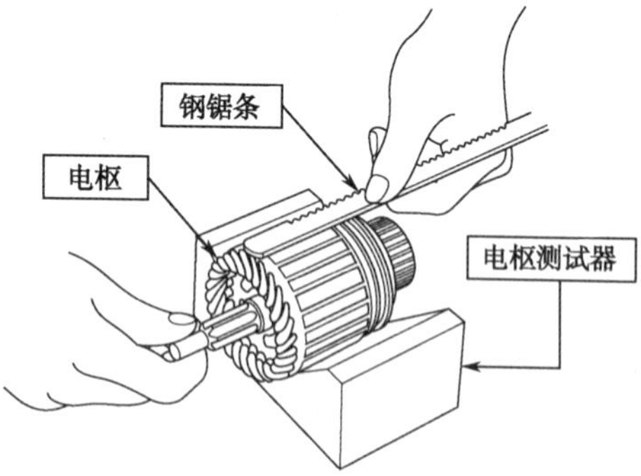

图 8-30　检查电枢

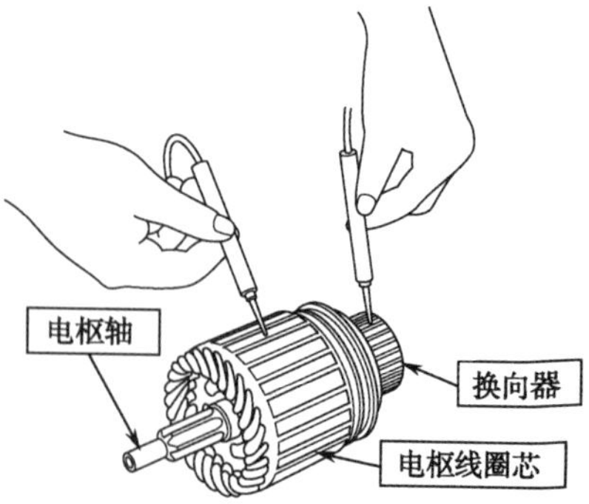

图 8-31　检查换向器与电枢导通性

（3）单向离合器检查

步骤 1： 轴滑动离合器，如图 8-32 所示。若不能平稳滑动，则将其更换。

步骤 2： 固定离合器，按图 8-33 所示方向转动主动齿轮以确保自由转动。并确保相反方向主动齿轮锁止。如果不能锁止，则更换离合器总成。

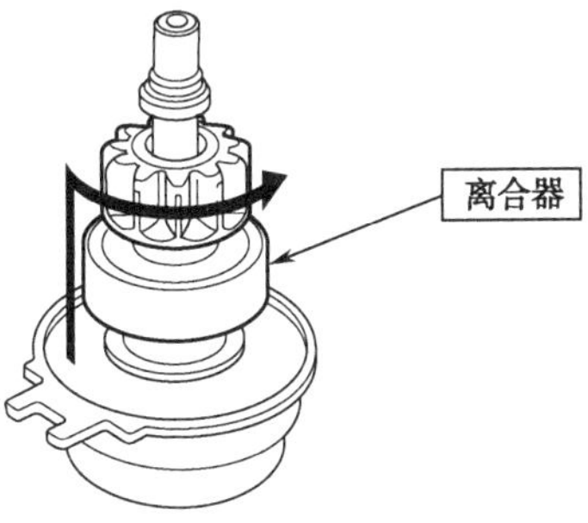

图 8-32　轴滑动离合器

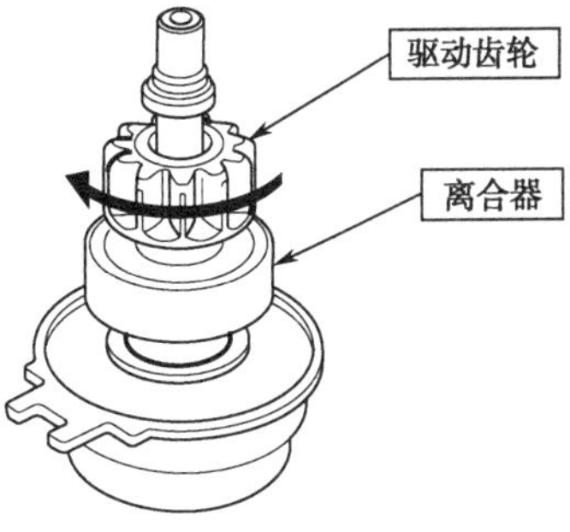

图 8-33　固定离合器

步骤 3： 如果启动机驱动齿轮磨损或损坏，则更换离合器总成，齿轮不能单独更换。检查变矩器齿圈情况，如果启动机驱动齿轮轮齿损坏，则将其更换。

（4）电刷检查

步骤：使用卡尺测量电刷的长度，如图 8-34 所示。若比使用极限小，则更换电刷架总成。

电刷长度规格：标准（新）为 15.0 ~ 16.0mm，使用极限为 9.0mm。

（5）电刷架测试

步骤：检查（+）电刷和（-）电刷之间是否导通，如图 8-35 所示。如果导通，则更换电刷架总成。

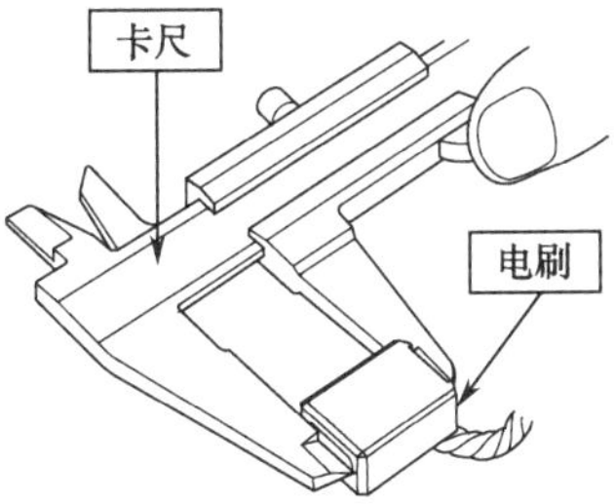

图 8-34　检查电刷

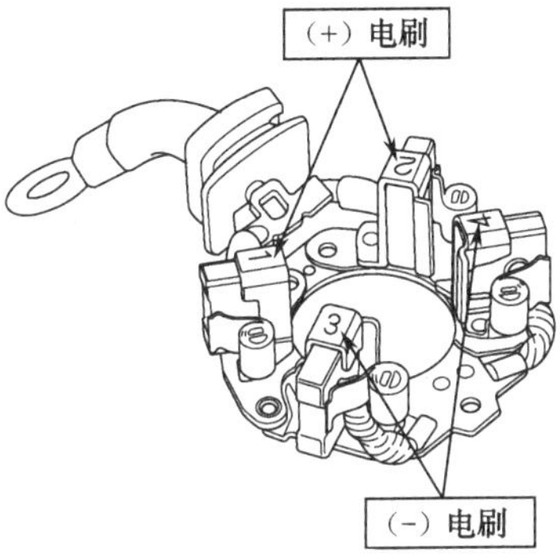

图 8-35　电刷架测试

（6）电刷弹簧检查

步骤：将电刷插入电刷架内，且使电刷与换向器接触，然后将弹簧挂在弹簧秤的挂钩上。当弹簧提起电刷时测量弹簧拉力，如图 8-36 所示。如果不在标准范围内，则更换电刷架总成。

弹簧拉力规格：标准（新）为 22.3 ~ 27.3N（2.27 ~ 2.78kgf）。

（7）行星齿轮检查

步骤：检查行星齿轮和内齿圈，如图 8-37 所示。如果行星齿轮或内齿圈磨损或损坏，则将其更换。

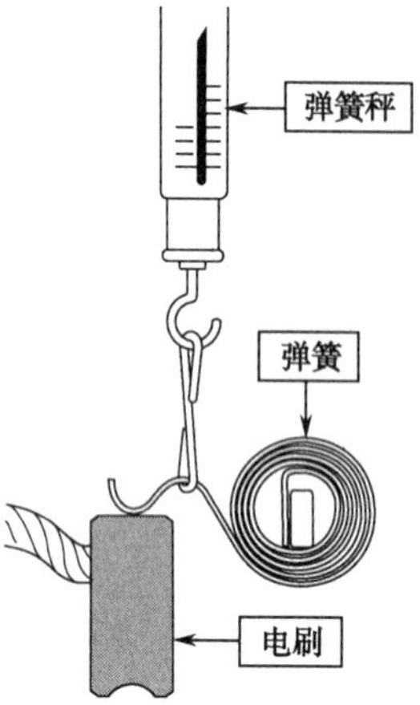

图 8-36　电刷弹簧检查

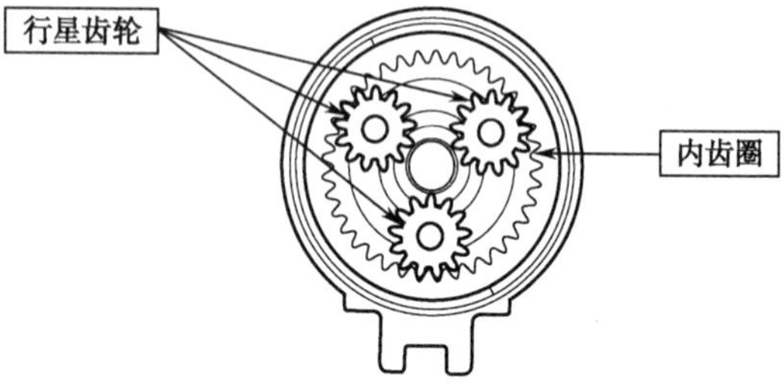

图 8-37　行星齿轮的检查

（8）启动机重新组装

步骤 1：用螺丝刀撬起每个电刷弹簧后，将电刷置于电刷架外的中间位置，松开弹簧使其保持在此处，如图 8-38 所示。

注意，要固定住新电刷。在换向器与每个电刷之间滑入一条#500 或#600 砂纸，砂面朝上，然后平稳地转动电枢。电刷的接触面将被打磨成与换向器相同的轮廓。

步骤 2：通过将槽点对准凸出部位，安装电枢壳体和电枢，如图 8-39 所示。

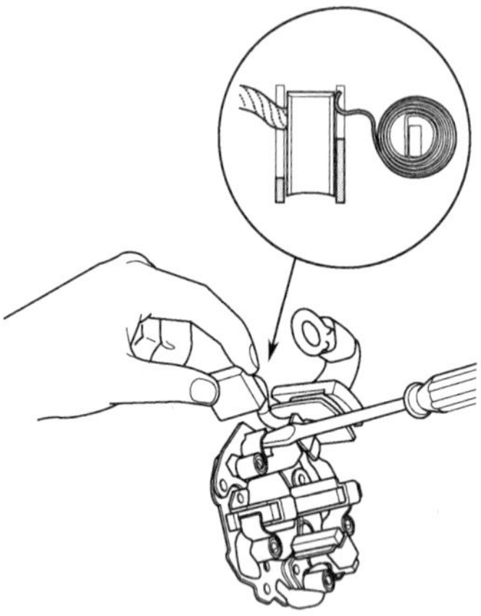

图 8-38　安装电刷

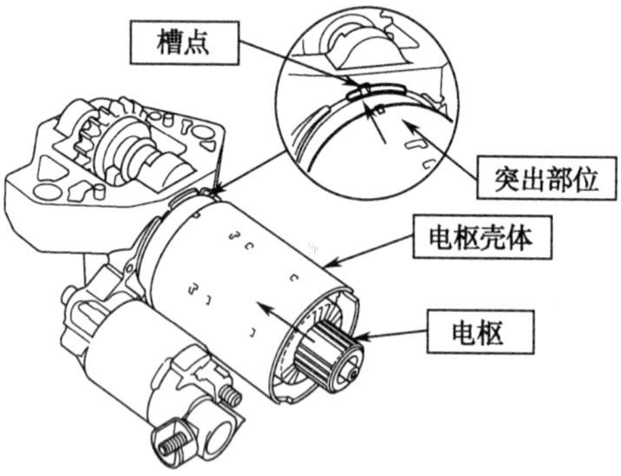

图 8-39　安装电枢壳体和电枢

步骤 3：安装电刷架总成。再次撬动每个电刷弹簧，并将每个电刷推下直至固定在换向器上，然后松开电刷端的弹簧，如图 8-40 所示。

步骤 4：安装端盖以固定电刷架，如图 8-41 所示。

步骤 5：安装启动机。

3. 启动系统常见故障诊断

启动系统常见故障诊断表如表 8-1 所示。

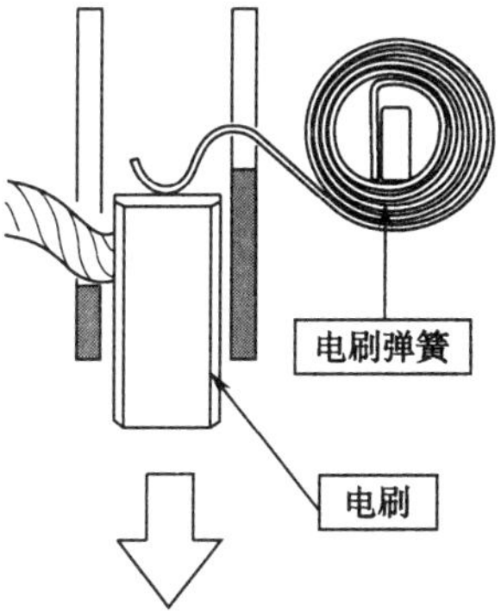

图 8-40 安装电刷架总成

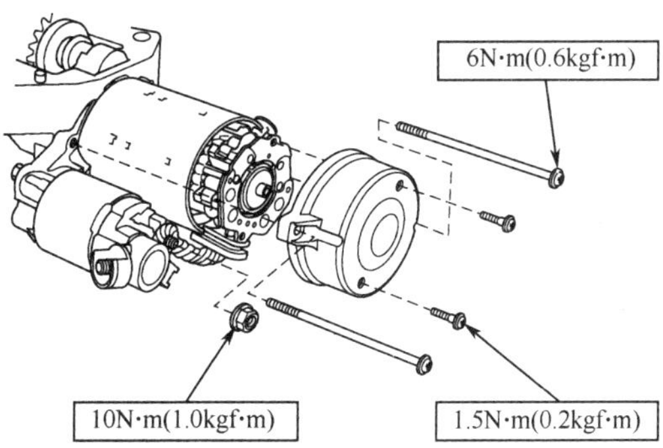

图 8-41 安装端盖

表 8-1 启动系的常见故障诊断表

故障	现 象	诊断步骤与方法
起动机转动无力	● 启动机转动缓慢无力，带动发动机困难。 ● 接通启动开关后，启动机只有“咔嗒”一声并不转动	● 检查蓄电池容量和电源导线的连接情况。 ● 在确认蓄电池容量足够、线路连接良好的情况下，用金属条短接启动机电磁开关的两个主接线柱，如果短接后启动有力了，说明启动机电磁开关内主触点和接触盘接触不良；如果短接后启动仍然无力，则可认为电动机有故障，或者其搭铁不良，需进一步拆检。 ● 在接通启动开关后，启动机有连续的“咔嗒”声。如果短接启动机电磁开关的两个主接线柱，启动机转动正常，说明电磁开关保持线圈断路或短路
起动机空转	接通启动开关，启动机只是空转，不能带动发动机运转	● 启动机空转时，有较轻的摩擦声音，启动机驱动齿轮不能与飞轮轮齿啮合而产生空转，即驱动齿轮还没有啮合到飞轮轮齿中，电磁开关就提前接通，说明主回路的接触盘行程过短，应拆下启动机，进行启动机接通时的调整；或者为飞轮上的齿圈在飞轮上滑转。 ● 启动机空转时，有严重的碰擦轮齿的声音，说明飞轮轮齿或启动机驱动齿轮严重磨损，应拆下启动机进一步检查，根据实际情况更换驱动齿轮或飞轮轮齿。 ● 启动机空转时，速度较快但无碰齿声音：说明启动机单向离合器打滑，即驱动齿轮已经啮入飞轮轮齿中，但不能带动飞轮旋转，只是启动机电枢轴在空转，应更换单向离合器总成
起动机有异响	主要原因可能是单向离合器打滑，或者是飞轮齿圈有部分齿损坏	一般可根据声音判断，声音轻、尖且连续的是单向离合器打滑，应更换单向离合器；声音沉重、间断的是飞轮齿圈损坏。也可重新转动曲轴或将车挂上挡，前后移动一下汽车，使启动机的驱动齿轮与发动机的飞轮齿圈重新啮合。如果能启动发动机，说明飞轮齿圈的齿轮啮合面部分损伤，飞轮齿圈损伤轻微的可将飞轮齿圈翻转过来，重新使用，飞轮齿圈损伤严重的应更换飞轮齿圈

续表

故障	现　象	诊断步骤与方法
起动机不转	接通启动开关，启动机不转	● 检查蓄电池的状况和电源导线连接情况 1）按喇叭或开前照灯，若喇叭响声变小或前照灯灯光暗淡，说明蓄电池容量过低或电源导线接触不良。 2）蓄电池良好，应对蓄电池的正极线、搭铁线及各接线柱和总电源开关进行检查，若有脏污或松脱，应清洁或紧固。 ● 用金属条短接启动机电磁开关上的两个主接线柱 若启动机不转且无火花，说明电动机有故障，应解体检修；若启动机运转，说明电动机正常。 ● 用导线连接电磁开关上的蓄电池主接线柱和启动机接线柱（即吸引及保持线圈流入端） 若启动机不工作，说明电磁开关有故障，应进一步检查电磁开关；若启动机工作，说明启动机电磁开关良好。 通过上述检查，可以认定启动机无故障。故障应出在控制电路中。 ● 用导线短接启动继电器的点火开关与电池接线柱 若启动机工作，说明点火开关及其连线有故障；若启动机不工作，说明继电器及其连线有故障。 电路的故障可用试电笔或试灯沿启动控制电路逐点查找，直至找到故障部位为止

任务二　点火系统

一、传统点火系统

1. 传统点火系统的结构

传统点火系统主要由点火线圈、分电器、火花塞及高压导线等组成，如图 8-42 所示。点火系统被分成初级电路和次级电路。

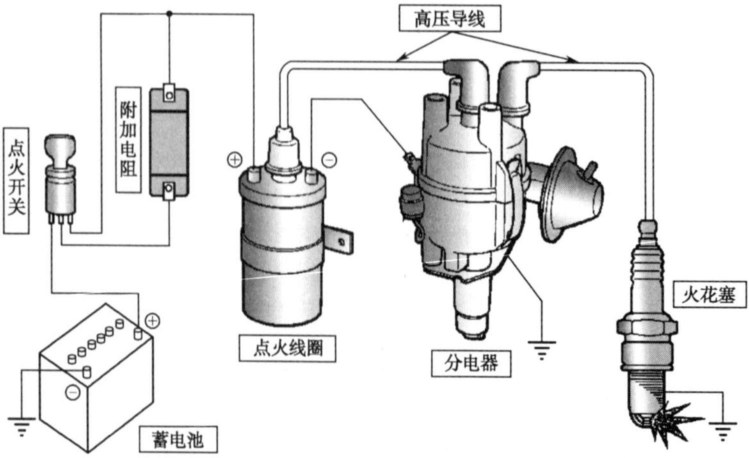

图 8-42　传统点火系统

（1）初级电路

初级电路中传导的是低压电流。其回路中的电流信号走向：蓄电池→点火开关→附加电阻→点火线圈初级绕组→分电器→接地。

注意：当发动机启动以后，附加电阻中将无电流流过。

（2）次级电路

次级电路是高压电路，并产生火花，其电路中的电流信号走向：点火线圈次级绕组→分电器→火花塞→接地

2. 传统点火系统的组成元件

（1）点火线圈

对于一台内燃机，汽油（或液化石油气）与空气一起被吸入汽缸内，并在燃烧室内被压缩，产生的高能量火花点燃混合物。但是蓄电池是不能够提供足够的能量来点燃的，所以就需要一个变压器（即线圈）把电瓶或交流发电机的有限的电压增加到一个高电压。

点火线圈带有一个金属外壳，这个金属外壳是由一个金属平板围成用来减少漏磁的。次级绕组直接缠绕在层状铁芯上，并且通过电力连接在经过铁芯的点火线圈绝缘盖的中央接线柱上。因为铁芯将承受高压所以必须绝缘，并且其绝缘是由在铁芯顶部绝缘盖和铁芯底部置入的附加绝缘体来实现的。初级绕组置于次级绕组外侧附近。绝缘的点火线圈盖一侧装有与电源断电器连接的接线柱，在另一侧装有与高压端连接的接线柱。点火线圈的两个绕组都是绝缘的，并且用沥青机械固定。点火线圈构造如图 8-43 所示。

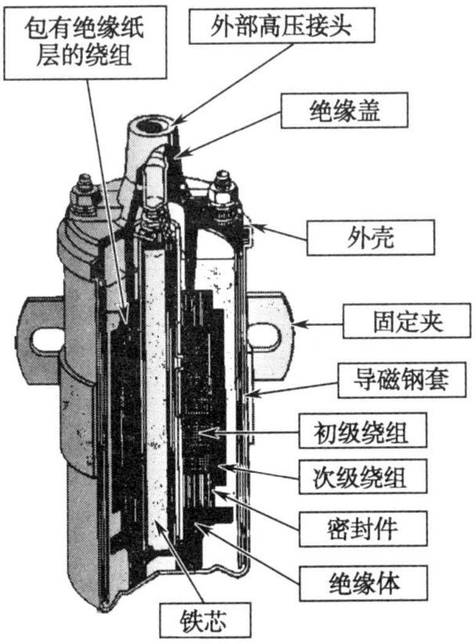

图 8-43　点火线圈构造

传统点火系统的点火线圈按铁芯的磁路来分，可分为开磁路式点火线圈和闭磁路式点火线圈，如图 8-44 所示；按接线柱的个数来分，可分为两接线柱式点火线圈和三接线柱式点火线圈，如图 8-45 所示。

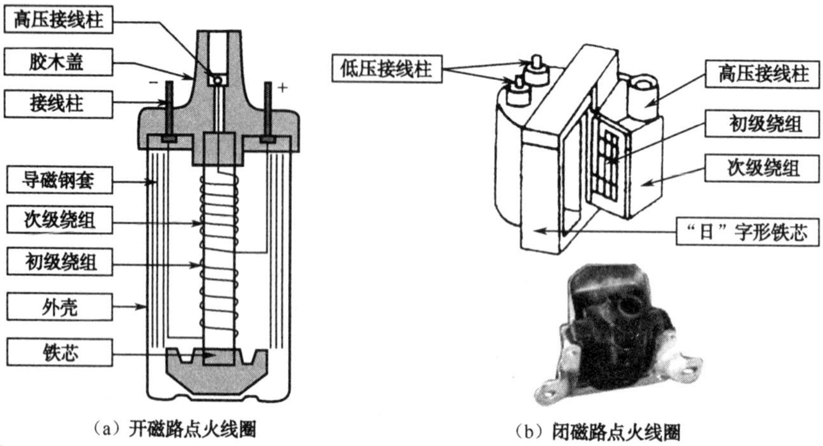

（a）开磁路点火线圈　（b）闭磁路点火线圈

图 8-44　开磁路式点火线圈和闭磁路式点火线圈

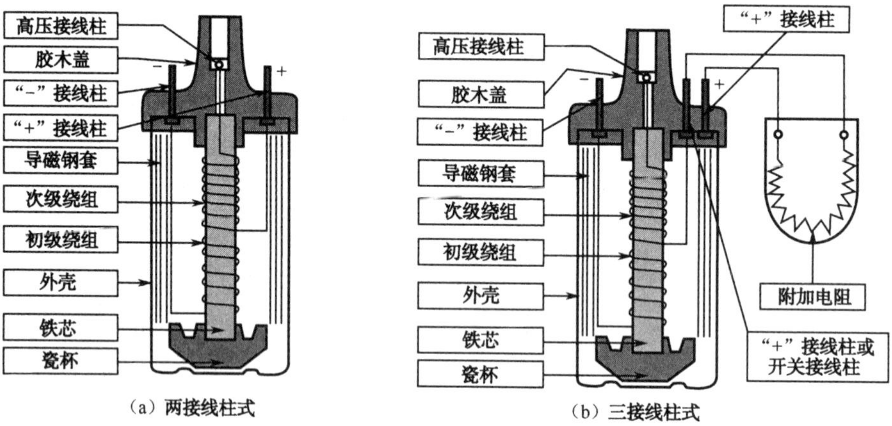

（a）两接线柱式　（b）三接线柱式

图 8-45　两接线柱式和三接线柱式点火线圈

点火系统工作原理：若两个线圈面对面放置，并且流过初级线圈的电流是变化的，那么，在次级线圈上将会产生电动势（电压）。这个现象被称为自感，如图 8-46 所示。

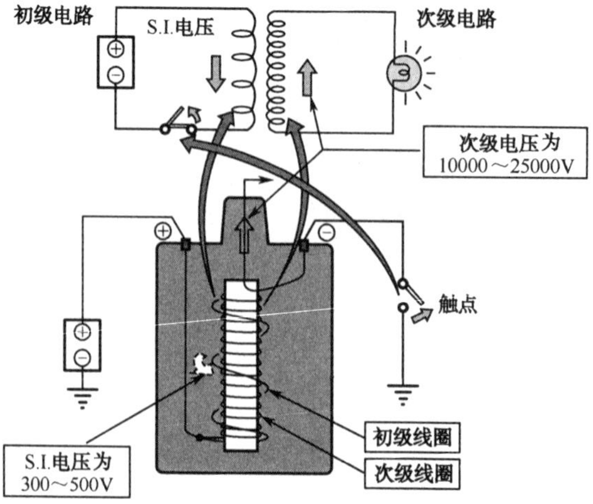

图 8-46　点火线圈工作原理

初级绕组和次级绕组的匝数比与电压增量成反比。次级绕组这一侧的电压等于次级绕组和初级绕组匝数比乘以自感电动势，其公式为

$$U_{初} = \frac{n_{初}}{n_{次}} \cdot U_{次}$$

例如，某一点火线圈，初级绕组为 150 匝，次级绕组为 15000 匝，初级绕组这一侧的自感电动势为 400V，求次级绕组的自感电动势是多少？

解：

由公式 $U_{初} = \frac{n_{初}}{n_{次}} \cdot U_{次}$ 得

$$\begin{aligned} U_{次} &= \frac{n_{次}}{n_{初}} \cdot U_{初} \\ &= \frac{15000}{150} \times 400\text{V} \\ &= 40000\text{V} \end{aligned}$$

由上述公式可知，可以通过以下 3 种方式来提高次级线圈的电压。

① 加大流过初级线圈的电流。

② 增加线圈绕组数。

③ 加速电流的变化。

在实际的点火线圈中，初级电路的触点由分开到闭合的这一过程中是不能产生次级电压的，但是触点从闭合到分开的这个过程却可以产生次级电压，这是因为后一过程中产生了很大的自感电动势。

（2）附加电阻

启动发动机时，线圈的输入电压会降低，这是由启动机马达负载引起的。可以使用一种安装在陶瓷外壳里的特殊的导线电阻（附加电阻），从而把电流控制到发动机工作时的最佳平均值，并且在启动过程中，让电流从支路流过。

（3）分电器总成

分电器总成的主要有以下 3 个作用。

① 按正确顺序将次级线圈的高压分配到各缸的火花塞上。

② 在适当的时间断开点火线圈的初级电流。

③ 根据发动机工况负荷转速等控制点火正时。

分电器总成由配电器、接触式断电器和提前装置等组成，如图 8-47 所示。

① 分电器。分电器主要由分电器盖和分火头组成。分电器承受点火线圈的高压，并通过分火头分配给每个火花塞。

一个安装在中央的石墨电刷将线圈的高压送到旋转的转子上，转子依次把高压直接加到每个火花塞上。触点间隙就是这两个触点之间的距离。

② 接触式断电器。 随着凸轮旋转，断电器活动触点臂升起，初级电路断开，同时，产

生次级电路的高压。

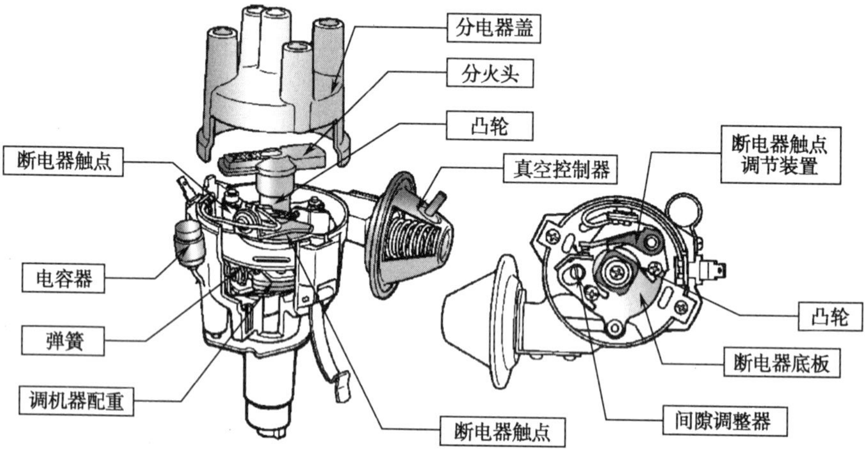

图 8-47　分电器总成结构

接触式断电器主要由凸轮、断电器底板、断电器触点、触点臂等组成。凸轮的凸角数和发动机的汽缸数相等。也就是说，四缸发动机就有 4 个凸轮角，六缸发动机就有 6 个凸轮角。

触点由抗电腐蚀的钨制成，电腐蚀是由线圈中的电流引起的。凸轮转动并推开触点，断开初级电路并使产生高压电的线圈磁场衰减。断电器旋转速度为曲轴的一半。

③ 点火提前装置。发动机性能随燃气混合比、进气量、燃气压力，以及燃烧状态的不同而变化很大。点火提前装置的目的就是选择合适的点火正时，从而得到最大的燃烧室压力。

机械式（离心式）点火提前装置：分电器凸轮独立安装在中间轴上，并且可以按设定的角度自由旋转，如图 8-48 所示。两个调节器配重可以围绕分电器凸轮和轴之间的轴线旋转，但它们有一套校定的弹簧使它们回位。当发动机转速提高时，配重的离心力克服弹簧拉力，带动分电器凸轮朝同一个方向旋转。这时点火正时就会被提前。

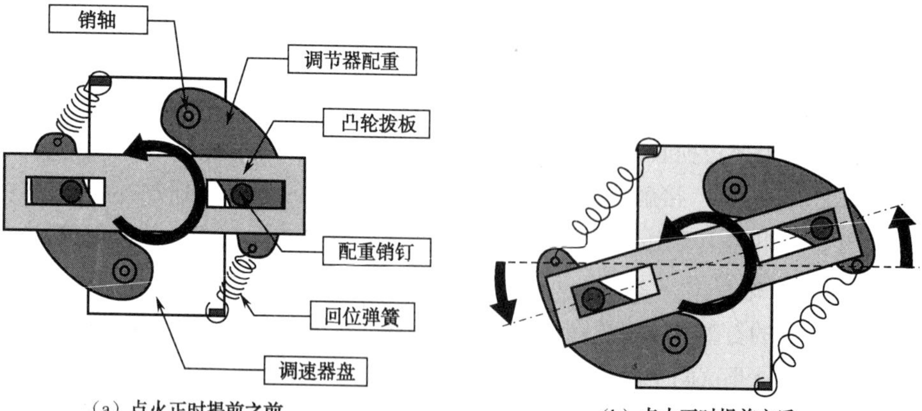

(a) 点火正时提前之前

(b) 点火正时提前之后

图 8-48　机械式（离心式）点火提前装置

每一个发动机都有它独特的燃烧特性，不同的扭矩曲线要求不同的机械式点火提前装置特性曲线，如图 8-49 所示。这些不同的特性曲线是可以通过改变弹簧和配重来获得的。发动机高速运转时，由于汽缸盖的设计改进了燃烧速度，因此就不需要额外的点火提前了。

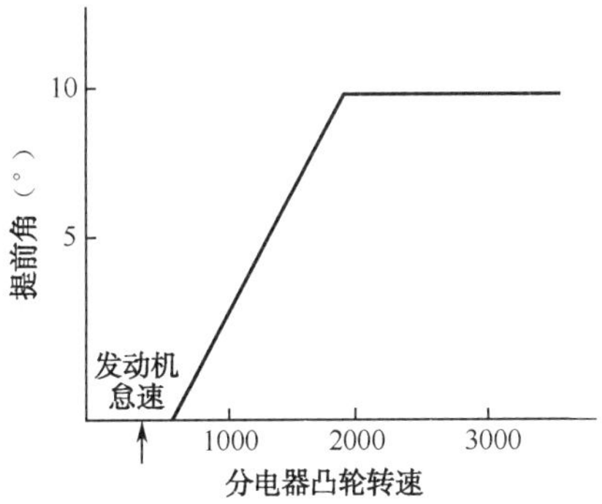

图 8-49 机械式点火提前装置特性曲线

真空点火提前装置：真空式调节器的作用是在发动机负荷增大时，自动减小点火提前角。

发动机负荷小时，节气门开度也小，节气门下方及管道的真空度增大，真空吸力吸引膜片向右弯曲，通过拉杆拉动活动板（信号发生器的信号线圈位于活动板上）逆着分电器轴旋转的方向相对转子转动一个角度，实现提前点火，即点火提前角增大；反之，当负荷增大时，点火提前角减小。其工作原理如图 8-50 所示。

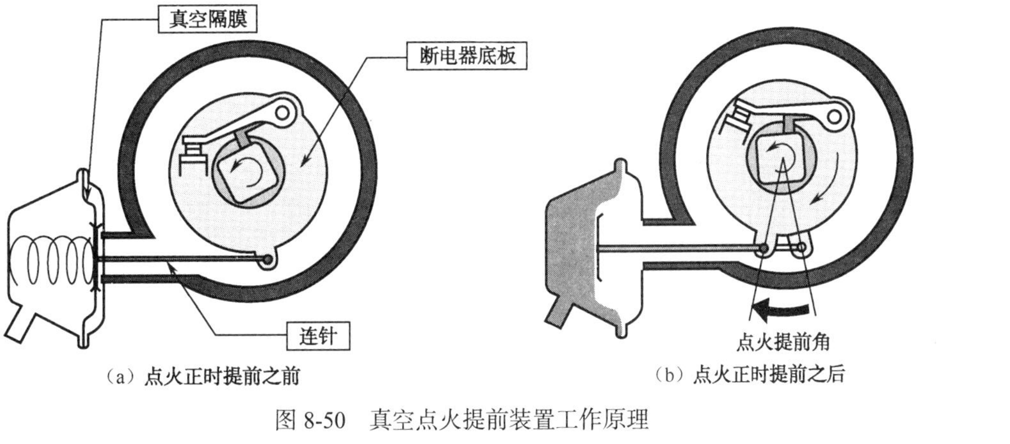

图 8-50 真空点火提前装置工作原理

（4）火花塞

① 构造。火花塞的构造如图 8-51 所示。中心电极用镍铬合金制成，具有良好的耐高温、耐腐蚀性能，中心电极做成两段，中间加有导电玻璃，由于导电玻璃和瓷绝缘体的膨胀系数相近，因此，导电玻璃主要是起密封作用。火花塞间隙多为 1.0 ~ 1.2mm。

② 热特性。火花塞的热特性主要决定于绝缘体裙部的长度。裙部短的火花塞，吸热面积小，传热距离短，散热容易，裙部温度低，称为冷型火花塞；反之，绝缘体裙部长的火花塞，其受热面积大，传热距离长，散热困难，裙部温度高，称为热型火花塞。冷型火花塞用于高压缩比、高转速、大功率的发动机中；热型火花塞用于低压缩比、低转速、小功率的发

动机中，如图 8-52 所示。

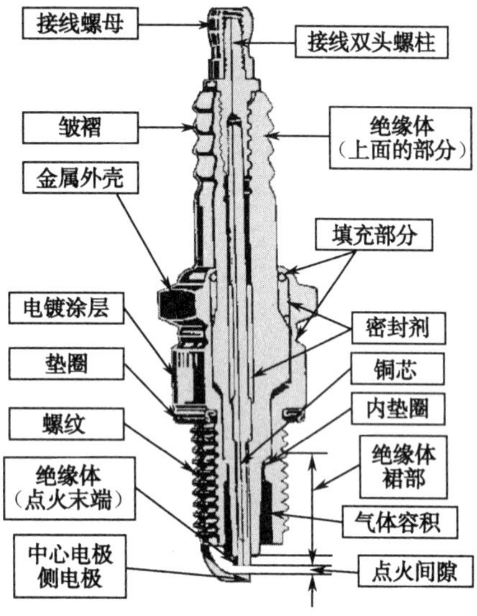

图 8-51　火花塞的构造

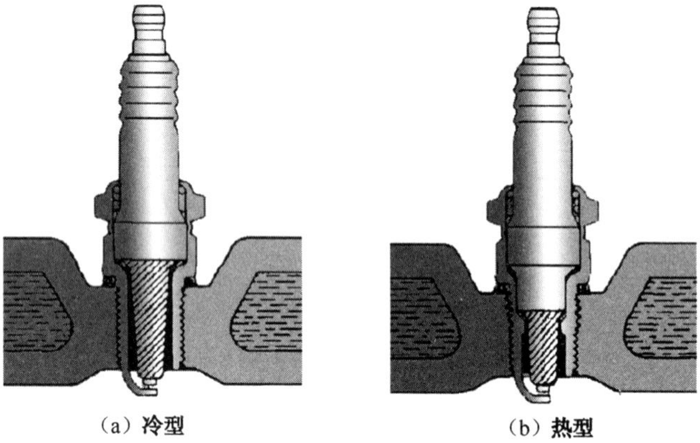

图 8-52　火花塞的热特性

③ 火花塞使用注意事项。

a. 所有汽缸中的火花塞热范围应该相同。

b. 火花塞应该有一个满足发动机不同工况要求的热范围。

3. 传统点火系统的工作原理

传统点火系统的工作原理如图 8-53 所示。

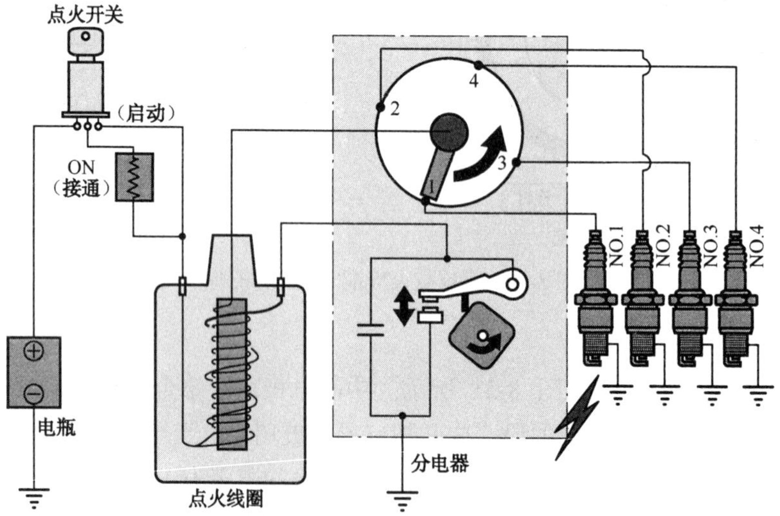

图 8-53　点火系统的工作原理

发动机工作时，断电器凸轮在发动机凸轮轴的驱动下旋转，凸轮旋转时使断电器触点交替地闭合和打开。在点火开关 SW 接通的情况下，当触点闭合时，点火线圈初级绕组中有电流流过。流过初级绕组的电流称为初级电流，其电路称为初级电路或低压电路。初级电路中电流的路径为：

蓄电池正极→点火开关→点火线圈初级绕组→断电器触点→接地

初级电流在点火线圈的铁芯中形成磁场，电能转变为磁能。

当断电器凸轮将触点打开时，初级电路被切断，初级电流消失，它所形成的磁场也随之迅速变化，在两个绕组中都感应出电动势，磁能转变为电能。由于点火线圈次级绕组的匝数多，因此在次级绕组内就感应出 15k～20kV 的电动势，它足以击穿火花塞的电极间隙，产生电火花点燃混合气。次级电路中电流的路径为：

点火线圈次级绕组→分电器盖→转盘→火花塞→接地

分电器轴每转一圈，各缸按点火顺序轮流点火一次。

二、电子点火系统

在传统的断电器触点式点火系统中，应该定期检修和更换断电器触点组件，因为断电器触点受到电弧或点火正时改变而发生损坏，点火正时发生改变是由于凸轮磨损引起的。

电子点火系统已经取代了传统点火系统，这是因为电子点火系统不需要太多维修和更换。而且，还可以提供更高的能量，使得发动机在启动或高速运转过程中获得稳定的输出。

1. 电子点火系统的结构与类型

（1）电子点火系统的结构

电子点火系统主要由点火电子组件、分电器及位于分电器内的点火信号发生器、点火线圈、火花塞等组成，如图 8-54 所示。

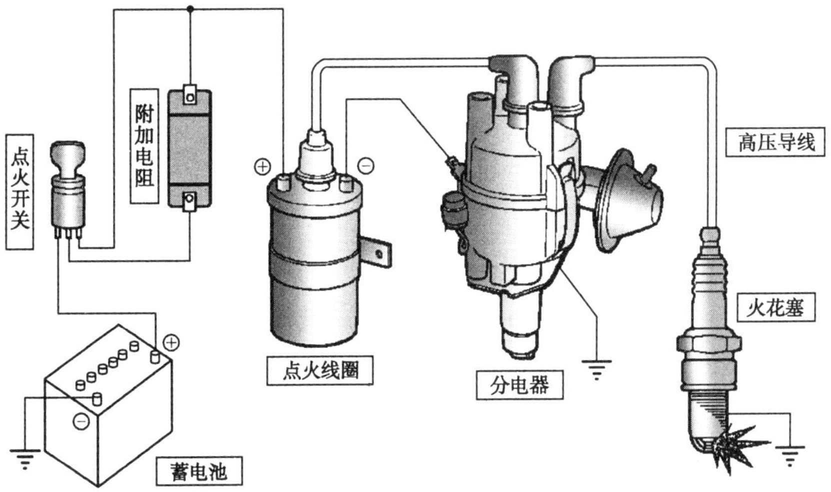

图 8-54 电子点火系统结构

点火电子组件也称电子点火器（简称点火器），它是一个电子开关电路，可根据点火信号发生器的点火脉冲信号，接通和断开点火线圈的初级电路。点火信号发生器装在分电器内，它可根据各缸的点火时刻产生相应的点火脉冲信号，控制点火器接通和断开点火线圈初级电路的具体时刻。

（2）电子点火系统的类型

电子点火系统的类型如下。

- 电子点火系统
  - 按点火信号的产生方式分
    - 无触点式
      - 磁感应式磁（磁脉冲式）
      - 霍尔效应式
      - 光电效应式
      - 电磁振荡式
    - 触点式
  - 按储能方式分
    - 电感储能式
    - 电容储能式

2. 霍尔式电子点火系统

在霍尔式电子点火系统中，采用的是霍尔式点火信号发生器的分电器。

（1）霍尔效应原理

霍尔效应的原理如图 8-55 所示，当电流通过放在磁场中的半导体基片（即霍尔元件），且电流方向与磁场方向垂直时，在同时垂直于电流与磁场的方向上，半导体基片内产生一个与电流大小和磁感应强度成正比的电压（霍尔电压 U_H）。

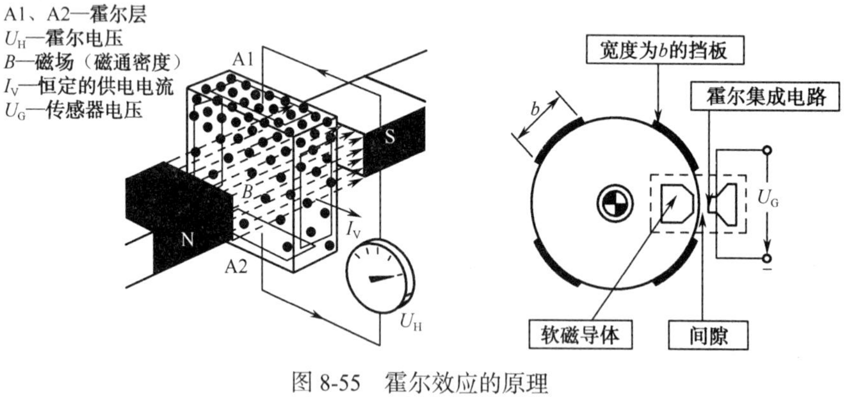

图 8-55　霍尔效应的原理

（2）霍尔信号发生器

霍尔信号发生器主要由触发叶轮和信号触发开关组成，如图 8-56 所示。它位于分电器内，触发叶轮与分火头制成一体由分电器轴带动，叶片数与汽缸数相同。信号触发开关由霍尔集成电路和带导磁板的永久磁铁组成。霍尔集成电路的外层为霍尔元件，同一基板的其他部分制成放大电路。

触发叶轮由分电器轴带着在霍尔集成电路和永久磁铁之间转动，当转到触发叶轮无缺口处对着装有霍尔集成块的位置时（叶片在气隙内），通过霍尔集成块的磁路被触发叶轮短路，此时霍尔集成块中没有磁场通过，不会产生霍尔电压。

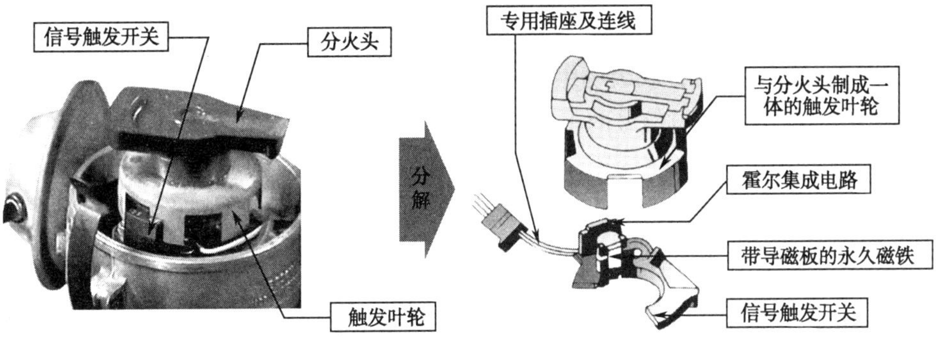

图 8-56 霍尔信号发生器的结构

当触发叶轮转到其缺口对着装有霍尔集成块的位置时（即叶片不在气隙内），永久磁铁所产生的磁场，在导板的引导下，垂直穿过通电的霍尔集成块，于是在霍尔集成块的横向侧面产生一个霍尔电压，该霍尔电压信号经过放大、脉冲整形后，最后以整齐的矩形脉冲（方波）信号输出。

（3）霍尔式电子点火系统工作原理

图 8-57 所示的电路图是上海大众桑塔纳 2000 的霍尔效应式电子点火系统。

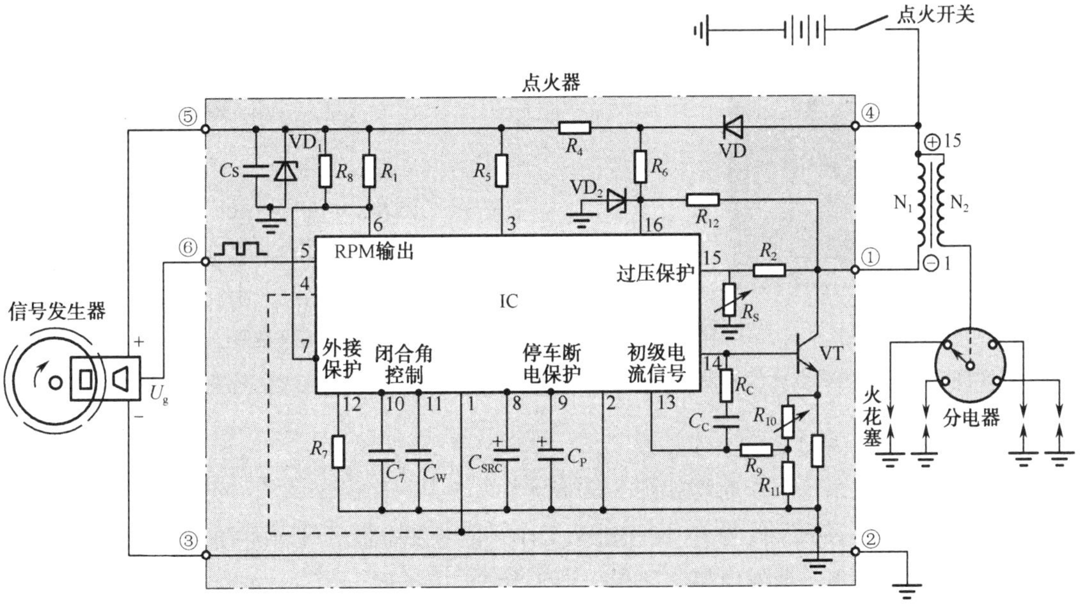

图 8-57 霍尔效应式电子点火系统

打开点火开关，发动机运行时，分电器轴带动霍尔信号发生器的触发叶轮转动，当霍尔信号发生器输出信号 U_g 为高电位时，这一信号通过点火器插座端子⑥和端子③进入点火器。这时，点火器通过内部电路，驱动点火器大功率晶体 VT 导通，接通初级电路。初级电路电流信号走向：

蓄电池（或发电机）正极→点火开关→点火线圈初级绕组 N_1→点火控制器（VT）→搭铁

当霍尔信号发生器输出的电压为 0.3 ~ 0.4V 的低电压时，点火器大功率晶体 VT 立即截止，切断点火线圈初级电路，次级绕组（N_2）产生高压电，高压电由分电器分配到各缸火花塞，点燃混合气。次级电路电信号的走向：

点火线圈初级绕组 N_1→分电器→火花塞→搭铁

3. 电磁式电子点火系统

电磁感应式电子点火系统主要由磁感应式信号发生器、点火控制器、分电器、火花塞、点火线圈等组成。

（1）电磁感应式点火信号发生器

电磁感应式点火信号发生器由信号转子、传感线圈、永久磁铁等组成，如图 8-58 所示。

信号发生器安装在分电器内，永久磁铁和铁芯固定在分电器内，传感线圈绕在铁芯上。转子上有与发动机的汽缸数相同的凸齿，分电器轴带动转子，随着分电器的旋转，信号转子转动，它的凸起与信号线圈之间的间隙不断变化，磁路的磁阻随之改变，使通过线圈的磁通量发生变化，从而在线圈内感应出交变电动势，其工作原理如图 8-59 所示。

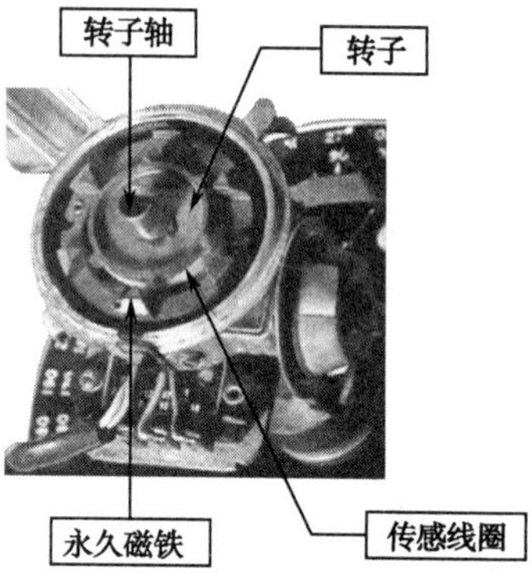

图 8-58　电磁感应式点火信号发生器的结构

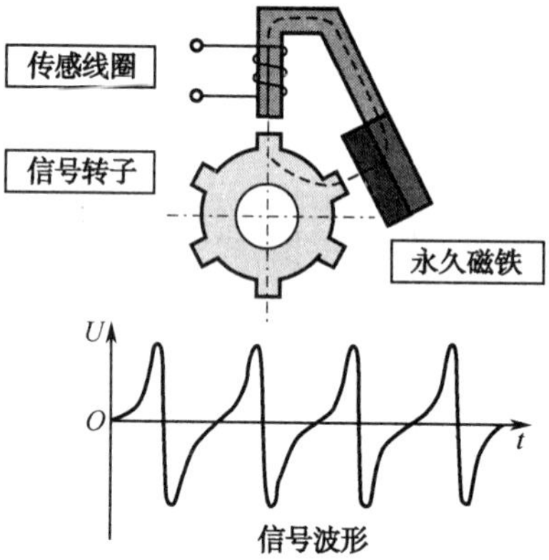

图 8-59　电磁感应式点火信号发生器工作原理图

（2）电磁感应式点火系统工作原理

电磁感应式点火系统工作原理如图 8-60 所示。

打开点火开关（"ON" 位置），发动机未工作（信号发生器的转子不动）时，初级电路的电信号的走向：蓄电池（或发电机）正极→点火开关→R_4→R_1→VT_1→A 点→信号线圈→B 点→搭铁。这时，电路中 P 点的电位高于 VT_2 的导通电压，VT_2 导通，VT_2 导通后其集电极电位降低，使 VT_3 截止，VT_3 截止后使 VT_4 导通，VT_4 导通后，R_7 上的压降给 VT_5 提供正向偏置电压，使 VT_5 导通。

当点火信号发生器产生正向脉冲时，VT_1 的集电极加反向电压而使 VT_1 截止，P 点的电位仍高于 VT_2 的导通电压，VT_2 导通，VT_4 导通，VT_5 也导通。于是初级电路电信号的走向为：蓄电池（或发电机）正极→点火开关→电阻 R_f→点火线圈初级绕组→VT_5→搭铁，点火线圈储能。

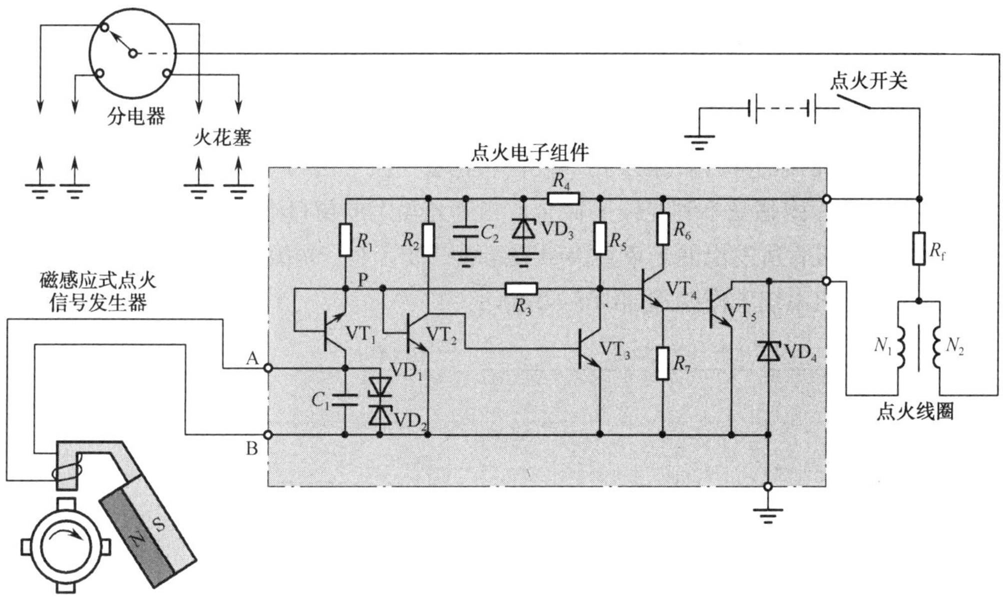

图 8-60 电磁感应式电子点火系统工作原理

在点火信号发生器产生反向脉冲时，VT_1 导通，P 点的电位下降，使 VT_2 截止，VT_2 截止时使 VT_3 导通，VT_4 截止，VT_5 截止。于是初级电路中无电流，在次级线圈因为互感而产生高电压，经配电器按点火顺序分配到各缸，点燃可燃混合气使发动机做功。每当信号发生器的转子转动一周，各个汽缸便轮流点火一次。

一个点火循环结束后，又重新开始同样的点火循环，如此反复下去。

4．光电式电子点火系统

光电式点火信号发生器主要由发光二极管、光敏三极管和遮光盘三部分构成，如图 8-61 所示。

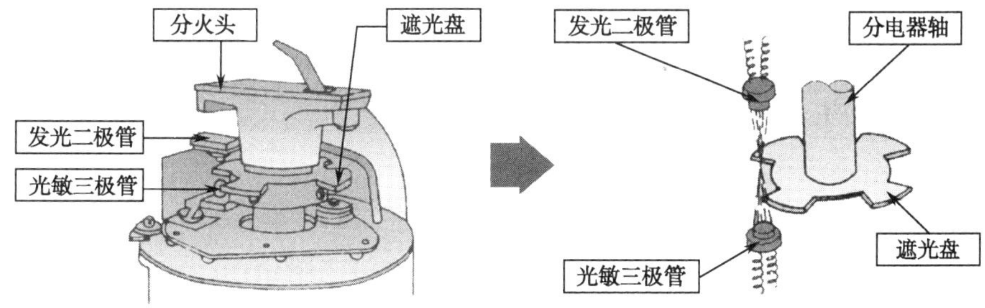

图 8-61 光电式点火信号发生器

（1）发光二极管

当其有电流流过时，会发出红外线光束，并用一只半球形透镜聚焦。

（2）发光三极管

它与发光二极管相对放置，并相隔一定距离，以使红外线光束聚焦后，照射到光敏三极管上。当有光线照射时，光敏三极管导通；当无光线照射时，光敏三极管截止。

（3）遮光盘

安装在分电器轴上，位于分火头下面。遮光盘上的窗口数与汽缸数相等，遮光盘随分电器轴旋转时，当遮光盘的叶片转至发光二极管与光敏三极管之间时，遮住了发光二极管发出的光线，光敏三极管因感受不到光线而截止；当遮光盘上的窗口通过发光二极管与光敏三极管之间时，发光二极管所发出的光束直接照到光敏三极管上，光敏三极管导通。

光电式电子点火系统工作原理如图 8-62 所示。

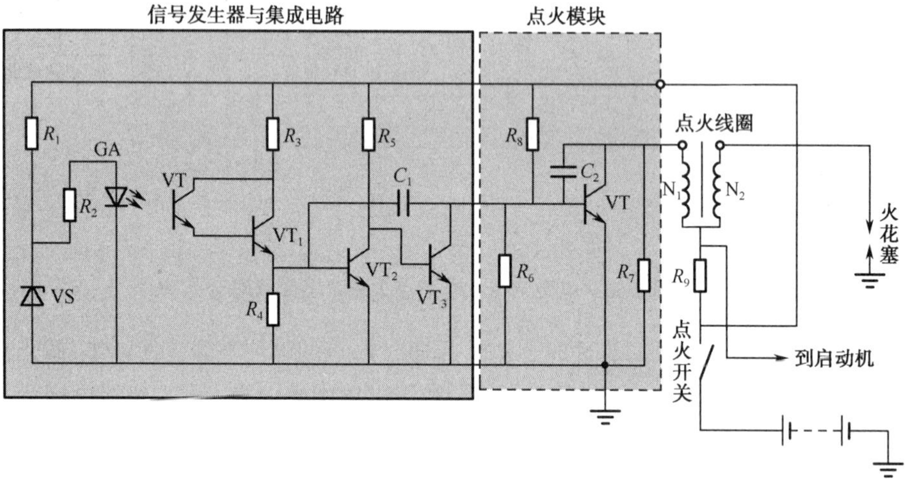

图 8-62　光电式电子点火系统工作原理

打开点火开关后，转子随分电器轴转动，遮光盘也跟着转动。当光敏三极管 VT 被光照导通时，三极管 VT_1 导通。VT_1 导通后为 VT_2 提供正向偏压，导通。VT_2 导通后，VT_3 的基极电位下降，截止。功率三极管 VT 获得正向偏压而导通，使点火线圈初级绕组电路导通；当遮光盘的叶片遮住发光二极管的光束时，光敏三极管转为截止，VT_1 失去基极电流由导通变为截止，VT_2 也截止，VT_3 因获得正偏由截止转为导通。VT 失去正向偏压则由导通转为截止，点火线圈初级绕组断电，在点火线圈次级绕组产生高压，供电给火花塞使其跳火，点燃汽缸中的可燃混合气体。

三、微机控制点火系统

采用微机控制点火系统，是考虑到了多种因素对点火提前角的影响。微机控制点火系统是由微机选择、计算和控制点火提前角（点火正时），从而保证了发动机在任何工况和使用条件下都能在最佳时刻点火，有效地提高了发动机的动力性和经济性，大大降低了排放污染。

1. 微机控制点火系统的组成

不同厂家、不同车型及不同生产时间的微机控制点火系统的组成在结构和设计上存在一定的差异，但基本上都是由传感器、电控单元、点火控制器、点火线圈和火花塞等组成的，如图 8-63 所示。

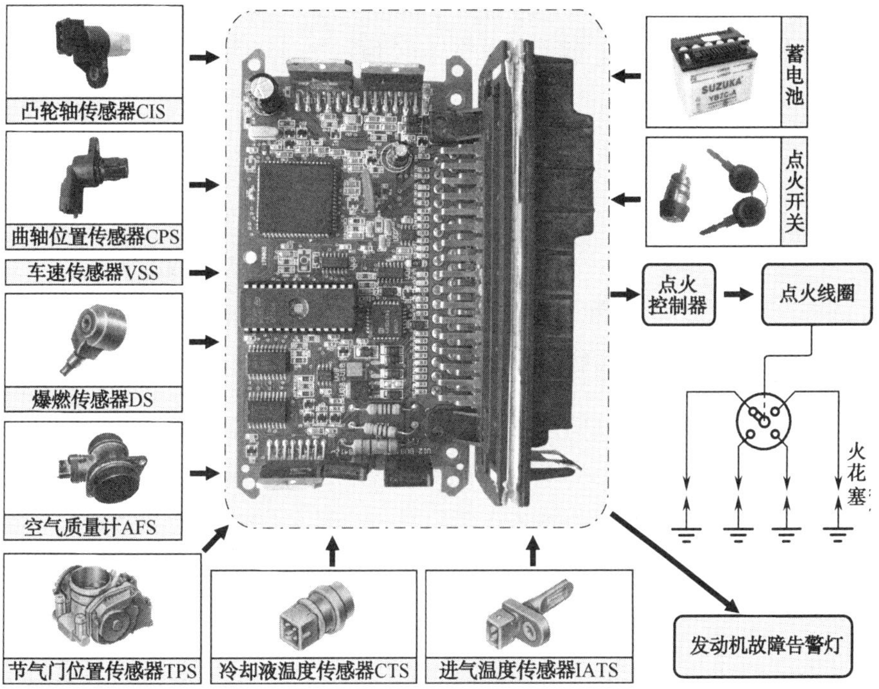

图 8-63 微机控制点火系统组成

（1）传感器

① 凸轮轴传感器。凸轮轴位置传感器（图 8-64）所输出的信号是确定点火时间的基本信号。凸轮轴位置传感器在曲轴旋转至某一特定位置时，向 ECU 发送一个脉冲信号，ECU 以此信号作为计算曲轴位置传感器的基本信号，再结合曲轴的角度信号算出曲轴在任意时刻的所处位置。

② 曲轴位置传感器。曲轴位置传感器所输出的信号是确定点火时间的基本信号。曲轴位置传感器是将曲轴旋转的角度转换为 ECU 可以识别的电信号，该信号传输到 ECU，曲轴每转过一定的角度都会发出一个脉冲信号，因为曲轴每转一周的脉冲数都是不变的，因此，ECU 通过不断检测脉冲的数量计算出曲轴转过的角度。另外，ECU 也根据单位时间内接收到的曲轴位置传感器输出脉冲数量来计算发动机的转速，如图 8-65 所示。

图 8-64 凸轮轴位置传感器

图 8-65 曲轴位置和转速传感器

③ 爆燃传感器。爆燃传感器用来检测发动机是否发生爆燃，若发动机发生爆燃，控制单元 ECU 将自动修正点火正时。爆燃传感器如图 8-66 所示。

④ 空气流量传感器。空气流量传感器信号输入 ECU，除了用于计算基本喷油量外，还作为用来确定基本的点火提前角，其实物如图 8-67 所示。

图 8-66　爆燃传感器

图 8-67　空气流量传感器

⑤ 节气门位置传感器。节气门位置传感器（图 8-68）用来检测发动机节气门的位置，以电压信号的形式输入 ECU 中，ECU 根据该信号来判定节气门所处的位置及发动机的工况，修正点火正时。

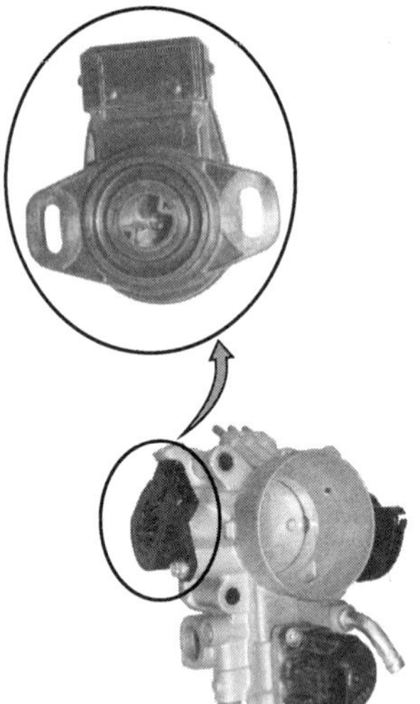

图 8-68　节气门位置传感器

⑥ 进气温度传感器发动机进气质量的大小与进气压力和进气温度有关。相同体积的空气，温度越低空气密度越大，质量就越大；反之，温度越高空气的密度越小，质量越小。

不同类型的发动机中进气温度传感器的安装位置有所差别：在 L 型 EFI 中，一般安装在空气流量计内；在 D 型 EFI 中，一般安装在空气滤清器内或进气总管内，如图 8-69 所示。

进气温度传感器的核心部件是负温度系数的热敏电阻，也就是当温度升高时传感器的电阻明显减小，热敏电阻变化特性曲线如图 8-70 所示。它是用来检测发动机的进气温度的，将温度的变化转换为电信号输送给 ECU，ECU 根据该信号对喷油量和点火时刻进行修正。进气温度传感器结构如图 8-71 所示。

图 8-69 进气温度传感器安装位置

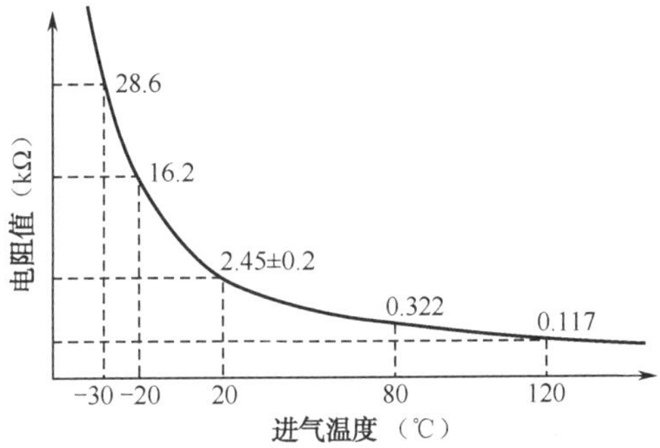

图 8-70 进气温度传感器的工作特性

⑦ 进气管压力传感器。在 D 形电控燃油喷射系统中，进气管压力传感器（图 8-72）用来检测发动机的负荷，并将其转换为电信号输入 ECU，ECU 根据该信号确定点火提前角。这一信号是发动机的负荷信号。进气管压力传感器一般安装在进气歧管上。

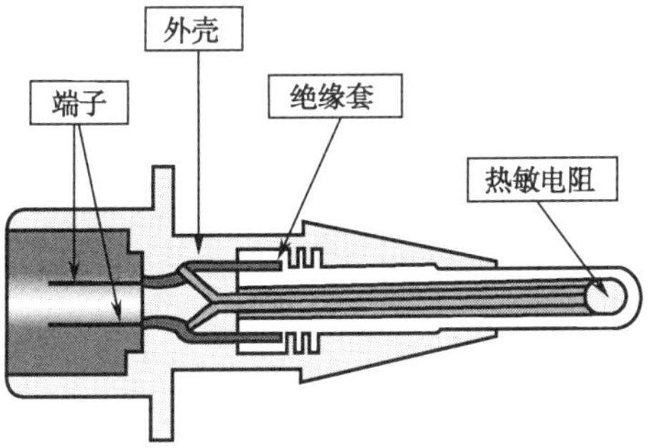

图 8-71 进气温度传感器结构

图 8-72 进气管压力传感器

⑧ 冷却液温度传感器。冷却液温度传感器实物及内部结构如图 8-73 所示。它安装在发动机水套上，用来检测发动机冷却液的温度，是修正点火正时的依据之一。

发动机冷却液温度传感器向 ECU 提供一个随冷却液温度变化的信号。它通常固定在冷却水管上，下端浸入发动机的冷却水中。它的特性与工作原理与进气温度传感器类似。

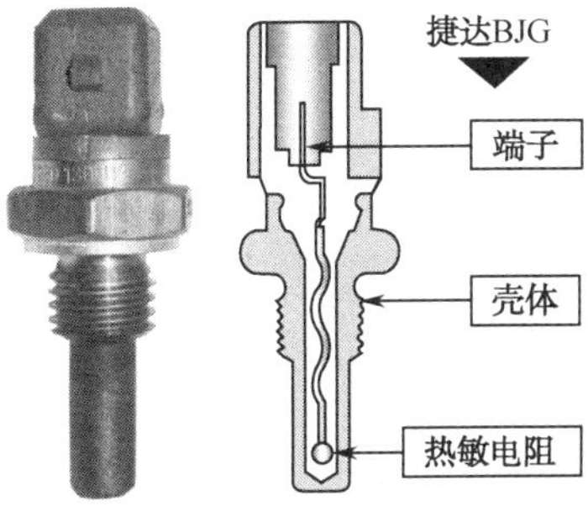

图 8-73 冷却液温度传感器实物及内部结构

⑨ 开关。启动开关主要是在发动机启动时修正点火提前角；空调开关信号是在怠速工

况下使用空调时修正点火提前角；在装有自动变速器的车辆上，ECU 根据空挡安全开关信号判断发动机是处于怠速工况还是行驶工况，从而对点火提前角进行必要的修正。

（2）控制器

① 计算机控制单元（ECU）。电子控制器（ECU）既是燃油喷射控制系统的控制核心，也是点火控制系统的控制核心。在点火系统工作时，接收各种传感器送来的信号，将信号运算、处理后，给点火器输出最佳点火提前角和点火初级电路导通时间的控制信号。其内部结构图如图 8-74 所示。

在 ECU 的只读存储器（ROM）中，存储有由台架试验测定的该型发动机在各种工况下的最佳点火提前角。随机存储器（RAM）用来存储微机工作时暂时需要存储的数据，如输入/输出数据、单片机运算得出的结果、故障代码等，这些数据根据需要可随时调用或被新的数据改写。CPU 不断接收上述各种传感器发送的信号，并按预先编制的程序进行计算和判断后，向点火控制器发出最佳点火提前角和点火线圈初级电路导通时间的控制信号。

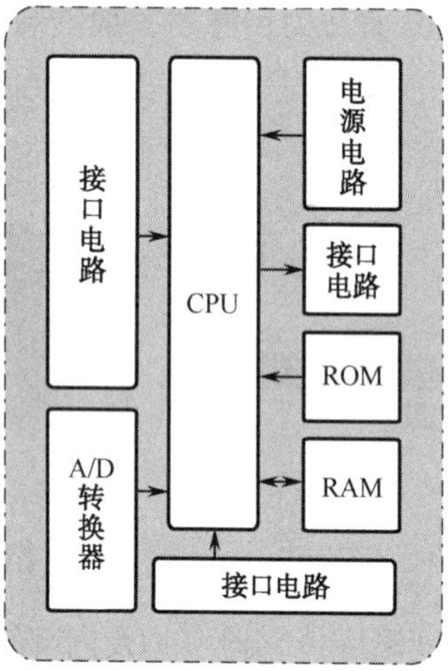

图 8-74　ECU 内部结构图

② 点火控制器。点火器是 ECU 控制点火系统的功率输出端，它将 ECU 的点火控制信号进行放大驱动点火线圈。点火器的电路、功能与结构在不同的车型上有所差异，有的与 ECU 被制作在同一电路板上；有的是与点火线圈做成一体；还有的单独为一个整体。

（3）点火执行器

① 点火线圈。点火线圈的实质是一个变压器。点火线圈可将火花塞跳火所需的能量存储在线圈的磁场中，并将电源提供的低压电转变为足以在电极间产生击穿点火的 15 ~ 20kV 的高压电。在有分电器的电控点火系统中，只有一个点火线圈，而无分电器点火系统中则有多个点火线圈，如图 8-75 所示。

② 分电器。在有分电器的电控点火系统中，分电器（图 8-76）根据发动机的点火顺序，将点火线圈产生的高压电按照点火顺序输送给各缸火花塞。

（a）无分电器点火系统的点火线圈　（b）有分电器点火系统的点火线圈

图 8-75　点火线圈

图 8-76　分电器

③ 火花塞。火花塞的作用是利用点火线圈产生的高电压产生电火花，点燃汽缸内的混合气。

2. 微机控制点火系统的类型及其工作原理

微机控制点火系统一般可分为带分电器的微机控制点火系统和无分电器的微机控制点火系统，如图 8-77 所示。

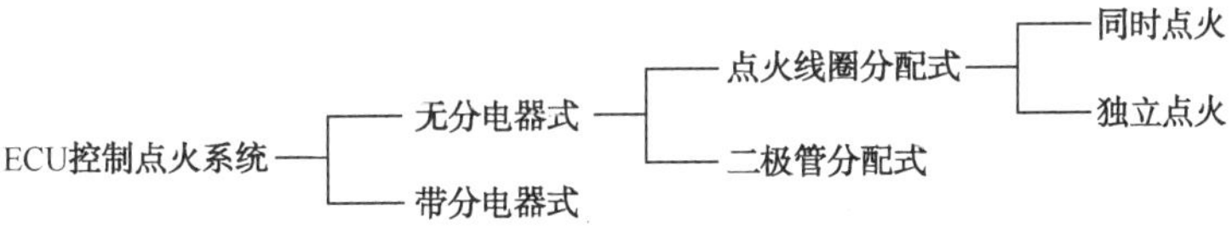

图 8-77　微机控制点火系统的分类

（1）带分电器的微机控制点火系统

带分电器的微机控制点火系统的构成如图 8-78 所示。典型的带分电器的点火系统控制原理如图 8-79 所示。

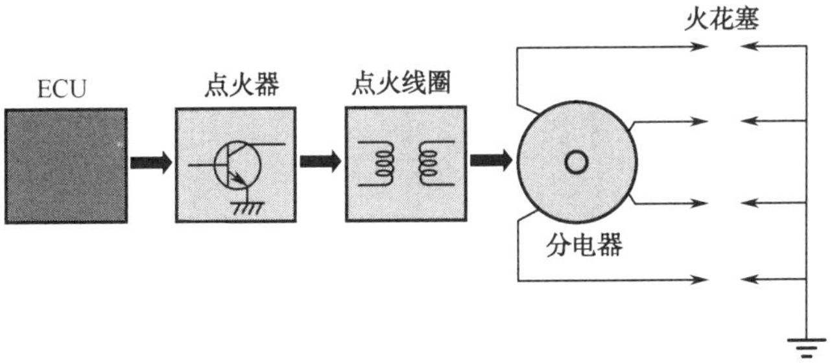

图 8-78　带分电器 ECU 控制点火系统

控制单元根据相关传感器的输入信号，确定点火时刻，并将点火正时信号 IGT 送至点火器，当 IGT 信号变为低电平时，点火线圈初级线圈电流被切断，二次线圈中感应出高压电，再由分电器送至相应缸火花塞点火。为了产生稳定的二次线圈感应电压和保证系统的可靠工作，在点火控制器中设有闭合角控制回路和点火确认信号（IGF）安全保护电路。

（2）无分电器的微机控制点火系统

无分电器微机控制点火系统又称直接点火系统。无分电器电控点火系统用电子控制装置取代了分电器，利用电子分火控制技术将点火线圈产生的高压电直接送给火花塞进行点火。

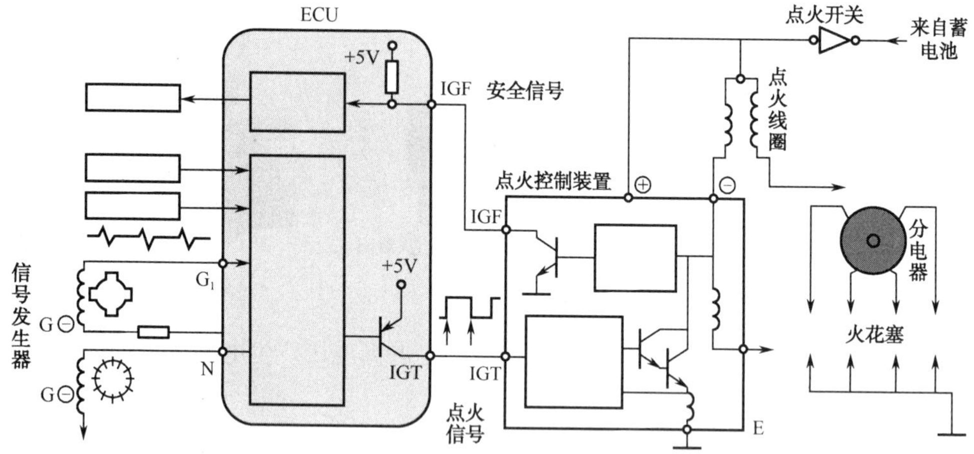

图 8-79　带分电器式点火控制系统原理图

无分电器微机控制点火系统的高压配电方式有单独点火式和同时点火式两种。

① 单独点火方式。单独点火是一个缸的火花塞配一个点火线圈（图 8-80），单独向各缸供高压电点火，如图 8-81 所示。点火线圈直接安装在火花塞顶上，这种结构的优点是省去了分电器、高压线及高压线所带来的缺陷。各点火线圈的初级绕组分别由点火控制器中的一个大功率晶体管控制，整个点火系统的工作由 ECU 控制。单独点火的点火控制器需要判别点火汽缸后是否由大功率管控制初级电路的通断。

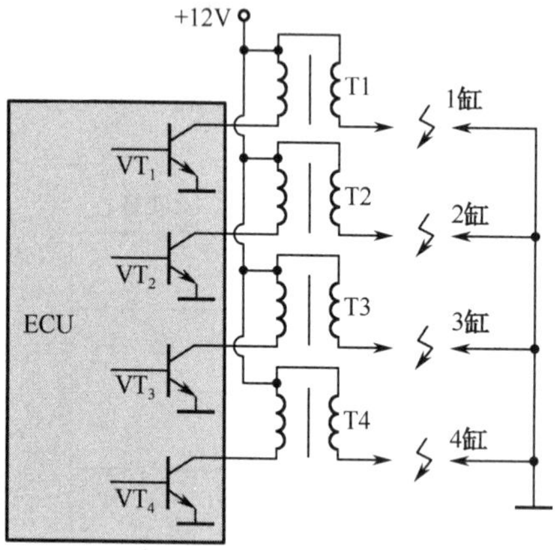

图 8-80　单独点火无分电器原理

图 8-81　点火线圈

② 同时点火方式。同时点火方式又可分为点火线圈分配点火和二极管分配点火两种。

点火线圈分配点火：点火线圈分配点火系统是利用一个点火线圈同时对活塞接近压缩上止点和排气上止点的两个汽缸进行点火，如图 8-82 所示。其中，活塞接近压缩上止点的汽缸火花塞产生的电火花点燃混合气体，而活塞接近排气上止点的汽缸火花塞产生的电火花无效。处于压缩行程的汽缸，由于缸内压力很高，气体密度很大，要使该缸火花塞跳火，必须有足够的能量。处于排气行程的汽缸由于缸内气体压力很低，并且这时混合气处于后燃末期，气体中有导电离子存在，该缸内的火花塞很容易跳火，能量损失很少。因此，对于同时点火方式，实际加在压缩行程汽缸火花塞的点火电压要远高于排气行程汽缸火花塞上的点火电压，从而保证了压缩行程汽缸火花塞的正常跳火。

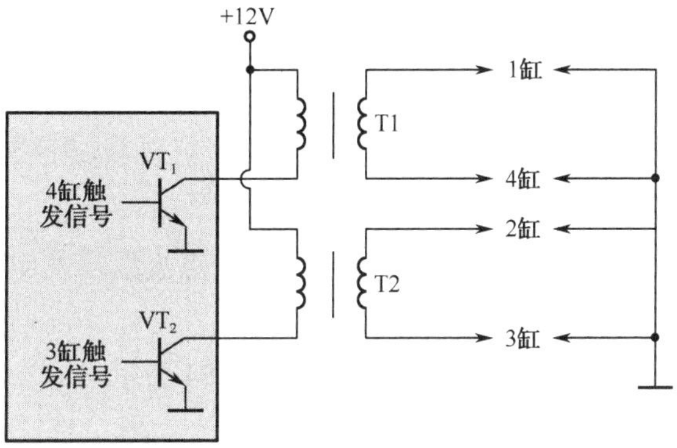

图 8-82 点火线圈分配点火原理

二极管分配点火：二极管分配点火是利用二极管的单向导通特性，对点火线圈产生的高压电进行分配的同时点火方式，如图 8-83 所示。二极管分配点火系统的点火线圈有两个初级绕组和一个次级绕组，次级绕组通过 4 个高压二极管、火花塞和汽缸盖构成回路。两个初级绕组通电时的电流方向相反，在次级绕组中所产生的高压电动势方向也相反。当 VT_1 截止时，初级绕组断电，次级绕组产生很高的电动势，方向可以使 1、4 缸的二极管导通，使火花塞跳火，而 2、3 缸的二极管截止，火花塞不跳火；当 VT_2 截止时，初级绕组 B 断电，次级绕组中产生很高的电动势，其方向可以使 2、3 缸的二极管导通使火花塞放电，1、4 缸的二极管截止，其火花塞不点火。

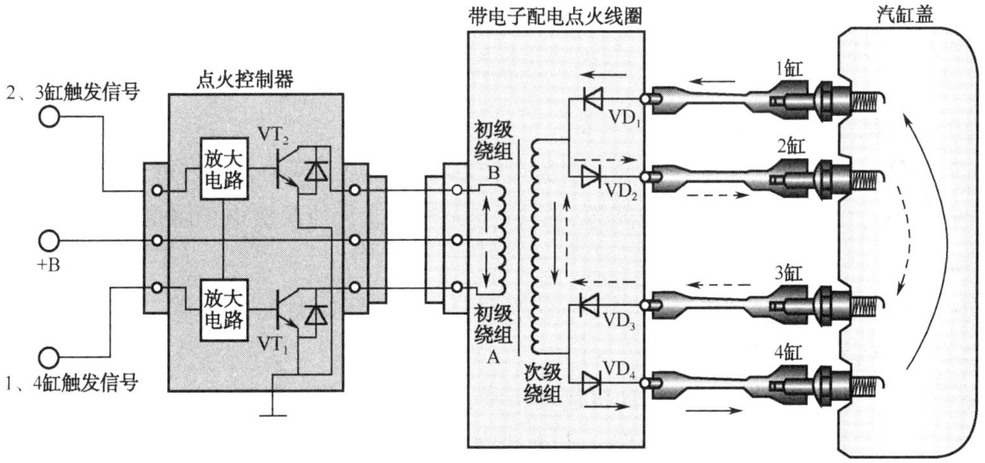

图 8-83 二极管分配点火原理

四、点火系统故障诊断

1．点火系统的常见故障诊断

（1）点火错乱

故障现象：发动机启动困难；启动后运转不稳，机身抖动严重，并存在化油器“回火”、排气管“放炮”现象。

故障原因：分电器盖击穿漏电；高压线顺序错乱；点火信号发生器转子定位销脱落；分火头磨损、松旷；点火正时调整不当。

故障诊断与排除：点火错乱故障的诊断程序如图 8-84 所示。

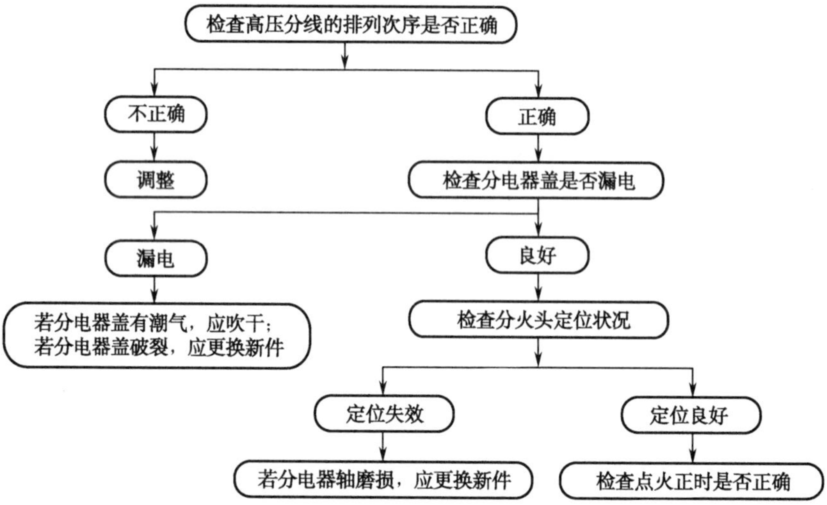

图 8-84　点火错乱故障诊断程序

（2）发动机高速运转不良

故障现象：发动机怠速运转正常，高速运转不稳，有缺火现象，排气管有“突突”声。

故障原因：个别缸火花塞电极间隙过大；点火线圈老化使次级电压降低；离心提前装置工作不良。

故障诊断与排除：发动机高速运转不良故障的诊断程序如图 8-85 所示。

（3）发动机不能启动

故障现象：启动发动机时，启动机运转正常，但发动机无着火征兆。

故障原因：低压线路断路、短路；点火线圈初级、次级绕组断路或短路；点火控制器、霍尔发生器损坏；分电器中心电刷折断或弹簧损坏；分火头击穿；中央高压线折断；各高压分线或火花塞损坏；点火时间过早或过迟。

故障诊断与排除：发动机不能启动故障的诊断程序如图 8-86 所示。

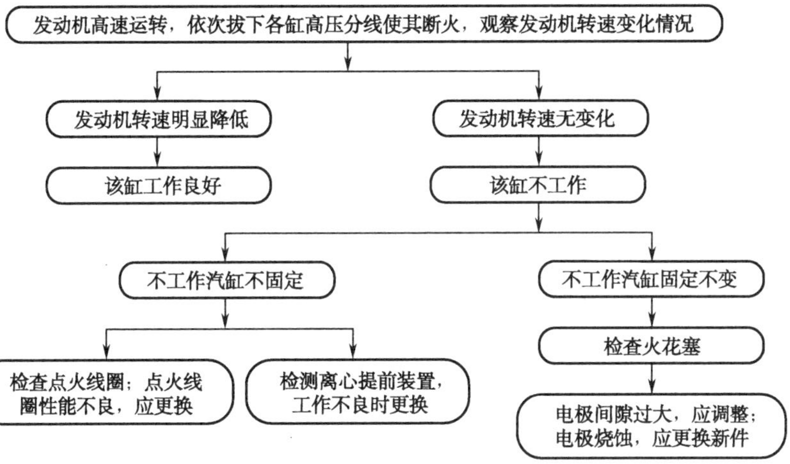

图 8-85 发动机高速运转不良故障诊断程序

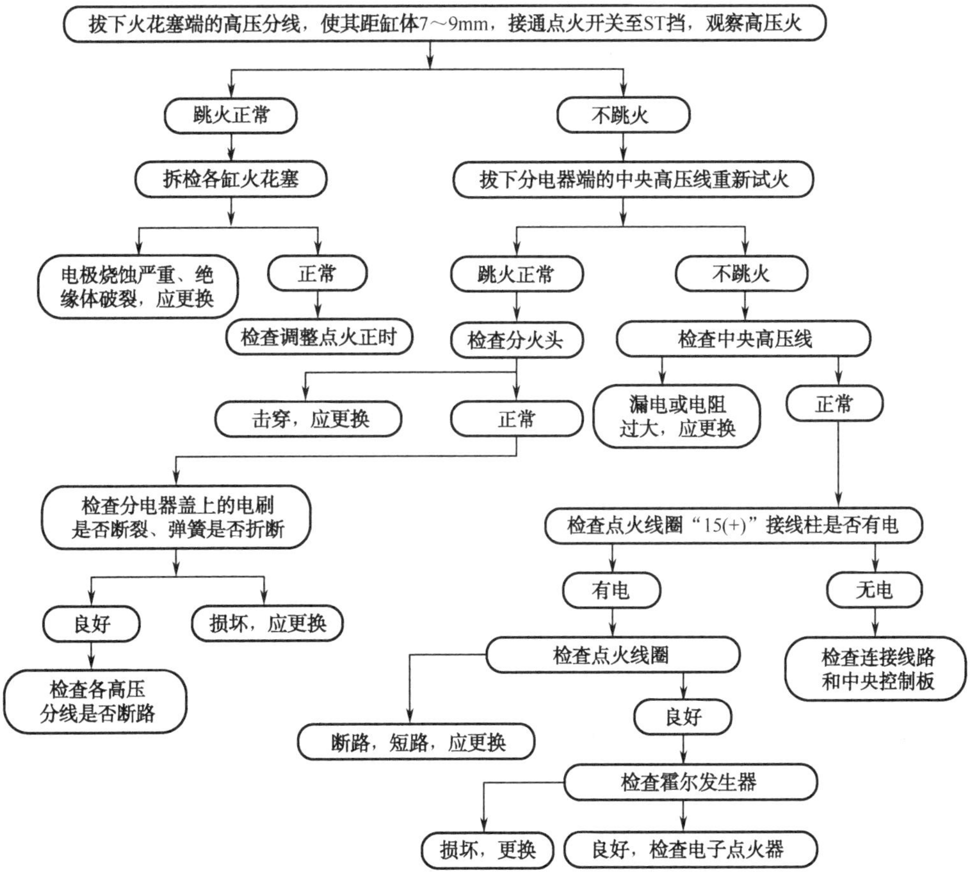

图 8-86 发动机不能启动故障诊断程序

（4）高压断火

故障现象：发动机工作过程中有明显的抖动现象，排气管冒黑烟，并发出有节奏的“突突”声，甚至放炮，动力下降，燃油消耗高。

故障原因：个别缸火花塞积炭过多、电极间隙不当或绝缘体破裂；高压分线脱落、漏电或电阻过大；分电器盖插孔有绝缘物或破裂、漏电；点火线圈老化导致次级电压偏低；分电器触发转子定位销松动；点火控制器内部接触不良。

故障诊断与排除：高压断火故障的诊断程序如图 8-87 所示。

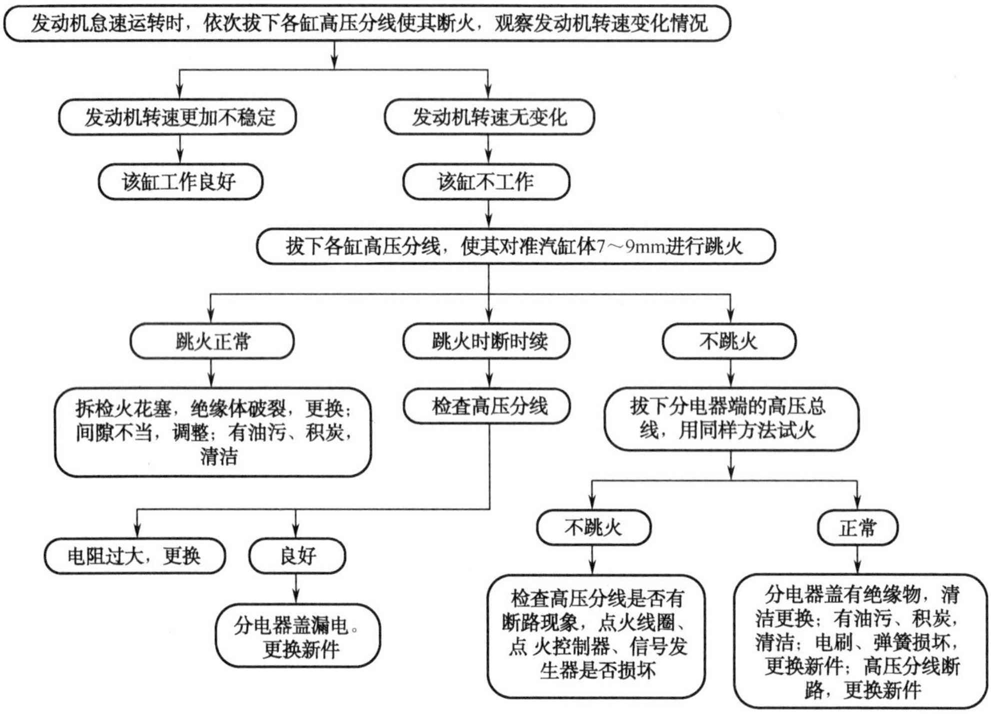

图 8-87　高压断火故障诊断程序

（5）高压火花弱

故障现象：发动机启动困难，启动后运转不稳，怠速难以维持，化油器有时“回火”现象，排气管有时有“突突”声，甚至“放炮”，发动机动力不足，易过热。

故障原因：蓄电池存电不足；点火系统连接线接触不良；点火线圈内部短路；分电器盖高压插孔内氧化物过多或中心电刷与分火头接触不良；火花塞工作不良；触发叶轮与霍尔发生器之间的间隙不均匀。

故障诊断与排除：高压火花弱故障的诊断程序如图 8-88 所示。

2. 点火系统常见故障与排除

点火系统常见故障、原因及排除方法速查表如表 8-2 所示。

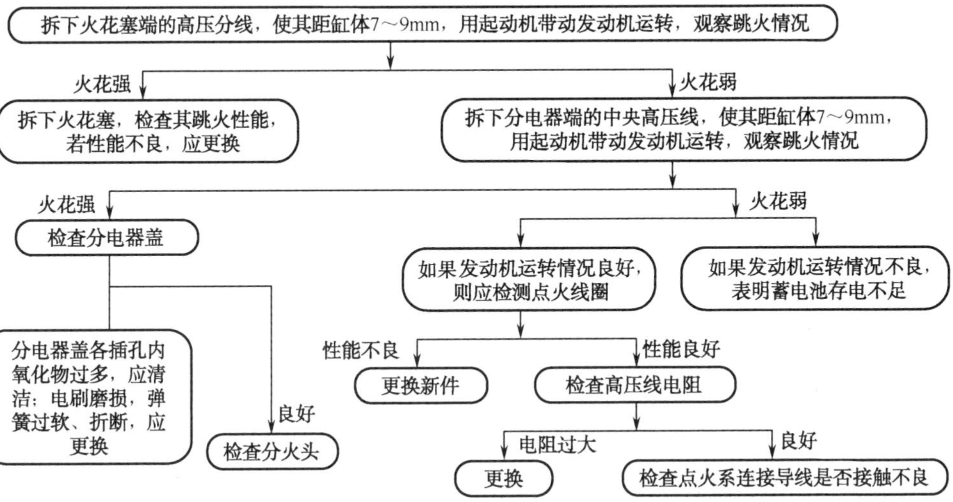

图 8-88　高压火花弱故障诊断程序

表 8-2　点火系统的故障与排除方法速查表

常见故障	故障分析				排除方法
	故障部位			故障原因	
发动机不能启动	初级电路	线路		从点火开关至分电器间电路有断路或接触不良处	紧固接点，必要时更换导线
		电流表或点火开关		电流表或点火开关损坏，使初级电路断路	更换电流表或点火开关
		点火线圈		初级断路或附加电阻损坏	更换点火线圈或附加电阻
		传统点火系统	断电器	断电器触点氧化	清洁或更换触点
				固定触点接地不良	修复或重装固定
				接线柱或活动触点搭铁	
			电容器	电容器损坏	更换
	初级电路	半导体点火系统	传感器	传感器线圈短路、断路或搭铁	修理或更换
				转子凸齿与铁芯间间隙不当	调整
			点火控制器	控制器损坏，使初级电路断路或短路	更换
	次级电路	分电器盖或分火头		有裂纹或漏电	更换
		高压导线		损坏	更换
		火花塞		积炭严重或绝缘损坏	更换
		分电器		分电器安装角度不正确	调整
		配线		火花塞的高压线配线错乱	

续表

常见故障	故障分析		排除方法
	故障部位	故障原因	
发动机运转不平稳	点火正时	点火正时调整不当	进行点火正时调整
		点火提前调节机构故障	修理或更换分电器
		分电器轴松旷，凸轮磨损不均匀	更换
	高压导线	损坏或脱落	更换或调整
	火花塞	个别缸火花塞绝缘损坏或机械严重漏电	更换
发动机功率下降，油耗增加，加速性能变坏	点火正时	点火正时调整不当， 点火提前角过大或过小	调整点火正时
		点火时前调节机构失败	修理或更换
	继电器	触点间隙过大	调整
启动时发动机运行，启动后熄灭	增加电阻	点火线圈附加电阻或附加电阻线损坏	更换